钱穆

中国学术思想史论丛

7

三联书店

图书在版编目（CIP）数据

中国学术思想史论丛 . 7 ／钱穆著. —2 版. —北京：
生活·读书·新知三联书店，2019.8
（钱穆作品系列）
ISBN 978 – 7 – 108 – 06610 – 7

Ⅰ．①中…　Ⅱ．①钱…　Ⅲ．①学术思想－思想史－中国－文集
Ⅳ．① B2-53

中国版本图书馆 CIP 数据核字（2019）第 091379 号

责任编辑　冯金红
装帧设计　蔡立国
责任印制　宋　家
出版发行　**生活·讀書·新知** 三联书店
　　　　　（北京市东城区美术馆东街 22 号 100010）
网　　址　www.sdxjpc.com
图　　字　01-2017-8543
经　　销　新华书店
印　　刷　北京新华印刷有限公司
版　　次　2009 年 12 月北京第 1 版
　　　　　2019 年 8 月北京第 2 版
　　　　　2019 年 8 月北京第 3 次印刷
开　　本　880 毫米 × 1230 毫米　1/32　印张 13
字　　数　263 千字
印　　数　07,001 – 13,000 册
定　　价　48.00 元
（印装查询：01064002715；邮购查询：01084010542）

目　录

序

　　余治宋明理学，首读《近思录》及《传习录》，于后书尤爱好，及读黄全两学案，亦更好黄氏。因此于理学各家中，乃偏嗜阳明。一九三〇年春，特为商务印书馆“万有文库”编撰《王守仁》一册，此为余于理学安有撰述之第一书。一九五四年来台北，友好劝余重刊旧著，遂稍加增润，改名《阳明学述要》，由正中书局印行。前后相距，则已二十有余年矣。然余于此二十余年中，思想逐有变。一九三七年在南岳，多读宋明各家专集，于王龙溪罗念庵两集深有感。余于程朱，亦素不敢存菲薄意。及一九四四年在成都华西坝，病中通读《朱子语类》百四十余卷，又接读《指月录》全部，因于朱学深有体悟。一九五一、五二年，写《中国思想史》及《宋明理学概述》两书，于旧见颇有更变。及一九六〇年赴美讲学耶鲁，始创为《论语新解》，前后三年，逐章逐句，不惮反复，乃知朱子之深允。一九六四年，始竟体通读《朱子文集》百四十卷，翌年又再读《语类》全部。遂于一九七一年，完成《朱子新学案》。前后凡六年。此后又为《朱学流衍考》，自黄东发以下，迄于清代之罗罗山，逐家参究，乃于王学，更深觇其病痛之所在。本编汇集讨论明代学术，乃若于王学多有指摘。回视最先所为《王守仁》一书，则已相距四十七年矣。余不喜门户之见，尤念一九一六、一七年间，余授课于本乡荡口镇之鸿模小学，暑假护送学生至苏州考中学，随身独携阳明《传习录》，于考场外客室中研玩不辍，距今则逾六十年矣。虽此六十年来，迭经丧乱，而古人书本，迄未放弃。尤于宋明理学家言，是非得失，始终未敢掉以轻心。读斯编者，于编中各篇著作年月，及先曾刊布之诸种，幸能循其先后，统加披阅。余纵未敢自认为已得定论，然毕生心力所萃，决不愿于先贤妄有轩轾，则区区之诚，所欲掬诚以告于读者之前也。又余为《读明初开国诸臣诗文集》一篇，收入前编，发明元儒皆高蹈不仕，隐遁林野，其风迄明之开国不变。尤于读《草木子》一书有深感，因悟宋明两代政风不同。宋崇儒道，明尚吏治。永乐族诛方正学一案后，明儒淡于仕进之心，益潜存难消，故吴康斋特为明代理学之冠冕。阳明稍不然，乃游其门者，皆多无意于科第。故王学末流，惟盛唱人皆可以为圣之高论，而治平大道，多不顾及。道释两家乘机暗滋，而三教同归之说遂成时代之潮流。东林蕺山起而矫之，而明祚已不永。此亦治明代理学者一极当注意之问题也。此乃关涉明史之部分，此册所收各篇，于斯未有详论，故特著于此，幸读者其继续深研之。

一九七七年九月钱穆识，时年八十有三。

明初朱子学流衍考

上 吴康斋胡敬斋学述

黄梨洲《明儒学案》，崇仁吴与弼康斋褒然居首。并曰：椎轮为大辂之始，层冰为积水所成，微康斋，焉得有后时之盛。又备引东林顾泾阳泾凡兄弟及其师刘蕺山称崇康斋为之辨诬诸说。是康斋可谓受有明一代儒林所推重。余谓《康斋集》十二卷，诗占七卷，《日录》占一卷，梨洲《学案》仅摘钞其《日录》，康斋为人为学之精神面貌，已显著无遗。惟其诗与其《日录》，皆如章衮所谓，乃康斋一人之史，皆自言己事。理学家为诗，上有康节，下有白沙，皆毕生从事于此，而康斋亦然。人皆知康节白沙诗，而康斋实为其蜂腰，其诗尤平实。康节白沙为诗，不脱山林湖海气味，康斋则确然一农村老儒。《日录》所谓"澹如秋水贫中味，和似春风静后功"。其诗即此境界。刘蕺山谓一时诸公，薛文清多困于流俗，陈白沙犹激于声名，惟先生醇乎醇，亦读其诗而可征。故凡读康斋《日录》，必能兼诵其诗，庶乎益可想像一代名儒于其日常平澹淳朴之生活中。至于事功著述,声名言论,皆其余事。其无可称道处,正其无可企及处。顾泾凡谓其旷然自足,如凤凰翔于千仞之上,下视尘世,曾不足过而览焉是也。

惟余于梨洲崇仁一案,仅言其一禀宋人成说,而于其独尊朱子以为高山之仰止者,未加点明,稍感遗憾。本篇特于此节,略加称引,余不他及。

康斋《日录》中,屡记梦孔子朱子,其记梦朱子有曰:

> 梦侍晦庵先生侧,先生颜色蔼然,而礼甚恭肃焉,起敬起仰也。

此条在乙巳,康斋当年三十五。又

> 昨夜梦同三人观涨,拟同访朱子,不胜怅叹而觉。

此条在丙子,距上引一条三十一年。又

> 食后倦寝,梦朱子父子来枉顾。

此条在辛巳,距前引一条又五年,康斋年七十一。此外《日录》中屡及文公先生晦庵先生朱子等云云诸条,兹不备引。

诗集卷一有《默咏鹅湖倡和诗僭次其韵》一首,诗曰:

先哲高风悉所钦，考亭朱子益留心，沧溟浩浩吞诸水，泰华巍巍失万岑。理极研精无突奥，形纯践履更深沉。微躯每恨生来晚，空慕声容隔古今。

其诗在永乐二十二年甲辰，康斋年三十四。康斋又于天顺六年壬午春，特适闽问考亭以申愿学之志，时年七十二。诗集卷六有《适闽稿》，其《铅山道中》一首云：

平生迂拙寸心孤，何幸身亲往哲途。借问山川群草木，当年曾识晦翁无。

其流连向往诚挚之情有如此。

诗集中又曰：谁能万一朱夫子。又曰：高山慨紫阳。其他明白提及朱子，又次朱子诗为韵作诗者极多，不备引。

文集卷八《与章士言训导书》有曰：

犬马之年三十有一矣，六岁入小学，十有六岁学诗赋，十有八岁习举子业，十有九岁得《伊洛渊源录》，（《日录》云：在永乐庚寅，年二十。）观周程张邵诸君子出处大概，乃知圣贤之学之美而私心慕之。于是尽焚应举文字，一以周程张邵诸君子为心，而自学焉。今年自春初，专玩《大学》《语》《孟》《中庸》，觉渐有所得。

又《与傅秉彝书》曰：

区区自正月初一日至十五日，玩得《论语》一周。十五夜诵《大学》并《或问》亦一周。身心似稍有长进。

又《上严亲书》有云：

诸弟所读书，宜只以《小学》、四书为急，次及诸经本文，其子史杂书，切未可轻读。男少有所得，浑在《小学》、四书、《语略》《近思录》《言行录》。

此书在永乐二十一年癸卯，康斋年三十三岁。前引条下附注，时先生尚未见《程氏遗书》，《朱子语类》。又曰：

晦庵先生文集千万发回，近来觉得文公先生言语愈深切着明，但用功不逮耳。

此书在洪熙元年乙巳，康斋年三十五。又《与九韶书》曰：

近承送朱子《经济文衡》至，每日敬观，正如溪涧恰涨，继以骤雨也。意绪尽多，非笔所悉。

此书在宣德元年丙午，康斋年三十六。可知此数年间，康斋进学之概况。

康斋生于洪武二十四年辛未，十六学诗赋，乃承元末遗风。十八习举业，此乃当时士人进身惟一途径。十九从杨溥学，得窥

《伊洛渊源录》，乃即尽废举业，其刚果豪迈有如此。永乐甲午十二年命儒臣纂修《四书五经大全》，时康斋年二十四。《大全》皆钞袭元人旧著，康斋正值《大全》学文字训释之全盛时期，虽一意尊朱，一意尊朱子之四书，而能不堕入于笺注之繁，敦励践行，而亦不堕入于心学之玄。前有吴草庐，后有程敏政，皆激于时风，欲并提朱陆以为矫挽，而康斋独不然。康斋之赞朱子曰：沧溟浩浩吞诸水，泰华巍巍失万岑，是极能欣赏朱子道问学博文之一途，而康斋亦绝不以此见长。《四库提要》谓其学实能兼采朱陆之长，不知朱学中，自可有此一途，能学朱，自兼陆，谓其必兼采，是乃当时馆臣之浅见陋说耳。余故特著于此，以见朱子学流衍之一风格。

康斋从游有胡敬斋居仁，陈白沙献章，学皆尊朱子，然敬斋深不喜白沙。梨洲《学案》，则谓有明之学，至白沙始入精微，至阳明而后大，两人之学最为相近。湛甘泉若水游白沙之门，亦以濂溪明道象山联称，是则白沙途辙显有转向。故罗整庵谓近世学术之误恐自白沙始，而敬斋已先言之，则惟敬斋可谓不失康斋之矩矱也。

《文敬集》有三卷，其卷一《复汪谦》有曰：

> 孔子所传，颜曾思孟所学，及孟子没而失其传。周子发其端于前，程子遂扩而大之，朱子又集而全之，故吾道遂大明于宋。元之许鲁斋，观其所行端悫务实，亦非世儒训诂可比。此外诸儒，皆以考索为足以明道，注解为足以传道，求其操存践履者盖寡焉。若双峰饶氏，公迁朱氏，已不免此

弊，其流至于陈氏吴季子等，则其口语乱道，其不得罪于圣门，吾不信也。

自孔子以博文约礼为教，此下孟子偏约，荀子偏博，不免两歧。北宋理学诸家亦偏约，所谓吃紧为人是也。朱子集周张二程，并汉宋诸儒之大成，博文之功，千古无匹，而不失约礼之精神。其诗曰：旧学商量加邃密，新知涵养转深沉。商量旧学即博文，涵养新知是约礼。如鸟两翼，如车双轮，象山讥其支离，近代人疑其近荀子，此皆不识朱子为学之真与大。元儒在异族政权统治下，吃紧为人，盖所难言。许鲁斋大节已亏，如人陷泥淖中，何立达可期。故元儒尊朱，终不免走上考索注解文字书本一路。明初《五经四书大全》，皆元儒成业，悬为明代一代之功令，当时诸儒不免心生鄙厌，康斋敬斋，乃皆在操存践履上努力，而撰述之事非所重。于经史实学博文之功，即敬斋亦已不能与黄东发吴草庐相拟。影响所及，遂使明代理学，都偏向了约礼一边。前如薛敬轩，后如罗整庵，同属尊朱，同少博文工夫。康斋敬斋同为醇儒。康斋尚多为诗，敬斋则诗文并罕，益见近里笃实。其为学，既重涵养新知，并亦商量旧学，又若于康斋为一转手，而惜乎终未臻于大成兼擅之境。

卷一《奉罗一峰》有云：

窃疑朱子没，其门人亲炙朱子日久，尚未甚失。然训解渐烦，实体之功少矣。再传则流于口语，遂失其真。多是窃索文义，以博物洽闻为学。仅有西山真氏，知居敬穷理，故学虽博，有本体功夫。鲁斋许氏，不务辞说。吴草庐初年甚聪明，晚年做得无意思。其论朱陆之学，以朱子道问学，陆子尊德性。愚以为尊德性工夫亦莫如朱子。平日操存涵养，无非尊德性之事，但其存心穷理之功未尝偏废，非若陆子之专本而遗末，陷于禅学，谓之能尊德性可乎？

此处分操存涵养与存心穷理为二，即伊川涵养在居敬，进学则须致知，朱子合之曰居敬穷理是也。惟敬斋又似多言穷理，而少言道问学，又似以尊德性为本，道问学为末，亦可谓以涵养为本，穷理为末。其评西山真氏有曰：知居敬穷理，故学虽博，有本体工夫，乃似显分学业为尊德性涵养与穷理以及博学三项，而博学最居其末。盖敬斋有意矫元儒之弊，不愿人务于广览博记，遂分别出此许多层次，其实穷理即所以尊德性，道问学即所以穷理，当时朱子教人，固未作此许多分别。其对象山，只谓自己在道问学方面多了些，固非显分尊德性与道问学为二而有所轩轾也。

又《复于先生》有云：

> 念道自宋儒去后，不胜寥落。自元及今，儒以训诂务博为业，以注书为能传道。使世之学者浅陋昏昧，无穷理力行之实，此有志者不能不以为忧也。

其实朱子亦何尝不博学，何尝不注书，其竭一生之力注四书，亦何尝不以为其能传道，敬斋特痛惩元儒流弊，故意提出穷理力行四字，似把穷理与道问学再加分开，把考索注解，博物洽闻，过分搁弃一边。自康斋已有此趋向，而敬斋更明言之，遂成此下明儒风气，终于道问学博文一边疏了。惟康斋、敬斋用意谨严，犹与此下明儒由空疏而转入狂放，有大不同，此则不可不深辨也。

又《奉夏宪副》有云：

> 古之学校，所系甚重。盖以政由教出，治以道明，士之所学者，无非修身致治之道，上之所行者，无非学校所穷之理也。自汉魏以下，学校之教，不过以训注记诵为业，未尝即物以穷天下之理，故无修身致治之具。上之所用者，非得乎明德致治之人。如萧曹房杜等，号称贤相，然亦以其智谋才力之长。其于天下之事，不过补其罅漏，修其缺坏。岂能事事物物，尽其当然之则，使生民各得其所乎。程子谓其未尝以道治天下，不过以法把持是也。至宋之时，安定胡先生能知乎此，故立经义斋治事斋以教学者。其后关洛诸公继出，故格物穷理之学，修身治世之道，焕然如出三代之上。居仁质虽愚弱，窃有感焉，每欲学之而未能也。

此篇见解极高，议论极大。主张政以教出，治以明道，学校与政府，期能密切联成一体，而学校职责，犹在政府之上。不仅作育人才，以供政府之任使，尤在讲明治道，以备政府之遵循。由此可知敬斋所主之穷理，不仅为修身，并以为治世。由此阐申，则博文一途终不可避。明代理学家，鉴于元儒之弊，因噎废食，似乎于此一途有戒心，遂多眼高空腹之病。即康斋门下，白沙已屡为敬斋所讥斥，而此下终亦不免多要转入象山路上。此因失却康斋、敬斋之谨严,不得谓康斋、敬斋即有以启其机也。

敬斋之讥斥白沙,屡见于《文敬集》,如《复张廷祥》有云:

> 公甫天资太高,清虚脱洒,所见超然,不为物累,而不屑为下学,故不觉流于黄老。反以圣贤礼法为太严,先儒传义为烦赘,而欲一切虚无以求道真。虽曰至无而动,如以手捉风,无所持获。

此言下学,又言先儒传义,可见敬斋论学,本非有偏。特内外本末轻重之间,不能大气并包而达于融和一贯。徒求之于形似之间,则若与白沙无大相异耳。

又《与罗一峰》有云:

> 公甫天资过高,入于虚妙,遂与正道背驰。其《与何时矩书》,曰:天自信天,地自信地,吾自信吾。又曰:尘微六合,瞬息千古,只是一个优侗自大之言,非真见此道之精微者。乃老庄佛氏之余绪。

又《奉宪副张希仁》有云:

> 陈公甫学太高虚超脱,于正学有害。

又《与丘时雍》有云:

公甫资性英明，才气高迈。抱负宏大。观其诗，皆雄才大略之所发，其体律句语，又皆高切古健，靡不有法。岂其以此为重而用心乎，抑以此为末而不为所累乎。人之心虚灵不测，涵具万理，必其无一毫之累，乃能与天地同其大，故仆之所以望于公甫者，在此而不在彼也。

心具万理，必能无一毫之累，乃能与天地同其大，白沙在此等处，似亦与敬斋见解相同，而两人所用工夫则不同。敬斋评白沙，曰清虚，曰虚妙，曰高虚。皆谓徒虚其心而不能涵具万理，唯其如此，其心乃仍不免有所累，非能真达于虚灵之境，如其肆力于为诗即是。此乃敬斋深研心学，故能指出白沙疵颣所在。然此等意境，仍然近似于明道之以玩物丧志戒人，却未有真契于朱子之以格物穷理勉人之意，此亦不可不辨也。

其《又复张廷祥》有云：

> 昔年之学，专于记诵博览训诂词赋。其所从事者浅而陋。近年以来，学者立心稍高，而不能仔细体验圣贤切实工夫，而妄意圣贤，故遂入于空虚玄妙，其凌高驾空，反成狂妄，其入异教也宜矣。

此书评罗一峰。要之明儒风气，有激于元儒之浅陋，而转陷于游心高空虚无之境，几成一时通病。不仅白沙一人为然。而康斋、敬斋，则终是谨严于操存践履之间，而未能大肆力于博义穷理之功，斯亦无足为讳也。

又《与蔡登》有云：

> 禅学亦用功于心性，而以虚静存养为主，与吾儒工夫争几何。然彼之存心，适足以空其心之体，灭其心之用。故为心学之害者，莫甚于禅。今之于心学多入之者，以其喜虚静，好高妙，忽吾儒下学之卑近，厌应事察理之烦，而欲径趋高大无滞碍之境故也。

敬斋服膺程朱，而不讳言心学，并奉程朱为心学宗主。其谓害心学者莫甚于禅。辟禅亦以辟陆，故曰吴草庐晚年做得无意思，以其和会朱陆也。敬斋发挥程朱心学，其语备见于《居业录》。大要在求心与理一。此乃孔子七十而从心所欲不逾矩之境界，岂能不仔细体验其切实工夫，而妄意以为一蹴可达乎？于是则必有下学。敬斋意，凡忽下学卑近，则易入异端。然仅言下学，不言博学，终于朱子精神有隔，亦非孔子博学而无所成名之正途也。

《居业录》有曰：

> 理无形而具于心，心具是理而无迹，故可谓之虚，不可谓之无，不可谓之空。空则无矣，心不虚，不能涵具众理，所以心体本虚也。

心虚故能涵具众理，若扫空一切，乃成无心，非心虚。如六祖云本来无一物，阳明云无善无恶心之体，此皆近乎认心为无，皆当为敬斋所斥。又曰：

> 离内外，判心迹，此二本也。心具众理，众理悉具于心，心与理一也。天下事物之理虽在外，统之在吾一心，应事接物之迹虽在外，实吾心之所发见。圣人以一心之理应天下之事，内外一致，心迹无二。异端虚无空寂，此理先绝于内，以何者而应天下之事哉。

又曰：

> 禅家存心有两三样，一是要无心，空其心。一是羁制其心，一是照观其心。儒家则内存诚敬外尽义理而心存。故儒者心存，万理森然具备，禅家心存，而寂灭无理。儒者心存而有主，禅家心存而无主。儒家心存而活，异教心存而死。然则禅家非是能存其心，乃是空其心，死其心，制其心，作弄其心也。

此等皆可谓于心学上有善辨。然阳明亦言事上磨练，不得谓其心存而死。不知敬斋生阳明后，又将何以为说。要之心既涵具万理，则当格物穷理以尽其心，敬斋言内存诚敬外尽义理，此即朱子穷理之教，而终嫌发挥少。

又曰：

> 释氏心与理二，心虽存，亦无理。屏绝思虑事理，使不

挠吾心以为存。惟无事时如此做得,事来一挠,便乱了。

又曰:

> 今之学道者,多入异教,是他做存心工夫上差了。程朱
> 辟异端甚详。今被他反引其言入异教去。

又曰:

> 吾儒是随事尽理以存其心。所谓敬者,只是专一谨慎。
> 所以无事时,心湛然在内。有事时,即是这个心与应察处
> 置,所以动静表里本末共此心,只是个专一畏敬。佛氏只是
> 硬把捉系缚这个心。方其无事时,把捉系缚得住,有事时便
> 乱了。

又曰:

> 禅家不知以理义养心,只捉住一个死法。

敬斋辨儒释处心工夫不同,率如上引。其言即是这个心与应察
处置,易言之,与朱子格物穷理之教终似隔了一层。
又辨儒家言静与敬养心功夫之不同。其言曰:

> 周子有主静之说,学者遂专意静坐,多流于禅。盖静者

体,动者用。静者主,动者客。故曰主静,体立而用行也。亦是整理其心不使纷乱躁妄,然后能制天下之动。但静之意重于动,非偏于静也。愚谓在静坐中有个慎恐戒惧,则本体已立,自不流于空寂,虽静何害。

又曰:

天命之性,与生俱生,不可须臾离,故静而未有事接之时,则此心未动,此理未发,然此时此心,寂然在内,此理全具于中,故须主敬,须存养。程子以为静中有物,静中虽无所知觉,亦有知觉在。又有因程子说静中之物,遂要察见本体,看未发以前气象,此又非也。静中只有个操存涵养,曷尝有看见察见。

又曰:

人之学易差。罗仲素李延平教学者静坐中看喜怒哀乐未发以前气象,此便差却。既是未发,如何看得,只存养便是。吕与叔苏季明求中于喜怒哀乐未发之前,程子非之,朱子以为即已发之际默识其未发之前者则可。愚谓若求未发之中,看未发气象,则动静乖违,反致理势危急,无从容涵泳意味。故古人于静时只下个操存涵养字,便是静中工夫。思索省察,是动上工夫。然动静二端,时节界限甚明,工夫所施,各有所当,不可乖乱混杂,所谓动静不失其时,其道光明。今世又有一等学问,言静中不可著个操字,若操时又不是静。以何思何虑为主,悉屏思虑,以为静中工夫只是如此,所以流于老佛。不知操字是持守之意,即静时敬也。若无个操字,是中无主,悠悠茫茫,无所归著。若不外驰,定入空无。此学所以易差也。

静中须有主,须能操存涵养,此即是敬。心有主,故能虚而涵理。心无主,则不外驰,定入空无,此为敬斋论养心之要旨。

敬斋又曰:

> 敬便是操,非敬之外别有个操存工夫。格物便是致知,非格物之外别有个致知工夫。

又曰:

> 孔门之教,惟博文约礼二事。博文是读书穷理事,不如此,则无以明诸心。约礼是操持力行事,不如此,则无以有诸己。

此处敬斋所论,同时兼重格物穷理,与读书博文。惟矫元儒偏向在外之弊,故更所著重者,终在向内修心一边。故康斋敬斋,其学皆自养心而至笃行,皆为粹然醇儒,而于穷理博文一边,终嫌工夫不足,规模未能宏大。下及罗整庵,亦相似。此乃明儒风气如此,重约礼更重于博文。故其用意过高者则易近老释。敬斋谓：

> 未得前先放开，故流于庄佛。又有未能克己求仁，先要
> 求颜子之乐，所以卒至狂妄。周子令二程寻颜子乐处，是要
> 见得孔颜因甚有此乐，所乐何事，便要做颜子工夫，求至乎
> 其地，岂有便来自己身上寻乐乎？放开太早，求乐太早，皆
> 流于异端。

白沙亦知求心即理之境界，却不细下到达此境界之工夫，便来自
己身上寻乐，放开太早，求乐太早，敬斋则在此工夫上仔细用心，
故能谨严为学，此乃两人之异。

《居业录》中亦有明白指斥白沙语，如曰：

> 陈公甫说物有尽而我无尽，即释氏见性之说。他妄想
> 一个不生不灭的物事在天地间，是我之真性，谓他人不能
> 见，不能觉，我能独觉，故曰我大物小，物有尽而我无尽。殊
> 不知物我一理，但有偏正清浊之异。以形器论之，生必有
> 死，始必有终，安得我独无尽哉。以理论之，则生生不穷，人
> 与物皆然。

窃谓朱陆心即理性即理之争，其背后必牵涉到宇宙论问题。朱
子主性即理，有理气的宇宙论为之作证。陆子主心即理，把宇宙
外在一切全绾结到心上，于濂溪《人极图说》横渠《西铭》皆所不
满，其自身不能有一套完密的宇宙论，则说到底没有一归宿。故

凡专主一心以概括一切者，势不能不借助于老佛。白沙自谓从吴聘君学，未有入处，总觉此心此理未有凑泊吻合处，于是舍繁求约，惟在静坐，久之然后见此心之体隐然呈露，常若有物，日用间种种应酬，随吾所欲，如马之御衔勒也。于是涣然自信，谓作圣之功在兹。是孔子七十而从心所欲不逾矩之境界，乃可专于静坐一节上易简得之也。阳明良知之学，亦于龙场驿静中得悟。其晚年乃有良知生天生地神鬼神帝之说，是亦由孟子良知转为释氏之佛性矣。梨洲《学案》谓敬斋以有主言静中之涵养，与白沙言静中养出端倪为同门之冥契，观于上引，两人异同判然，得失易见，梨洲之说，显不可信。

敬斋又谓：

> 释氏是认精魂为性，专一守此。以此为超脱轮回。陈公甫说物有尽而我无尽，亦是此意。程子言至忙者无如禅客，又言其如蛷蝜之虫，抱石投河。朱子谓其只是作弄精神。此真见他所造，只是如此模样。缘他当初只是去习静坐，屏思虑，静久了，精神光彩，其中了无一物，遂以为真空。言道理只有这个极玄极妙，天地万物，都是这个做出来。得此，则天地万物虽坏，造物事不坏。幻身虽亡，此不亡。所以其妄愈甚。

其实敬斋之不同意于白沙，亦如后来整庵之不同意于阳明。惜乎敬斋不获高寿，其学未臻昌大之境，否则此下明学，或可得一更理想之发展，不终囿于内向之一边。直至东林起，由王反朱，明学始显有转向，而明社遽屋，不克竟成其所欲至。晚明诸遗老入清初者，其为学又显一新转向，而在清廷高压政策下，亦不获有发展，遂转出乾嘉故纸堆中之经学，此实与元儒为学，同在书本文字间，亦因同在异族政权统治下，同有其无奈何之心情以逃避现实于不自觉，元儒尊朱，清儒反宋反朱，略迹沦心，固是同可悲悯也。

敬斋《居业录》共八卷，一心性，二学问，三圣贤，上引多在一二两卷中，第三卷列评古今圣贤，亦有大见识。如曰：

> 孟子才高，在心性源头处理会。曰存心养性，曰求放心，扩充四端之类，其曰操曰存曰养曰求曰扩充，孟子工夫便在此下手。非有孟子天资，便无可依据。故孔子只教人忠信笃敬博文约礼，便有依据持循，而心性工夫亦无不尽矣。河洛之教，实祖孔子，故主敬主一，庄整严肃，整衣冠，齐容貌，格物穷理，益详益尽。学者亦不患无依归，无下手处矣。

此条分别出孔孟异处，谓河洛乃承孔子，其说亦本朱子来，他人极少及之。又曰：

> 程子之学，是内里本领极厚，渐次扩大以致其极。朱子之学，是外面博求广取，收入内里，以充诸己。譬如人家，程子是田地基业充实，自然生出财谷以致富。朱子是广积钱谷，置立田地家业以致富。用力虽异，其富则一也。但朱子

吃了辛苦,明道固容易,伊川亦不甚费力。

此条分别出程朱相异。然似更尊二程。学问太费力,即是正路,亦非坦途。否则路途虽一,而天姿有别,终见高下。又曰:

> 程子天资高,其于义理,不用甚穷索,只优游涵泳以得之。虽曰反求诸六经,然亦不甚费力。自孔颜以下,所造精粹,未有及之者。

此条极推程子,曰孔颜以下未有及之,则终见在朱子之上矣。又曰:

> 朱子行状,学问道理,本末精粗详尽,吾每令初学读之。明道行状,形容明道广大详密,然浑化纯全,非工夫积累久,地位高者,领会不得。吾每欲学者先读朱子行状,有规模格局,方好读明道行状。

此欲学者由朱子上窥程子,其间轩轾显然矣。又曰:

> 朱子体段,大相似孟子。但孟子气英迈,朱子气豪雄。孟子工夫直捷,朱子工夫周遍。

敬斋以明道拟颜子,以朱子拟孟子,自见程子在朱子上。其谓朱子工夫周遍,其周遍处即其用力处,不免落于形迹。故欲学者先读朱子行状,有规模格局,方好读明道行状,斯其于程朱轩轾,岂不显然易见乎!

《居业录》第四卷《帝王》。第五卷《古今》,多言历代治制,有曰:

> 为治之法,当因事势而裁以天理。

梨洲评之曰:

> 先生言治法,寓兵未复,且先行屯田。宾兴不行,且先荐举。井田之法,当以田为母,区画有定数,以人为子,增减以受之。设官之法,正官命于朝廷,僚属大者荐闻,小者自辟,皆非迂儒所言。后有王者,所当取法。

六卷言《天地》,究及宇宙万象,七卷《老佛》,八卷《经传》,即观其八卷之卷目,可知敬斋为学,实亦欲博文约礼兼顾,其规模格局,确是瓣香朱子。惜乎一时学者,大抵如敬斋之讥象山:

> 其见理过于高大,存心过于简易。

虽其同门,如陈白沙,如娄一斋,皆不能免。其评白沙,已详引在上。其评一斋有曰:

> 娄克贞说,他非陆子之比。陆子不穷理,他却肯穷理。

公甫不读书,他勤读书。以愚观之,他亦不是穷理。他读书,只是将圣贤言语来获己见,未尝虚心求圣贤指意,舍己以从之也。

又曰:

见得此心光明,亦是佛学之低者。若高底,连心都无了。今陈公甫已到高处,克贞未到。

梨洲《学案》:阳明年十七,亲迎过广信,从一斋问学,深相契。则姚江之学,一斋为之发端。今按一斋有《日录》四十卷,《三礼订讹》四十卷,《春秋本意》十二篇,其勤于著述过敬斋,是亦能不忘博文一途者。惜其书散佚不传,无可详论。其子忱不下楼十年,从游甚众,僧舍不能容,有架木为巢而读书者。是一斋一脉,犹有康斋笃实遗风,似与白沙阳明途辙终是不同也。

明初理学家,与康斋敬斋同时,北方尚有曹月川薛敬轩。虽亦与康斋敬斋同一尊朱,同尚践履,而双方学问路径似有不同。康斋敬斋似是从朱子上窥二程,近似于所谓程朱之正传。而月川敬轩则从朱子上窥濂溪康节横渠,应与程朱正传有不同。故康斋敬斋喜言心,而月川敬轩更喜言天。换言之,康斋敬斋为学,偏重日常人生以至治平教化,而月川敬轩则多纵论及于宇宙自然理气问题。由康斋转出白沙,由一斋转出阳明,敬斋虽力辨白沙,然梨洲《学案》于康斋敬斋转少抨击,独于月川敬轩则不肯轻易放过,即此亦可见明初南北双方学术之有异矣。此贵学者之微辨之。

下　曹月川薛敬轩学述

清四库全书《曹月川集》提要，称明初理学，以端与薛瑄为最醇。今按：两人皆籍北方，月川在先，敬轩在后，为便叙述，姑先敬轩而以月川继之。

薛瑄，号敬轩，山西河津人。中永乐庚子乡试第一。中进士第，授监察御史。三杨欲识其面，辞曰：职司弹事，岂敢私谒公卿。正统时，中官王振用事，问三杨，吾乡谁可大用者，皆以敬轩对，自山东提学金事召为大理寺正卿，三杨欲敬轩诣振谢，不可。曰：拜爵公朝，谢恩私室，某不能。已，遇振于东阁，百官皆跪，敬轩长揖不拜，振大恨。被劾，系狱论死。振有老仆，泣于灶下，振怪问之，曰：乡人薛夫子将刑，具言其平生状。振惘然，传旨戍边，寻放还。景泰初，起南京大理寺卿，中官金英奉使道出南京，公卿饯于江上，敬轩独不往。英至京，言于众，曰：南京好官唯薛卿耳。以原官召入。英庙复辟，迁礼部右侍郎，兼翰林学士，入内阁。于忠肃就刑，敬轩于阁议请末减。后遂乞致仕，居家八年而卒，年七十六，时天顺八年也。崔后渠有言，敬轩佐大理，王振引之，若辞不往，岂不愈于抗而得祸。于忠肃受害，敬轩争不得，即以此事去，当尤为光明俊伟。梨洲《学案》引《师说》，前辈论一代理学之儒，惟先生无闲言，非以实践之儒欤。然为御史，未尝净一言。景皇易储，先生为大理，亦无言。于肃愍之狱，先生仅请从末减，坐视忠良之死而不救，则将焉用彼相矣。先生于道,于古人全体大用,尽多缺陷,特其始终进退之节,有足称者。
今按:言明代朱子学巨擘,必群推敬轩,然犹不免有訾议如此。
梨洲《学案》引《师说》又曰:阅先生《读书录》,多兢兢检点言行
间,所谓学贵践履,意盖如此。或曰:七十六年无一事,此心惟觉
性天通,先生晚年闻道,未可量也。此所评骘,亦有微辞。梨洲
之自为评则曰:敬轩所著《读书录》,大概为《太极图说》《西铭》
《正蒙》之义疏,然多重复杂出,未经删削,盖惟体验身心,非欲
成书,亦不以古人著作例许之。今姑引《读书录》中数条为梨洲
《学案》所未及者,以见敬轩为学之渊源。

《读书录》卷九有曰:

> 孔子因尧舜三代之遗典,故得以删述赞修。朱子因濂
> 洛诸儒之遗论,故得以折衷去取。

又曰:

> 尧舜之道,非孔子无以明。濂洛之道,非朱子无以发。
> 周子程子张子之学,非得朱子为之发明,后世纷纷,莫知所
> 定论矣。

又曰:

> 使尧舜禹汤文武周孔颜曾思孟周程张子之道昭然明于
> 万世,而异端邪说莫能杂者,朱子之功也。韩子谓孟子之功

不在禹下,余亦谓朱子之功不在孟子下。

《读书续录》卷二亦曰:

> 孔子集群圣之大成,朱子集群贤之大成,其揆一也。

又曰:

> 程朱接孟氏之统,有功于万世。

凡敬轩之推崇于朱子者,前乎敬轩,后乎敬轩,所言率莫能违,是则敬轩于学术大统,固不能疑其所窥之未醇未卓矣。乌得专以实践二字尽之。

《读书录》卷一又曰:

> 言观周子二程子张子邵子,皆与斯道之传者也,而朱子作《大学》《中庸》序,惟以二程子继孟氏之统,而不及三子,何邪。盖三子各自为书,或详于性命道德象数之微,有非后学造次所能窥测。二程则表章《大学》《中庸》《语》《孟》,述孔门教人之法,使皆由此而进。自洒扫应对孝弟忠信之常,以渐及乎精义入神之妙,循循有序,人得而依据,此朱子以二程子上继孔孟之统而不及三子欤。然朱子于《太极图》《通书》则尊周子,于《西铭》《正蒙》则述张子,于《易》则主邵子,又岂不以进修之序,当谨守二程之法,博学之功,

又当兼考三子之书邪。及朱子，又集小学之书以为大学之基本，注释四书以发圣贤之渊微。是则继二程之统者朱子也。至许鲁斋专以小学四书为修己教人之法，不尚文辞，务敦实行。是则继朱子之统者鲁斋也。

敬轩此条，语若平近，实乃发人所未发，涵有独特之见，亦为敬轩自己学脉所在，当为郑重指出。盖朱子在儒学传统上之大贡献，其影响后世最深最大者，厥为其注释四书，使四书地位转踞五经之上，宋儒以下与汉唐儒之主要相异点即在此。而提倡《学》《庸》，合《语》《孟》为四书，其意先自二程。

《读书录》卷五又曰：

> 于千余年俗学异端淆乱驳杂中剔拨出四书来，表章发明，遂使圣学晦而复明，大道绝而复续。而俗学异端之说自不得以干正，其功大矣。

是敬轩亦明认四书在五经之上也。濂溪康节横渠三人之著书立说，则不免有偏重《周易》一经之嫌。朱子虽亦同尊此三人，然明白昭示后人以入圣之门，以上接孔孟之传统者，则《周易》一书，断不能与《语》《孟》《学》《庸》四书为比。故朱子尤特尊二程，而后世儒者又专以程朱联称，其中所以然，惟敬轩此条独加阐发，则敬轩之于儒学大统及其精义所关，断不能谓其无所见。然敬轩之自为学，则实于康节濂溪横渠三人有其用心独至者。其学脉乃承月川来，李祯谓薛河东先生雅服月川，是矣。而梨洲乃谓敬轩《读书录》，不过为《太极图说》《西铭》《正蒙》之义疏，是实未深得敬轩为学之要领与旨趣也。至敬轩又特提朱子之小学书，而以许鲁斋为继朱子之统，此亦即敬轩自己学脉，皆传自当时北方之学统也。《读书录》中屡提鲁斋，兹不详及。

《读书录》卷一又曰：

> 读朱子语录，不若读《易本义》、《四书集注章句》、《或问》诸手笔之书为定论。有余力，则参考语录之类可也。

又曰：

> 尝窃谓读朱子语录杂论，不若读朱子手笔之书为无疑。然语录杂论中有义理精确明白，发手笔之未发者，则不可不考也。

卷四又曰：

> 读朱子语录杂书，断不若读其手笔之书。

又曰：

> 后儒纂集杂说语录附诸经书条下，有语同而数处皆见者，几于曰若稽古三万言矣。

又曰:

> 各经四书注脚之注脚太繁多。窃谓不若专读各经四书
> 正文传注,熟之又熟之,以待自得之可也。小注脚太繁多,
> 不惟有与经注矛盾处,亦以起学者望洋之叹。

朱学流衍,迄于元代,敬轩所谓纂集小注脚之书,乃层出而不穷。
于是有唱为和会朱陆,重视自得之说者。远自吴草庐已启其端。
及明初《四书大全》《五经大全》成书,而反动之影响益著。自程
敏政陈白沙演变至王阳明,则朱学之流风余绪,扫地尽矣。敬轩
一遵朱学旧轨,于四书外,在五经中特提《周易》一经,主张于朱
子手笔正文传注熟之又熟,以待自得,不主舍书册而求自得,则
不致有白沙阳明之崛兴。而较之草庐,转轻四书而殚精于五经,
亦为未失朱子矩矱。其所以于五经中特重《周易》者,则为十翼
谈及宇宙论方面,可补四书之缺。修齐治平日常人生,重在四
书,敬轩学贵践履,体验身心,《读书录》之偏重实在此。梨洲谓
其仅为《太极图说》《正蒙》之义疏,是知其一未知其二也。至敬
轩劝人读语类不若读朱子手笔之书,可为定论无疑,此亦从月川
来。盖敬轩为学,笃信谨守,不喜牵引论辨,其病若在少所阐发。
此乃敬轩姿性所限,亦因时会使然。适因白沙阳明未起,笃遵前
规,固若规模未臻于宏大,阐申未及于精微,要自不掩其所长。
在孔门亦当在德行之列。晚明以下,王学流弊日襮,返视前哲,
乃独于敬轩无间言。醇谨、纵恣,各趋一端,梨洲意存抑扬,亦终
不能不于敬轩阳明两人相提并论,亦可见敬轩之所诣矣。

敬轩有诗集十卷，冲澹高秀，有陶韦之风，理学家中能诗者，敬轩亦其一人。其中有一首云：

> 蜩鸠笑大鹏，夏虫疑寒冰。语之斯道大，心识何蒙冥。属文箧笥满，读书栋宇盈。徒劳一生力，了无寸见明。谁言点也狂，鼓瑟有深情。

是敬轩之学，谨言慎行，悃愊无华，而其内心慕向，乃在曾点之狂。《读书录》中，亦屡提及曾点。诵其诗，行役羁旅，江山花竹，怡情悦性，有高蹈世外之致。其文集十四卷，皆泛泛酬应，不作高论闳议。而涉及朝廷政事者，则仅《上讲学章》一篇，《乞致仕奏》三篇而止。量其禀赋所钟，盖近伯夷之清，当时谥曰文清，亦殊的当。而伊尹之任，柳下惠之和，则非其性近。其兢兢检点言行，乃学养所致。梨洲《学案》亦谓其闻曹月川之风而起，此言近之。而犹谓其多困于流俗，又谓陈白沙犹激于声名，乃以专尊阳明，似未能真识敬轩之为人也。

梨洲《学案》，于敬轩立身为人，既多贬辞，于其思想义理，亦多驳辨。梨洲曰：

> 先生谓理气无先后。无无气之理，亦无无理之气，不可易矣。又言气有聚散，理无聚散。以日光飞鸟喻之。理如日光，气如飞鸟。理乘气机而动，如日光载鸟背而飞。鸟飞而日光虽不离其背，实未尝与之俱往，而有间断之处。亦犹气动而理虽未尝与之暂离，实未尝与之俱尽，而有灭息之

时。羲窃谓理为气之理，无气则无理。若无飞鸟而有日光，亦可无日光而有飞鸟，不可为喻。盖以大德敦化者言之，气无穷尽，理无穷尽，不特理无聚散，气亦无聚散也。以小德川流者言之，日新不已，不以已往之气为方来之气，亦不以已往之理为方来之理。不特气有聚散，理亦有聚散也。

窃谓喻以见意，贵乎因喻以明意，不贵拘乎喻以害意。日光飞鸟，明是两物，可以相离，岂理气之比。此一层，敬轩岂有不知。今姑别设新喻。如飞机必载飞机之理以俱前，然飞机之理，实不随飞机以俱去。同时可以有数十百架飞机起飞，各载飞机之理，然此飞机之理，决不为此数十百架飞机所分散可知。敬轩气有聚散理无聚散，其意非不是。梨洲言气无穷尽，岂能兼证其无聚散。至云不以已往之理为方来之理，其语更不通。岂今日此一飞机之理，已不是昨日此一飞机之理乎？理气固不离，然亦不杂，若梨洲言则杂矣。

梨洲又言：

先生谓水清则见毫毛，心清则见天理。喻理如物，心如镜，镜明则物无遁形，心明则理无蔽迹。羲窃谓仁人心也。心之所以不得为理者，由于昏也。若反其清明之体，即是理矣。心清而见，则犹二之也。

窃谓《论语》已言，知及之，仁不能守之，知独非出于人心乎？又曰：回也三月不违仁，其余日月至焉而已。岂其余如由赐之徒，皆为无心乎。孟子固以仁为人心，然并不如王学之徒，主张满街皆是圣人，端茶童子亦即是圣人也。心即理之说既已盛行，则镜物之喻，宜若其困于流俗矣。

梨洲又曰：

> 此是先生所言本领，安得起而质之。

其实敬轩为学本领并不误，惟后人继起，言义理太高，梨洲陷而不能出，乃转若敬轩之犹为困于流俗耳。

梨洲《学案》又曰：

> 河东之学，恂恂无华，恪守宋人矩矱，故数传之后，其议论设施，不问而可知其出于河东也。若阳明门下亲炙弟子，已往往背其师说，亦以其言之过高也。然河东有未见性之讥，所谓此心始觉性天通者，为非欺人语，可见无事乎张皇耳。

梨洲此条，已明见敬轩阳明双方学术异同与其得失所在，盖当梨洲时舆论已如此，已由阳明返尊敬轩，梨洲亦无能违也。然仍必谓敬轩有未见性之讥。不知讥之者，正是言之过高之徒也。敬轩临卒留诗：七十六年无一事，此心始觉性天通。梨洲谓其非欺人语，盖谓其临卒留诗如此，足证其生平为学未达此境。又曰无事乎张皇，则谓其《读书录》恂恂无华，正亦多困于流俗，未达见性阶段耳。是梨洲之所以誉之者，皆所以讥之。然今日吾人平心读敬轩书及梨洲评语，则梨洲之所以讥之者，亦正所以誉之矣。

曹端，字正夫，号月川，河南渑池人。生洪武九年正月。永乐戊子举于乡，明年登乙榜第一。其学一以力行为主，守之甚确，一事不容假借。敬轩之学，诚为近之。

彭泽称，我朝一代道统之传，断自渑川曹先生。陈建曰：曹月川学行犹在吴康斋之右。孙奇逢则曰：法言矩行，一毫不苟，紫阳嫡派。又曰：天生成一个铁板道学公，真明代开山，不独冠冕中州也。有《太极图说述解序》略云：

> 孔子而后论太极者皆以气言。老子道生一而后乃生二，庄子师之，曰：道在太极之先。曰一，曰太极，皆指作天地人三者气形已具而混沦未判之名。道为一之母，在太极之先，而不知道即太极，太极即道。以通行而言则曰道，以极致而言则曰极，以不杂而言则曰一，夫岂有二耶？列子混沦之云，汉志含三为一之说，所指皆同。微周子启千载不传之秘，则孰知太极之为理而非气也哉。二程得周子之图之说而终身不以示人，非秘之，无可传之人也。是后有增周说首句曰：自无极而为太极，则亦老庄之流。有谓太极上不当加无极二字者，则又不知周子理不离乎阴阳不杂乎阴阳之旨矣。亦惟朱子克究厥旨，遂尊以为经而注解之，真至当归一之说也。至于语录，或出讲究未定之前，或出应答仓卒之际，百得之中，不无一失。非朱子之成书也。近世儒者，多不之讲，间有讲焉，非舍朱说而用他说，则信语录而疑注解，

所谓弃良玉而取顽石,掇碎铁而掷成器,良可惜也。

今按《易系》本出庄周道家之后,兼采儒道之说以成书。月川此篇,一本朱子理气之说以释濂溪之图说,其明晰之辨,自来论太极者无出其右。敬轩之尊濂溪,其学脉显从月川来。又按月川此序,先说康节,又及朱子易图说、启蒙之书。敬轩《读书录》兼论康节濂溪,是亦承自月川也。其尊成书于语录,亦一本之月川。

月川又有《太极图说辨戾文》。略云:

> 周子谓太极动而生阳,静而生阴,则阴阳之生,由乎太极之动静,而朱子之解极明备矣。其曰:有太极,则一动一静而两仪分。有阴阳,则一变一合而五行见,亦不异焉。又观语录,却谓太极不自会动静,乘阴阳之动静而动静耳。遂谓理之乘气,犹人之乘马,马之一出一入,而人亦与之一出一入,以喻气之一动一静,而理之与有一动一静。若然,则人为死人,而不足以为万物之灵。理为死理,而不足以为万物之原,理何足尚,而人何足贵乎。今使活人骑马,则其出入行止疾徐,一由乎人之驭之如何尔。活理亦然。不之察者,信此则疑彼,信彼则疑此。经年累岁,无所折衷,故为辨戾,以告夫同志君子。

窃谓朱子此条 动 静而两仪分,指理气之不离。人乘马之喻,则指理气之不杂。非有人为死人理为死理之意。月川所辨,实非《语类》本条有此意也。其后孙奇逢《夏峰集》卷四《曹月川太极图西铭述解序》释之曰：

> 月川子于《太极图说》暨《西铭》，大都以朱子为依归。独"辨戾"一则，所以效忠于考亭者，良心独苦。不知者谓为与紫阳为难，则岂知大道无我之公哉。

此说实得月川之旨，而梨洲《学案》顾曰：

> 先生之辨虽为明晰，然详以理驭气，仍为二之。气必待驭于理，则气为死物。抑知理气之名，由人而造。自其浮沉升降者而言则谓之气。自其浮沉升降不失其则者而言则谓之理。盖一物而两名，非两物而一体也。薛文清有日光飞鸟之喻，一时之言理气者，大略相同耳。

此辨亦非不是。然名之必可辨。既有理与气之名，则必有理与气之辨。此惟朱子不杂不离两语，足以尽之。若必并归于一，则归于理固不是，归于气亦未得。罗整庵谓理即是气之理，其言不免微近于不离一边，而昧夫其不杂。梨洲乃曰：整庵言理气，不同于朱子，而言心性则于朱子同，故不能自一其说。如梨洲言，必认理气非二物，心性亦非二物。心即是性，即是理。一切打并归一，则如阳明说：良知是造化的精灵。这些精灵，生天生地，成鬼成帝，皆从此出，真是与物无对。乃始为至当归一乎。故如梨洲说，宇宙成为唯气，即犹唯物也。如阳明说，宇宙又为唯心。唯心唯气，固又孰是而孰非乎？阳明所谓良知即天理，象山所谓心即理，皆偏在唯心一边。故陆象山必不喜濂溪横渠。然唯心即犹唯物，既欲扫除一切名词，则心物复何辨乎。故阳明与梨洲，实皆承朱子理气不离之意，而并未兼顾到朱子理气不杂之一边。老子曰：道可道，非常道。名可名，非常名。梨洲必谓理气之名皆由人造，名既非实，道亦归虚，故阳明亦必认良知是一虚无体。乃与道家释氏之说无可辨，较之上引月川之论，相距更不可以道理计矣。

又按月川《太极图说述解》云：

> 天地间凡有形象声气方所者，皆不甚大。唯理，则无形象之可见，无声气之可闻，无方所之可指，而实充塞天地，贯彻古今，大孰加焉。

窃谓读古人书，既当分别而求，又贵能会通而观。果知理为无形象，无声气，无方所，则《语类》人乘马之喻，自为未切。然若果知理之为无形象，无声气，无方所，则此乘马之人，宜亦不致有为死人之疑矣。

月川《语录》又曰：

> 吾儒之虚虚而有，如曰无极而太极。自身心性情之德，人伦日用之常，以至天地鬼神之变，鸟兽草木之宜，何往非理之有。老氏之虚虚而无，如曰道在太极之先，却说未有天地万物之初，有个虚空道理在，乃与人物不干涉。不知道只是人事之理。吾儒之寂寂而感，如曰：寂然不

动,感而遂通天下之故。盖此心方其寂然,而民彝物则,灿然具备其中。感而遂通,则范围之不出一心,酬酢之通乎万变。为法天下,可传后世,何往非心之感。佛氏之寂寂而灭。如曰以空为宗,未有天地之先为吾真体,以天地万物为幻,人事都为粗迹,尽欲屏除了一归真空。此等乌能察乎义理,措乎事业。朱子谓门弟子曰:佛老不待深辨,只废三纲五常这一事,已是极大罪名,他不消说。

四库收《月川集》,仅存一卷,《语录》中不见此条。梨洲《学案》掇取《月川语录》,亦未有。此见清董榕《周子全书》所引。若果明得此条,则月川之致疑于《语类》人乘马之喻者,亦自可见其苦心之所在。而月川之论理气,一承朱子,本可相悦而解,不烦拘泥为辨也。

又按梨洲《学案·师说》曹月川条有曰:

先生之学,不由师传,深有悟于造化之理,而以月川体其撰。反而求之吾心,即心是极,即心之动静是阴阳,即心之日用酬酢是五行变合,而一以事心为入道之路。故其见虽彻而不玄,学愈精而不杂,虽谓先生为今之濂溪可也。

斯评简确,知蕺山之所窥于先儒者,远较梨洲为邃矣。谓月川以事心为入道之门者,月川有曰:

事事都于心上做工夫,是入孔门的大路。

是也。谓以月川为撰者，月川有《月川交辉图》诗。诗曰：

> 天月一轮映万川，万川如有月团圆。有时川竭为平地，依旧一轮月在天。

其弟子谢琚说之曰：

> 以在天之月喻万殊之原于一本，以映川之月喻一理之散为万殊。

盖敬轩日光飞鸟之喻，亦由月川之喻来。两人之学，皆力主于践履，而归本之于一心，然较之陆王言心，则虚实平险自判矣。

梨洲《师说》又曰：

> 先生自谱，其于斯道，至四十，犹不胜其渺茫浩瀚之苦。又十年，怳然一悟，始知天下无性外之物，而性无不在。所谓太极之理，即此而是。

性无不在，即犹一月之映万川也。敬轩诗"七十六年无一事，此心惟觉性天通"，亦犹月川之所悟。两人学皆平实，而所悟则极圆通。所谓性无不在与性天通之说，较之阳明之言良知生天生地，岂不遥为平实而深允乎。梨洲于月川敬轩两案，皆多浮辨，可以已而不已，则门户意气害之也。

读程篁墩文集

明代程敏政克勤,有《篁墩文集》九十三卷。其人入《明史·文苑传》,不目为理学中人。黄梨洲《明儒学案》亦不列。然其《道一编》,主张朱子象山始异终同,其论早于阳明之《朱子晚年定论》。后人辨此问题,必加称引,是亦不可以不述。

篁墩论学,初若极尊程朱。文集卷十五《婺源明经书院重修记》有曰:

> 性学既微,六经晦者千余年,至宋两程夫子始得圣学于遗经,紫阳夫子宽嗣其传。

文集卷十七《定宇先生祠堂记》又曰:

> 自徽国文公得河南两夫子之传,斯道复明于天下。

文集卷十八《徽州府婺源县重建庙学记》又曰:

自尧舜以至孔颜，又至于周子，穷圣性之原，究心学之妙，而归宿于一敬。程子发之，朱子阐焉。实有功于圣门，而有大惠于来学。

是篁墩于孔孟逮及周程朱子，皆称心学或称性学，夹杂通用，此在其文集中屡见。可见其时尚不分朱为性学陆为心学也。文集卷十八《董子祠堂记》又曰：

进于程朱，上窥邹鲁。

则其认程朱为孔孟正脉更无可疑。而其阐述朱子则尤郑重，文集卷十八《时习斋记》有曰：

学以复性。性者受之天，具于人之一心。出入无时，而操存舍亡于瞬息反手间，可畏如此。此学所以贵时习，而《中庸》之戒慎，《孟子》之收放心，其说一也。或曰：时习者，穷理事也，在《大学》为格物致知。子何得反之。呜呼，是心学之晦，而诵朱《传》之不审也。古者小学之教，严人生而为治性养心之地者，盖什八九矣。故《大学》以格致为始教，俾因其已知者而益明之，以求致乎其极云尔。小学既废，则人之为性早已凿矣，而遽先之格致，是犹水之源未浚而汲其流，木之本未培而撷其实，未有不涸而瘁焉者也。后世之学，岂不勤勤于时习之训，高者堕于训诂，卑者楷于词章，而古人所谓性学者微矣。老佛之说乌得不横流于世，而幽暗高明者,胥为之陷溺哉。

此文主张《论语》时习,亦关心学,格物致知乃《大学》始教,其先当有一番小学工夫,什八九为治性养心之地。其言若平实,而义实未允。《论语》时习,正乃学者终身之事,尊德性亦不限于小学。格物致知非专属道问学。朱子生平,亦不于尊德性与道问学严格区分。观于此文,可知篁墩之学养与识趣。而篁墩为《道一编》,则即本此文之旨。文集卷十六《道一编目录后记》有曰:

> 宇宙之间,道一而已。道之大原出于天,其在人则为性而具于心。心岂有二哉,惟其蔽于形气之私,而后有性非其性者。故圣门之教,在于复性。复性之本,则不过收其放心焉尔。颜之四勿,曾之三省,与子思之尊德性道问学,孟子之先立乎大者而小者不能夺。其言凿乎如出一口。中古以来,去圣益远,老佛兴而以忘言绝物为高,训诂行而以讲析编缀为工,辞章胜而以哗世取宠为得。由是心学晦焉尼焉。虽以董韩大儒,尚歉于此。子周子生千载之下,始阐心性之微旨,推体用之极功,以上续孟子之正传。程子实亲承之。其言曰:圣贤千言万语,只是欲人将已放之心约之使反复入身来,自能寻向上去,下学而上达也。此其言之切要,意之诚恳,所望于后学者何如。朱陆两先生出于洛学销蚀之后,并以其说讲授于江之东西。然两先生之说,不能不异于早年,而卒同于晚岁。学者独未之有考焉。至谓朱子偏于道问学,陆子偏于尊德性。呜呼,是岂善言德行者哉。朱子之

道问学，固以尊德性为本，岂若后之讲析编缀者毕力于陈言。陆子之尊德性，固以道问学为辅。岂若后之忘言绝物者，悉心于块坐。

此始见其和会朱陆之说。其实篁墩此意，以之论朱学，若无大背。以之论陆学，则颇有未切。篁墩乃谓朱陆异于早年，同于晚岁，则殊嫌其考之未精也。文集卷二十九《送汪承之序》又曰：

尊德性道问学二者，入道之方也。德性者，人之基宇。问学者，人之器用。尊德性者居敬之事，道问学者穷理之功。交养而互发，废一不可，然有缓急先后之序焉。故朱子曰：学者当以尊德性为本，然道问学亦不可不力。中世以来，学者动以象山藉口，置尊德性不论，而汲汲乎道问学，或事文艺而流于杂，或专训诂而入于陋。曰我之道问学如此，孰知紫阳文公之所谓问学者哉。尊德性而不以问学辅之，则空虚之谈。道问学而不以德性主之，则口耳之习，兹二者皆非也。

此书不知其年岁，其纠摘元儒尊朱之弊则甚是，其发挥朱子论学之意亦无违，疑当在《道一编》之前。然其曰：学者动以象山藉口，置尊德性不论，则其主张和会朱陆之意，固已跃然矣。文集卷五十五《答汪佥宪书》又曰：

仆性迂僻，独喜诵朱子之书，至行坐与俱，寝食几废。

至于《道一编》所纂，皆据朱子成说。观者不审，以仆为陆氏之学。夫尊德性者，知吾身之所得皆出于天，则无毫发食息之不当谨。道问学者，知天下无一事而非分内，则无一事而非学。古之人自八岁以下悉入小学，所学大抵多尊德性之事。故至十有五岁，则志气坚定，然后入大学，而以格物为首事。大抵尊德性道问学只是一事。尊德性者制外养中，而道问学则求其制外养中之详。尊德性者由中应外，而道问学则求其由中应外之节。日用之间，每有所学，即体之于身，验之于心，而无性外之学，事外之理，是乃朱子继往开来之业，而后学有罔极之恩也。而学朱子之学者渐失其本意，乃谓朱子得之道问学为多。盖非惟不知所谓尊德性，亦并不知为何云道问学，而道问学者何用也。其在宋末元盛之时，学者于六经四书纂订编缀，曰集义，曰附录，曰纂疏，曰集成，曰讲义，曰通考，曰发明，曰纪闻，曰管窥，曰辑释，曰章图，曰音考，曰口义，曰通旨，梦起蝟兴，不可数计。六经注脚，抑又倍之，东山赵氏谓近来前辈著述，殆类夫借仆铺面，张君锦绣者，如欲以是而为朱子之的传，咎陆氏于既往，不亦过乎。

此书显出《道一编》后，明白指出宋末元盛朱学流衍所极之积弊，实非无见。故篁墩自谓其《道一编》非为提倡陆学，乃为发明朱学，亦可谓其本无引朱归陆之意。然不知朱学自有其真，如宋末之黄东发，王深宁皆朱学也。此两人皆极斥陆。又何必以同于陆学者乃始为朱学乎。篁墩似不能知东发深宁，特知有吴草庐。故其文集卷三十八《书朱子答项平父书》有曰：

> 草庐吴氏为国子司业，谓学者曰：朱子于道问学之功居
> 多，而陆子静以尊德性为主。问学不本于德性，其散流于言
> 语训释之末。故学必以尊德性为本，庶几得之。当时议者
> 以草庐为陆学而见摈焉。然以朱子《答项平父书》观之，则
> 草庐之言正朱子本意，学者宜考于斯。

是篁墩《道一编》渊源，显自草庐。其实草庐乃真有得于朱子道
问学之传者。篁墩所引，其言乃为当时治四书义者而发，其平生
致力则在五经，篁墩实乃一文士，于朱子道问学之传，非真有得。
其致讥于元儒之纂订编缀，徒见文字，不知心性，则固是矣。然
篁墩固不能谓其知心性。是篁墩固不自认为陆学，然亦不得谓
其是朱学也。

全祖望《宋元学案·静明宝峰学案》有陈苑静明治陆学，时
科举方用朱子，闻静明说，讥非之，毁短之，甚者求欲中之，静明
誓以死不悔，一洗训诂支离之习，从游者往往有省。其弟子曰祝
蕃李存舒衍吴谦，称江东四先生。此在元儒中之陆学也。而篁
墩亦岂其俦乎。

文集卷十六《淳安县儒学重修记》又曰：

> 朱陆之辨，学者持之至今，予尝诵两家之书而窃惧夫人
> 之不深考也。自艾于粗浮之习，而追病夫支离之过，其言具
> 在，炳若日星。今弗究其晚年之同，而取决于早岁之异，其

流至于尊德性道问学为两途,或沦于空虚,或溺于训诂,卒无以得真是之归。

此文则真见为引朱归陆矣。盖篁墩亦主汇德性问学而一之,而惜乎其己之所学,两面俱不着边际,则其所论,亦终不失为文士之骋其辞章而已。

故篁墩之《道一编》,其具体论证,颇多疏失。文集卷二十八《道一编序》有曰:

斋居之暇,过不自揆,取无极七书,鹅湖三诗,钞为二卷,用著其异同之始,所谓早年未定之论也。

又文集卷三十八《书朱陆二先生所论无极书后》有曰:

此皆二先生早年之事。

不知鹅湖诗诚在早年,辨太极无极书则显入晚年。乃篁墩同举以为朱子早年未定之论,此岂不成为大误。篁墩并此而有误,则其他所辨,宜可无深论。

考赵汸《东山存稿》卷二《对问江右六君子策》,虞道园发问,即以无极之辨鹅湖之诗连带称引。疑篁墩此误,乃承道园来。至阳明《朱子晚年定论》,不收无极之辨,是亦谓事在早年也。此皆以误承误,若稍有朱子道问学精神则决不至此。

又按虞道园《集古录》有《跋朱先生答陆先生书》一篇,

有云：

> 案：朱子《答叶公谨书》云：近日亦觉向来说话有大支
> 离处，反身以求，正坐自己用功亦未切尔。因此减去文字工
> 夫，觉得气象甚适。又《与胡季随书》云：衰病如昔，但觉目
> 前用功泛滥，不甚切己。方与一二学者力加鞭约，为克己求
> 仁之功，亦粗有得力处。此两书皆同时所书，正与书中所谓
> 病中绝学捐书，却觉得身心颇相收管，似有少进步处，向来
> 泛滥，真是不济事之语合。盖其所谓泛滥，正坐文字太多，
> 所以此时进学用功实至于此也。然窃观其反身以求之说，
> 克己求仁之功，令学者且看孟子道性善求放心之说，直捷如
> 此用功。盖其平日问辨讲明之说极详，至此而切己反求之
> 功愈切，是以于此稍却其文字之支离，深忧夫词说之泛滥，
> 一旦用力，而其效之至速如此，故乐为朋友言之也。病中绝
> 学捐书，岂是槁木死灰，心如墙壁以为功者。朱子尝叹道问
> 学之功多，尊德性之意少，正为此也。陆先生之门，传之未
> 久，当时得力者已尽，而后来失其宗。而后知朱子之说先传
> 后倦之有次第也。

道园此文发明朱子意，尚无大误。而篁墩亦论此事。文集卷三
十八《书虞道园所跋朱陆帖》有云：

> 朱子此书与陆子，有病中绝学捐书，觉得身心颇相收管，向
> 来泛滥真不济事之语，然不见于大全集中，殆门人去之也。

道园从学于草庐,其言朱陆,尚能平正。若如篁墩,乃谓此书不见于大全集,乃门人去之。则又何证以见其如此乎?篁墩文集卷三十八《书朱子答陆子七书》,既曰日用工夫,无复向来支离之病。又曰:近日方实见得向日支离之病。又曰:却始知此未免支离。又曰:觉得外驰,支离繁碎。又曰:向来说话有大支离处。又曰:向来诚是太涉支离。又曰:若只如此支离,漫无统纪,展转迷惑,无出头处。篁墩于此七书,未能一一细考其年岁,与其所以发此言之真意,乃一并说之曰此乃朱子之深悔痛艾,则试问此七书又何以一一都见于大全集。偶失一札,又何必是门人之有意不收。此皆节外生枝,于无痕迹处找痕迹,于无罅缝处寻罅缝,此见于朱子道问学精神亦未有得,则可证其于尊德性工夫亦必有缺矣。

又按赵汸《东山存稿》卷五有《陆先生赞》,其文曰:

> 儒者曰其学似禅,佛者曰我法无是。超然独契本心,以俟圣人百世。

篁墩极赏此文,文集卷三十八《书赵东山陆子象赞》云:

> 此亦因朱子谓陆学固有似禅处一句而发。然历考先正之论象山者博而费,不若东山此赞之约而该也。

然文集同卷《书朱子与陆子静书》又云:

陆子轮对五劄，皆不见所谓禅者。然析理之精，择言之审，百代之下，孰有加于紫阳夫子者哉。殆必有毫厘之差，千里之谬者矣。学者谛玩而自得之可也。

此则又犹豫其辞，一面既不信陆子近禅，一面又谓朱子析理精，择言审，其语决不虚发。因乃依违不敢作决断。其实朱子论陆学似禅，何止此一处。篁墩既不信象山之近禅，终乃逼出其《道一编》早异晚同之论，自谓于此问题可得一解决。既不贬陆，亦不斥朱，以为可以两获其全。则诚所谓文士之见也。

又按《东山存稿》卷一有《送汪子翼赴采石书院山长》一诗云：

汪子富儒术，往主圣哲祠。昨者遇相别，清言不及私。惟念紫阳翁，周程以为师。云何陆子静，所学乃异兹。后生将焉从，此事宜精思。嗟余素寡陋，求道多困歧。朱子晚所造，卓绝知者希。象山如有作，岂复忧支离。使其或有异，在我已无疑。前修去已远，问辩将畴依。子有千里行，谁能纠予非。

是东山推尊朱子，而又特谓其晚年所造尤卓，若象山地下复起，亦将无可非难，此则迥乎非篁墩《道一编》之所知矣。窃谓朱子虽时以支离自惩，然不害其毕生之勤瘁于著述。虽称象山八字着脚，然不害时时以近禅致规箴。两人学术自有辩，惟朱子自期反身用力，去短集长，庶几不堕一边。而象山则曰：朱元晦欲去两短，合两长，吾以为不可。既不知尊德性，焉有所谓道问学。果如此言，则即如篁墩《道一编》所考，朱子晚年深悔痛艾以自同于象山，象山亦终不之许。若象山地下可作，获见篁墩之《道一编》，亦岂遽遂以知言许之。吴草庐谓象山有得于道，壁立万仞。赵东山谓象山独契本心，以俟圣人。凡此所言，皆有当于象山之性气，亦犹朱子以八字着脚许象山耳。至于学术异同，则固当别论。

又《东山存稿》卷二《对江右六君子策》有曰：

> 子朱子后来德盛仁熟，所谓去短集长者，使子静见之，又当以为如何。

此与前引诗一意。朱子为学，与年俱进，即其重晤复斋于铅山，已曰：旧学商量加邃密，新知涵养益深沉。更何论于晚岁。然其所谓去短集长，正亦是一种道问学精神也。道问学自为尊德性，此在朱子早年，即已如此。故治朱学，首当考其年岁，乃可知其进学之大概。至如篁墩，其早年之尊朱，亦惟鸠玩于文字典籍而已，固未知所谓尊德性工夫，则其谓朱子晚年乃始深悔痛艾，转依象山正路，岂亦篁墩之自道其内心乎？

篁墩于著《道一编》以前，尚有《心经附注》一书。《心经》乃宋末真德秀西山所著，其书亦不见称于黄全之《宋元学案》。篁墩附注，更不为后人称道。惟韩国朱子学者李退溪，极重其书。此后遂为韩国李朝经筵讲本。然退溪之后有李栗谷，有宋尤庵，有韩南塘，皆不深信此书，于篁墩附注颇有纠弹。盖篁墩之为此书,其意已渐近于陆氏。栗谷尤庵南塘,指摘此书疵累,语详余著《朱学流衍韩国考》,兹不赘。黄东发尊信朱子,而不满于西山。篁墩此注,亦称引及于东发。然于西山东发两人学术深浅,则固非篁墩所能辨也。

又按:篁墩于孝宗弘治十二年与李东阳主会试。被言事下狱。事白,愤恚发痈卒。阳明二十八岁在京师举进士出身,即出是年李程之试。阅后十六年,武宗正德十年,阳明编撰《朱子晚定年论》,末附吴草庐一说。则是编承袭所自,亦显可征。惟自草庐、东山、篁墩一脉以至阳明,先则谓尊朱不当贬陆,后乃为褒陆即以斥朱,其间转变之迹,文字俱在,亦可覆案也。

此稿刊载于一九七五年九月
《东吴学报》第四、五期合刊

罗整庵学述

余于后儒阐述朱子学者,于元取黄震东发,于明取罗钦顺整庵,然两人为学亦有异。东发可称为朱学,而整庵则以称程朱学为允,盖朱子于宋代理学中,实开新统,其学不仅汇濂溪横渠二程而为一,并轶出其前,兼汇北宋理学兴起以前诸儒,又上溯之于汉唐先秦六经百家文史之部,靡不博通条贯。朱门后起,能具此磅礴宏大之气象者,殊不多有。东发《日钞》,庶乎欲窥此门墙,而整庵则专意精微,户庭修洁,于北宋周张二程四家中,更近二程。又其于程朱相异处,往往一遵明道,于伊川朱子皆有不满。尝曰:

> 愚尝遍取程朱之书,潜玩精思,反复不置,惟于伯子之说了无所疑。叔子与朱子,论著答问不为不多,往往穷深极微,两端皆竭,所可疑者,独未见其定于一尔,岂其所谓犹隔一膜者乎。夫因其言而求其所未一,非笃于尊信者不能,此愚所以尽心焉而不敢忽也。

此其与东发之一意独尊朱子为不同也。今试推此意言之，孔孟创儒学，下迄北宋濂溪明道，乃始于儒学中创理学。朱子则融理学归儒学，故于孔子后，朱子又为集大成。东发承此而起，整庵则确然为理学家言，故尊明道。朱子同时有象山，整庵同时有阳明，皆为理学，故亦同尊明道。至顾亭林亦欲融理学归儒学，故特尊朱子，兼及东发也。

整庵之学善辨心性。因以辨及象山慈湖阳明，以至释氏禅宗。此乃整庵在理学中之深有贡献于程朱传统者。整庵又辨及理气，此层微可疵议。盖心性之辨，二程朱子所同。理气之论，乃朱子之独创，为二程所未及。盖是汇通濂溪横渠康节而来，旷观宇宙之大，纵览万物之广。而整庵则一意潜修，精力内向，照顾有所未周。故于此等处，专傍明道，于伊川犹有疑，于朱子则不能相契也。治陆王者，亦上宗明道，而伊川朱子则在所必挑之列。今整庵于伊川朱子虽亦微有诤议，而于象山阳明则严加申辨，此所以不失为程朱学之传宗也。

整庵之学，备见于其所为之《困知记》，共分前续两编。其前编有自序谓：

> 余才微而质鲁，志复凡近。早尝从事章句，不过为利禄谋尔。年几四十，始慨然有志于道。虽已晚，然自谓苟能粗见大意，亦庶几无负此生。而官守拘牵，加之多病，工夫难得专一。间尝若有所见矣，既旬月，或逾时，又疑而未定，如此者盖二十余年。其于钻体研究之功，亦可谓尽心焉耳矣。近年以来，乃为有以自信。山林暮景，独学

无朋,虽自信则尔,非有异同之论,何由究极其归趣乎!

此序成于嘉靖七年戊子,整庵已年六十四矣。《困知记》前编共一百五十六章,其首章开宗明义,即辨心性二字。略曰:

孔子教人,莫非存心养性之事,然未尝明言之也。孟子则明言之矣。夫心者,人之神明。性者,人之生理。理之所在谓之心,心之所有谓之性。不可混而为一。

又曰:

释氏之明心见性,与吾儒之尽心知性,相似而实不同。盖虚灵知觉,心之妙。精微纯一,性之真也。释氏之学,大抵有见于心,无见于性。故其为教,始则欲人尽离诸相而求其所谓空。空即虚也。既欲其即相即空而契其所谓觉,即知觉也。觉性既得,则空相洞彻,神用无方,神即灵也。凡释氏之言性,穷其本末,要不出此三者。然此三者皆心之妙,而岂性之谓哉。

又曰:

尝考两程子张子朱子早岁皆尝学禅,亦皆能究其底蕴,故朱子目象山为禅学,盖其见之审矣。尝遍阅象山之书,大抵皆明心之说。其自谓所学因读孟子而自得之,时有议之者云：除了先立乎其大者一句，全无伎俩。象山亦以为诚然。然孟子云：耳目之官不思而蔽于物，物交物，则引之而已矣。心之官则思，思则得之，不思则不得也。此天之所以与我者。先立乎其大者，则其小者不能夺也一段，言语甚是分明。所贵乎先立其大者何，以其能思也。能思者心，所思而得者，性之理也。是则孟子吃紧为人处，不出思之一言。故他日又云：仁义礼智，非由外铄我也，我固有之也。弗思耳矣。而象山之教，顾以为此心但存，则此理自明。当恻隐处自恻隐，当羞恶处自羞恶。当辞逊处自辞逊。是非在前自能辨之。若然则无所用乎思矣。非孟子先立乎其大者之本旨也。夫不思而得，乃圣人分上事，所谓生而知之者，而岂学者之所及。苟学而不思，此理终无由而得。凡其当如此自如此者，虽或有出于灵觉之妙，而轻重长短，类皆无所取中，非过焉，斯不及矣。遂乃执灵觉以为至道，非禅学而何。盖心性至为难明，象山之误正在于此。故其发明心要，动辄数十百言，亹亹不倦，而言及于性者绝少。尝考其言有云：心即理也。然则性果何物邪？又云：在天者为性，在人者为心。然则性果不在人邪？既不知性之为性，舍灵觉即无以为道矣。谓之禅学，夫复何疑。请复实之以事。有杨简者，象山之高第弟子也。尝发本心之问，遂于言下忽省此心之清明，忽省此心之无始末，忽省此心之无所不通。有詹阜民者，从游象山，安坐暝目，用力操存。如此者半月。一日下楼，忽觉此心已复澄莹。象山目逆而视之曰：此理已显也。盖惟禅家有此机轴。其证佐之分明，脉路之端的，虽有善辨,殆不能为之出脱矣。

又曰:

> 程子曰:圣贤千言万语,只是欲人将已放之心约之使反复入身来,自能寻向上去,下学而上达也。尝见席文同《鸣冤录》提纲有云:孟子之言,程子得之。程子之后,陆子得之。然所引程子之言,只到复入自身来而止,最紧要是自能寻向上去下学而上达二语,却裁去不用,果何说也。

又曰:

> 程子言性即理也,象山言心即理也。夫子赞《易》,言性屡矣。曰:乾道变化,各正性命。曰成之者性。曰圣人作《易》以顺性命之理。曰穷理尽性以至于命。但详味此数言,性即理也明矣。于心亦屡言之,曰圣人以此洗心。曰易其心而后语。曰能说诸心。夫心而曰洗曰易曰说,洗心而曰以此。试详味此数语,谓心即理也,其可通乎。且孟子尝言理义之悦我心,犹刍豢之悦我口,尤为明白易见。故学而不取证于经书,一切师心自用,未有不自误者也。

以上辨象山言异乎孟子,则其渊源禅学审矣。其病在不知心性之辨。心乃知觉之灵明,而性则理,不能认知觉之灵明即为理,整庵见解主要处在此。又曰:

近世道学之倡，陈白沙不为无功。而学术之误，亦恐自白沙始。至无而动，至近而神，此白沙自得之妙也。愚前所谓徒见夫至神者，遂以为道在是矣，而深之不能极，而几之不能研，虽不为白沙而发，而白沙之病，正恐在此。章枫山尝为余言其为学本末，固以禅学目之。胡敬斋攻之尤力，其言皆有所据。

《整庵存稿》有《答湛甘泉》一书，亦力辨白沙之禅，其言曰：

> 白沙曰大道至无而动，至近而神。又曰：致虚所以立本。达摩言，净智妙圆，体自空寂。妙圆之义，非神而何。寂空之义，非虚而何。全虚圆不测之神，又非白沙之所尝道者乎？

整庵极不满于陆王，于白沙亦加纠摘。盖此三人之学，皆重此心之神灵妙用，而忽视外面事物，故不能极深而研几也。整庵又曰：

> 胡敬斋力攻禅学，但于禅学本末，似乎未尝深究。盖吾儒之有得者固是实见，禅学之有得者亦是实见。但彼之所见，乃虚灵知觉之妙。亦自分明脱洒。然其一见之余，万事皆毕。卷舒作用，无不自由。是以猖狂妄行，而终不可与入尧舜之道。愚所谓有见于心，无见于性。盖心性至为难明。谓之两物，又非两物。谓之一物，又非一物。除却心即无

性,除却性即无心。惟就一物中分剖得两物出来,方可谓之知性。

又曰:

《居业录》云:娄克贞见搬木之人得法,便说他是道,此与运水搬柴相似,指知觉运动为性,故如此说。愚读此条,不觉慨然兴叹,以为义理之未易穷也。苟得其法,即为合理,是即道也。禅家所言运水搬柴无非妙用,盖但以能搬能运者即为至道,初不问其得法与否,此其所以与吾儒异。克贞虽是禅学,然此言却不差。敬斋乃从而讥之,过矣。

又曰:

所说理一者,须就分殊上见得来,方是真切。佛家所见亦成一片,缘始终不知有分殊,所以似是而非。亦尝言不可笼统真如颠顶佛性,大要以警夫顽空,于分殊之义初无干涉。既以事为障,以理为障,直欲扫除二障乃为至道,安得不为笼统颠顶乎。陈白沙曰:斯理无一处不到,无一息不运,得此把柄入手,更有何事。末乃云:自兹以往,更有分殊处合要理会。夫犹未尝理会分殊,而先已得此把柄,愚恐其未免于笼统颠顶也。况其理会分殊工夫,求之所以自学,所以教人,皆无实事可见。得非欲稍自别于禅学,而始为是言耶?

又曰：

> 四端在我，无时无处而不发见，知皆扩而充之，即是实地工夫。今乃欲于静中养出端倪，既一味静坐，事物不交，善端何缘发见。遏伏之久，或者忽然有见，不过虚灵之光景耳。

以上皆辨白沙，而兼及胡敬斋，要之不能辨心性，乃落入禅学圈套也。又曰：

> 近时格物之说，亦未必故欲求异于先儒，只缘误认知觉为性，才干涉事物便说不行。既以道学名，置格物而不讲，又不可。而致知二字，略与其所见相似，难得来做个题目。所以别造一般说话，要将物字牵拽向里去，而毕竟牵拽不得。

此处乃评阳明。又曰：

> 孟子曰：孩提之童，无不知爱其亲。及其长也，无不知敬其兄。知能乃人心之妙用，爱敬乃人心之天理。以其不待思虑而自知此，故谓之良。近时有以良知为天理者，然则爱敬果何物乎。

此处亦评阳明。然在《困知记》卷四，有明斥阳明者，其一曰：

　　庚辰春,王伯安以《大学》古本见惠,其序乃戊寅七月所作,全文首尾数百言,并无一言及于致知。近见《阳明文录》,有《大学古本序》,始改用致知立说,于格物更不提起。其结语云:乃若致知则存乎心悟,致知焉尽矣。阳明学术,以良知为大头脑,其初序《大学》古本,明斥朱子传注为支离,何故却将大头脑遗下。岂其拟议之未定欤。合二序而观之,安排布置,委曲迁就,不可谓不劳矣,然于《大学》本旨,恶能掩其阴离阳合之迹乎?

今按钱绪山等所为《阳明年谱》,古本《大学》与《朱子晚年定论》同刻在正德十三年戊寅,《文录》卷三收《古本大学序》,亦注戊寅,据《困知记》所引,乃知《文录》所收,乃此后改定本也。戊寅原稿,乃仅见于《困知记》。戊寅阳明年四十七,即一序文,亦费斟酌,学问之事,又岂诚能一悟而尽乎?(《阳明全书》书录卷五《与陆清伯书》及其事,谓"近因同志之士多于此处不甚理会,故序中特改数语"。)

　　《困知记》又云:

　　　　王伯安答萧惠云:所谓汝心,却是那能视听言动的,这个便是性,便是天理。又答陆原静书有云:佛氏本来面目,即吾圣门所谓良知。渠初未尝讳禅,为之徒者必欲为之讳,何也。

按此两书,皆不见于《阳明全书》,又上引明斥阳明诸条,梨洲《学案》皆不录。今按整庵阳明生值同时,整庵较阳明早七年,较湛甘泉早一年。曾与阳明相见于南都。《困知记·附录》有与阳明两书，一在庚辰夏，一在戊子冬。相隔九年。戊子冬一书未及写而阳明下世。《困知记》亦成于戊子之冬，则其与阳明通书，乃在为《困知记》之前。《困知记》上下两卷，凡一百五十六章，涉及阳明《传习录》者仅一条，并下语极简。《续录》成于辛卯，距阳明卒已四年，时阳明之学已遍及全国，整庵潜居默修。《困知记》中辨禅学，辨象山，辨慈湖，乃及阳明《续录》上卷有一跋，谓词若稍繁，或颇伤直，区区之意，诚亦有不得已者，世有君子，必能谅之。则其书作意，亦言外可知矣。其所附两书，第一书所辨两事，一曰《大学》古本，一曰《朱子晚年定论》。其辨定论，后人多加称引，略引其论《大学》古本者。有曰：

> 窃详《大学》古本之复，盖以人之为学，但当求之于内，而程朱格物之说，不免求之于外。惟圣门设教，文行兼资。博学于文，厥有明训。颜渊称夫子之善诱，亦曰博我以文。文果内邪外邪，是固无难辨者。如必以学不资于外求，但当反观内省以为务，则正心诚意四字，亦何不尽之有。何必于入门之际，便困以格物一段工夫也。

又曰：

> 审如所训，兹惟《大学》之始，苟能即事即物，正其不正以归于正，而皆尽夫天理，则心亦既正，意亦既诚，继此诚意正心之目，无乃重复堆叠而无用乎。

又曰：

所贵乎格物者，正欲即其分之殊，而有见乎理之一。无
彼无此，无欠无余，而实有所统会。外此或夸多而斗靡，则
溺于外而遗其内。俗学是已。或厌繁而喜径，则局于内而
遗其外。禅学是已。凡为禅学之至者，必自以为明心见性，
然于天人物我，未有不二之者。

其第二书驳诘尤切。有曰：

向蒙惠教，有云：格物者，格其心之物也，格其意之物
也，格其知之物也。正心者，正其物之心也。诚意者，诚其
物之意也。致知者，致其物之知也。自有《大学》以来，无
此议论。夫格其心之物，格其意之物，格其知之物，凡其为
物也三。谓正其物之心，诚其物之意，致其物之知，其为物
也，一而已矣。就三物而论，以程子格物之训推之，犹可通
也。以执事格物之训推之，不可通也。就一物而论，则所谓
物者果何物邪。

又执事尝谓：意在于事亲，即事亲是一物。意在于事
君，即事君是一物。有如《论语》川上之叹，《中庸》鸢飞鱼
跃之旨，学者如未能深达其义，试以吾意著于川之流，鸢之
飞，鱼之跃，若之何正其不正以归于正邪。

又执事答人论学书有云：吾心之良知，即所谓天理也。
致吾心良知之天理于事事物物，则事事物物皆得其理矣。

致吾心之良知者，致知也。事事物物各得其理者，格物也。审如所言，则《大学》当云格物在致知，不当云致知在格物。当云知至而后物格，不当云物格而后知至矣。且既言精察此心之天理以致其本然之良知，又言正惟致其良知以精察此心之天理，然则天理也，良知也，果一乎，果非一乎？察也致也，果孰先乎，孰后乎？

《阳明年谱》，正德十五年庚辰六月如赣，行至泰和，少宰罗钦顺以书问学，先生答曰云云：谓整庵以书问学者，即上引之第一书。阳明先有书与整庵，又媵以《大学》古本与《朱子晚年定论》，整庵复一长函，已引如前。阳明随又作复，即年谱所收。阳明与整庵前后两书，皆不见于文集，整庵复书乃延至戊子之冬，先后已阅四年，是年阳明五十七，而整庵年六十四，即始为《困知记》之年也。书中有云：去年尝辱手书，预订文会，窃恐异同之论，有非一会晤间之所能决，辄以近来鄙说数段奉呈尊览，又尝反复高论，有不能无疑者六条，为一段，具如别幅。是整庵得阳明第二书后，知双方异见无可求同，故竟置不复。及又得阳明第三书预约见面，而整庵却之，仅送去新所为《困知记》中数段文字，又有反复高论不能无疑者具于别幅，即答阳明庚辰第二书中云云也。又云：执事答人论学书云云，此指嘉靖四年乙酉九月答顾东桥书，此书在整庵初成《困知记》前四年，亦见整庵对阳明言论文字皆甚注意。整庵辨象山主张孟子先立乎其大者，则曰非孟子原书之本意。辨阳明主张孟子言良知与《大学》言致知格物，则曰非《孟子》《大学》原书之本意。厥后晚明之际，王学流弊已极,顾亭林发为经学即理学之论,谓舍经学安得有所谓理学,盖亦循整庵此等辨论而来。

陆王主张《孟子》《大学》,实非《孟子》《大学》原书之本意,整庵乃谓其来自禅学,其说又见于《困知记·附录·答欧阳少司成书》。欧阳德亦阳明弟子,其书在甲午秋,上距癸巳夏《困知记·续编》下卷成稿又恰一年矣。其书有曰:

> 来书申明良知即天理之说甚悉。首云:知觉与良知名同而实异。然人之知识,不容有二。孟子本意,但以不虑而知者名之曰良,非谓别有一知也。今以知恻隐知羞恶知恭敬知是非为良知,知视知听知言知动为知觉,是果有二知乎。夫人之视听言动,不待思虑而知者亦多矣。感通之妙捷于桴鼓,何以异于恻隐羞恶恭敬是非之发乎?且四端之发,未有不关于视听言动者,果何从而见其异乎?知惟一尔,强生分别,吾圣贤之书未尝有也。惟楞伽有所谓真识现识及分别事识三种之别。必如高论,则良知乃真识,而知觉当为分别事识无疑矣。

又曰:

> 谓良知即天理,则天性明觉只是一事。区区之见,要不免于二之。盖天性之真,乃其本体。明觉自然,乃其妙用。天性正于受生之初,明觉发于既生之后。有体必有用,而用不可以为体也。《乐记》人生而静天之性,即天性之真也。

感物而动物之欲，即明觉之自然也。《易·大传》天下之至精，即天性之真也。天下之至神，即明觉之自然也。《诗·大雅》有物有则，即天性之真也。好是懿德，即明觉之自然也。孔子尝言知道知德，曾子尝主知止，子思尝言知天知人，孟子尝言知性知天，凡知字皆虚，下一字皆实，虚实既判，体用自明。以用为体，未之前闻。

又曰：

> 以良知为天理，则易简在先，工夫居后，后则可缓。陈白沙所谓得此把柄入手，更有何事。自兹以往，但有分殊处合要理会是也。谓天理非良知，则易简居后，工夫在先，先则当急。《中庸》所谓果能此道矣，虽愚必明，虽柔必强是也。

又曰：

> 以良知为天理，乃欲致吾心之良知于事事物物，则道理全在人安排出，事物无复本然之则矣。无乃不得于言乎？

越半年，又有第二书，略曰：

> 尝读《文言》有云：大哉乾乎，刚健中正，纯粹精也。此天理之本然也。《彖传》有云：乾道变化，各正性命，此天理

之在万物者也。夫子赞《易》，明言天地万物之理以示人，有志于学者，须就天地万物上讲求其理。以其分之殊，故天之所为，有非人所能为者。人之所为，有非物所能为者。以其理之一，故能致中和则天地以位，万物以育。中即纯粹精之隐于人心者也，和即纯粹精之显于人事者也。今以良知为天理，即不知天地万物皆有此良知否乎？天之高也，未易骤窥。山河大地，吾未见其有良知也。万物众多，未易遍举。草木金石，吾未见其有良知也。殊不知万物之所得以为性者，无非纯粹精之理。虽顽然无知之物，而此理无一不具。不然，即不得谓之各正，即是天地间有无性之物矣。以此观之，良知之非天理，岂不明甚矣乎。来书所云视听思虑必交于天地万物，无有一处安着不得，只是认取此心之灵，感通之妙，原不曾透到万物各正处。未免昏却理字，终无以自别于弄精魂者尔。颇记佛书有云：佛身充满于法界，普见一切群生前。随缘赴感靡不周，而恒处此菩提座。非所谓视听思虑必交于天地万物者邪？此之暌而彼之合，无他，良由纯粹精之未易识，不肯虚心易气以求之尔。

此书上距《困知记续录》下卷已两年，当在嘉靖己未，整庵年七十一，乃整庵文字之最后可见者。然较之《困知记》上卷首章所提心性之辨，先后意见，贯彻一致。知整庵论学，主要在此。而尤要者在其辨儒释。厥后高景逸极称之，谓先生于禅学尤极探讨，发其所以不同之故。自唐以来排斥佛氏，未有若是之明且悉者。整庵尝自叙为学云：

　　昔官京师，逢一老僧，漫问如何成佛，渠亦漫举禅语为答，云：佛在庭前柏树子。愚意其必有所谓，为之精思达旦，揽衣将起，则恍然而悟，不觉流汗通体。既而得证道歌读之，如合符节。自以为至奇至妙，天下之理莫或加焉。后官南雍，则圣贤之书未尝一日去手，潜玩久之，渐觉就实。始知前所见者，乃此心虚灵之妙，而非性之理也。自此研磨体认。日复一日，积数十年，用心甚苦。年垂六十，始了然有见乎心性之真，而确乎有以自信。朱陆之学，于是乎仅能辨之，良亦钝矣。

此事当在整庵初为《困知记》前二三十年间。是整庵于禅学，亦是过来人，亲身体认，所知真切，又历长时期之钻研比对，故能直抉隐微，发其异同。其辨陆王，皆从辨禅学来。梨洲《学案》中，特抽出整庵《困知记续录》中辨佛书者另为一帙，亦表其重视。今再拈录两条于此。一曰：

　　有物先天地，无形本寂寥。能为万象主，不逐四时凋。此诗乃高禅所作也。自吾儒观之，昭然太极之义，夫复何言。然彼初未尝知有阴阳，安知所谓太极哉？此其所以大乱真也。今先据佛家言语解释一番，使彼意既明且尽，再以吾儒言语解释一番，然后明指其异同之实，则似是之非，有不难见者矣。以佛家之言为据，则无始菩提，所谓有物先天地也。湛然常寂，所谓无形本寂寥也。心生万法，所谓能为万象主也。常住不灭，所谓不逐四时凋也。作者之意，不亦明且尽乎？求之吾儒之书，太极生两仪，是固先天地而立矣。无声无臭，则无形不足言矣。富有之谓大业，万物皆一体也。日新之谓盛德，万古犹一时也。太极之义，不亦明且尽乎。诗凡二十字，其十七字彼此意义无甚异同，不足深辨。所当辨者三字尔。物也，万象也。以物言之，菩提不可为太极明矣。以万象言之，在彼经教中，即万法尔。以其皆生于心，故谓之能主。然所主者，实不过阴界入。自此之外，仰而日月星辰，俯而山河大地，近而君臣父子兄弟夫妇朋友，远而飞潜动植水火金石，一切视以为幻而空之矣，彼安得复有所谓万象乎哉。为此诗者，盖尝窥见儒书，遂窃取而用之尔。余于前记，尝有一说，正为此等处，请复详之。所谓天地间非太极不神，然遂以太极为神则不可。诚以太极之本体，动亦定，静亦定，神则动而能静，静而能动者也。以此分明见得是二物，不可混而为一。故《系辞传》既曰一阴一阳之谓道矣，而又曰阴阳不测之谓神。由其实不同，故其名不得不异。不然，圣人何用两言之哉。然其体则同一阴阳，所以难于领会也。佛氏初不识阴阳为何物，固无由知所谓神。但见得此心有一点之灵，求其体而不可得，则以为空寂。推其用而偏于阴界入，则以为神通。所谓有物者此尔。以此为性，万无是处。而其乱真，乃有如此诗者，可无辨乎。然人心之神，即阴阳不测之神，初无二致。但神之在阴阳者，则万古如一。在人心者，则与生死相为存亡。所谓理一而分殊也。佛氏不足以及此矣。

朱子早年，亦尝濡染禅学，其辨析儒释，皆极深至。乃亦于整庵所引此诗颇加称道，未能如整庵之剖解明悉也。整庵之辨，最扼要者惟两语。一则曰不知有阴阳，安知有太极。一则曰推心灵之用偏于阴界人。其他宇宙人生一切万象则视以为幻而空之。只于此诗中物字万象字，据佛家言语作一番解释，而儒释疆界确立纸上不可复摇。貌若平易，而迥不犹人，洵大堪玩味也。惟此诗用语显出《老子》，整庵则一据《易系》，谓是窥见儒书，遂窃取而用之。此处似嫌仍隔一膜。然整庵本不在为考据，此不足病。

又其一曰：

> 大慧禅师宗杲者，当宋南渡初，为禅林之冠。有语录三十卷，顷尝遍阅之，直是会说。左来右去，神出鬼没，所以能耸动一世。渠尝拈一段说话，正余所欲辨者。今具于左。

> 僧问忠国师，古德云：青青翠竹，尽是法身。郁郁黄华，无非般若。有人不许，云是邪说。亦有信者，云不思议。不知若为。国师曰：此是普贤文殊境界，非诸凡小而能信受。皆与大乘了义经合。故《华严经》云：佛身充满于法界，普现一切群生前。随缘赴感靡不周，而恒处此菩提座。翠竹既不出于法界，岂非法身乎？又《般若经》云：色无边，故般若亦无边。黄华既不越于色，岂非般若乎？深远之言，不省者难为措意。

> 又华严座主问大珠和尚云：禅师何故不许青青翠竹尽是法身，郁郁黄华无非般若。珠曰：法身无像，应翠竹以成形。般若无知，对黄华而显相。非彼黄华翠竹而有般若法

身。故经云：佛真法身犹若虚空，应物现形，如水中月。黄华若是般若，般若即同无情。翠竹若是法身，翠竹还能应用。座主会么？曰：不了此意。珠曰：若见性人，道是亦得，道不是亦得。随用而说，不滞是非。若不见性人，说翠竹着翠竹，说黄华着黄华，说法身滞法身，说般若不识般若。所以皆成诤论。

宗杲云：国师主张翠竹是法身，直主张到底。大珠破翠竹不是法身，直破到底。老汉将一个主张底一个破底收作一处，更无拈提，不敢动着他一丝毫，要你学者具眼。

余于前记，尝举翠竹黄华二语，以为与鸢飞鱼跃之言绝相似，只是不同。欲吾人识其所以不同处，盖引而未发之意。今偶为此异同之论所激，有不容不尽其言者。据慧忠分析语，与大珠成形显相二言，便是古德立言本旨。大珠所以不许之意，但以黄华翠竹，非有般若法身尔。其曰道是亦得，即前成形显相二言。曰道不是亦得，即后非彼有般若法身一言也。慧忠所引经语，与大珠所引经语皆合，直是明白，更无余蕴。然则其与吾儒鸢飞鱼跃之义所以不同者果何在邪？诚以鸢鱼虽微，其性同一天命也。飞跃虽殊，其道同一率性也。彼所谓般若法身，在花竹之身之外。吾所谓天命率性，在鸢鱼之身之内。在内则是一物，在外便成二物。二则二本，一则一本，讵可同举而语哉？且天命之性，不独鸢鱼有之，花竹亦有之。程子所谓一草一木亦皆有理，不可不察者，正惟有见乎此也。佛氏只缘认知觉为性，所以于花竹上便通不去，只得以为法界中所现之物尔。楞伽以四大种色为虚空所持,楞严以山河大地咸是妙明真心中物,其义亦犹是也。宗杲于两家之说更不拈动,总是占便宜。却要学者具眼,殊不失为人之意。余也,向虽引而不发,今则舍矢如破矣。吾党之士,夫岂无具眼者乎!

明道特地拈出《中庸》所引鸢飞鱼跃一诗,亦可谓乃由禅家翠竹黄华二语触机逗起,亦犹有人谓濂溪《太极图》乃由“有物先天地”一诗转来。宋代理学家本无不通佛家言。双方立说,本多相近,故有弥近理而大乱真之语。整庵则特就双方极相似者,各就其本意为之解释,而双方不同处,乃皎然明白,佛家只以翠竹黄华为法界中所现,儒家则认鸢飞鱼跃为同一天命同一率性。两者之别,岂不甚为显著乎?今试根据整庵意见为双方各铸一新名,佛家可称是一种真幻对立的唯心论,宋代理学家则可称是一种理气合一的唯性论。

整庵亦论理气,但与其论心性大不同,颇持一种不同朱子之见解。故曰:

> 盖通天地,亘古今,无一非气而已。气本一也,而一动一静,一往一来,一阖一辟,一升一降,循环无已。积微而著,由著复微,为四时之温凉寒暑,为万物之生长收藏,为斯民之日用彝伦,人事之成败得失。千条万绪,纷纭胶轕,而卒不克乱,有莫知其所以然而然,是即所谓理也。初非别有一物,依于气而立,附于气以行也。斯义惟程伯子言之最精,叔子与朱子似乎小有未合。谓叔子小有未合者,有云:

所以阴阳者道，所以阖辟者道。窃详所以二字，固指言形而上者，然未免微有二物之嫌。谓朱子小有未合者，其言有云：理与气决是二物。又云：气强理弱。又曰：若无此气，此理如何顿放。似此类颇多。惟答何国材一书有云：一阴一阳，往来不息，即是道之全体。此语最为截直，深有合于程伯子之言。然不多见，不知以何者为定论也。

梨洲极称此辨精确。又谓先生之论心性，颇与其论理气自相矛盾。夫在天为气者在人为心，在天为理者在人为性。理气如是，则心性亦如是，决无异也。人受天之气以生，只有一心而已。今以为天性正于受生之初，而明觉发于既生之后，明明先立一性以为此心之主，于先生理气之论无乃大悖乎？今按梨洲此辨，整庵实难自解。然余考整庵论理气，实不当即以上引一条为定论。上条见于嘉靖戊子所成之《困知记》，而辛卯所成《续记》，下语似有不同。兹举一条，为梨洲《学案》所未及者。曰：

朱子尝言伊川性即理也一语，便是千万世说性之根基，愚初发愤时，常将此语体认，认来认去，有处通，有处不通，如此累年，竟不能归一，却疑伊川此语有所未尽，朱子亦恐说得太过，难为必信也，遂姑置之。乃将理气二字参互体认，认来认去，一般有处通，有处不通，如此又累年，亦竟不能归一。心中甚不快。以谓识见有限，恐无能上达也。意欲已之，忽记起虽愚必明之言，又不能已。乃复从事于伊川之语，反复不置，一旦于理一分殊四字有个悟处，反而验之身心，推而验之人人，又验之阴阳五行，又验之鸟兽草木，头头皆合。于是始涣然自信，而知二君子之言断乎不我欺也。愚言及此，非以自多，盖尝屡见吾党所著书，有以性即理为不然者。只为理字难明，往往为气字之所妨碍，才见得不合，便以先儒言说为不足信。殊不知工夫到后，虽欲添一个字，自是添不得也。

此条必是记其戊子以后之新悟。所以反复不置而终难会通归一者，正在其论理气心性双方，如梨洲所举，不免有矛盾之存在。故于伊川性即理也一语，朱子所奉以为千万世说性之根基者，终难信及。《困知记》上卷，亦有本理一分殊四字论天命之性气质之性两条，大意与此条相似。惟并未明白举出伊川性即理也一语，盖是犹有未臻尽通处，故至是而始谓涣然自信，谓二君子之言断乎不我欺也。此条中最可注意者，在"只为理字难明，往往为气字之所妨碍"。此两语十五字，可证整庵此际，对理气二字已有新认识，所谓理字难明，往往为气字所妨碍，其实乃整庵之自道也。此下连续三条皆讲理字，其第三条末语有云：

> 愚故尝曰：理须就气上认取，然认气为理便不是，此言殆不可易哉。

窃谓整庵此两语，乃可与朱子论理气近合无间。舍却气，无处可以认取理，然不得认气为理。明道言只此一阴一阳便是道，微似有认气为理之嫌。伊川言所以一阴一阳者是道，始是就气上认取理。后来象山不喜伊川，亦可于此等处认取。

《困知记》上卷又有一条云：

> 周子《太极图说》篇首无极二字，如朱子之所解释，可无疑矣。至于无极之真，二五之精，妙合而凝三语，愚则不能无疑。凡物必两而后可以言合。太极与阴阳果二物乎？其为物也果二，则方其未合之先，各安在邪？朱子终身认理气为二物，其源盖出于此。愚也，积数十年潜玩之功，至今未敢以为然也。尝考朱子之言，有云气强理弱，管摄他不得。若然，则所谓太极者，又安能为造化之枢纽，品物之根柢邪？惜乎当时未有以此说叩之者。姑记于此，以俟后世之朱子云。

此条，取与上引《续录》"有物先天地"一条对看，亦见整庵见解在此方面微有变动，惜尚若未臻于明朗之境。然只循理就气上认取而不得认气为理之二语，深入探究，则于朱子认理气为二物之疑，必可消释净尽。惜乎整庵其时年事已高，其《续录》下卷主要只辨慈湖遗书，并只限辨心性一面，于理气一面更无深入，故亦不见其最后见解之所到也。

《续录》下卷有一条云：

> 《虞书》所谓道心，即《乐记》所谓人生而静，天之性也，即《中庸》所谓未发之中，天下之大本也。决不可作已发

看。若认道心为已发，则将何者以为大本乎？愚于此，所以不能无少异于朱子者，前已有说。平生所见此为至先，比年反复穷究，益信此论之不容易也。

今按：《困知记》卷上开宗明义第一章即辨心性，已引在前。其第三第四节即辨人心道心。又《困知记序》，谓人心道心之辨明，然后大本可得而立。其重视此一辨可知。故此处谓前已有说也。今再引述其两章如次。其一曰：

> 道心，寂然不动者也，至精之体不可见，故微。人心，感而遂通者也，至变之用不可测，故危。

又曰：

> 道心，性也，人心，情也。心一也，而两言之者，动静之分，体用之别也。凡静以制动则吉，动而迷复则凶。惟精所以审其几也。惟一所以存其诚也。允执厥中，从心所欲不逾矩也，圣神之能事也。

此两章以动静分体用，一可疑。以道心为性，人心为情，虽曰心统性情，非以一心分性心与情心，二可疑。又以道心为未发，人心为已发，是以　心分未发心与已发心，三可疑。《续录》下又有一章云：

道心此心也。人心亦此心也。一心而二名。非圣人强
分别也。体之静正有常，而用之变化不测也。佛氏之于吾
儒，所以似是而实非者，有见于人心，无见于道心耳。

此章又以心性之辨即相当于人心道心之辨，四可疑。整庵虽极
辨心性，然亦谓性即是心，只是静正有常而为心之体，故又曰道
心性也。乃谓佛氏只见此心之变化不测，不知此心之静正有常
也。然则整庵固不认理气为二物，亦未认心性为二物，非所谓不
能自一其说而有大悖存焉，如梨洲之所讥也。整庵成《困知续
记》，年六十九，又翌年七十一，《再答欧阳德书》，乃整庵最后文
字。此后优游林下者尚十二年，乃更未见其续有钻研，续有新
得，此殆整庵体气衰老多病所致。以整庵之审思明辨，而所得终
止于此，是诚大可惜也。今果以整庵理气之辨，道心人心之辨，
凡其所谓不能无少异于朱子者，取朱子之说两两对比，则其异同
得失亦易见。盖其文理密察，敦尚行践，庶几乎朱子之风，而六
通四辟高明浑化之境，则似犹未逮。惟当阳明良知学风靡一世，
而整庵确然有守，不为所摇。论当时学者，往往以王湛并举，然
不如整庵之在思想学术异同上更见意义。余故于《困知记》特
撷其抨击陆王者为多，乃以见整庵在当时学术思想上地位之独
特也。

抑且整庵潜居默修，独学无朋，又绝无弟子门人为之揄扬传
述。以一代大儒，身值讲学风气大盛之际，乃更无一句半句语录
流传。《明史》称张璁桂萼以议礼骤贵，秉政树党，屏逐正人，整
庵耻与同列，故屡诏不起，里居二十余年，足不入城市，诚可谓恫

愊无华,特立独行之士矣。当时林希元称其如精金美玉,无得致疵,是尤值后人之向往也。

此稿刊载于一九七一年七月
《图书季刊》第二卷第一期

阳明良知学述评

明儒学术，沿袭两宋，尤其是程朱一派，直到阳明始辟新蹊径，立新旗帜。其学脉，远承孟子，近接明道象山，后人称陆王，以与程朱对峙。实则阳明反伊川朱子，不反明道，并多采酌。其最大贡献，在拈出良知二字。象山只言本心，本心究是如何体段，言下仍属茫然。明道特提仁字为心体，则使人当下较有着落。然仁字体段，依然要人另去认识。故明道《识仁篇》，云"识得此理"是先要一番识的工夫存在。由此转入伊川晦庵之格物穷理。阳明用孟子良知二字直指为心体，则人心本体，各自能知能识，不烦再安一识字。工夫本体，朗然具在。故黄宗羲《明儒学案》谓"求本心于良知，指点更为亲切，合致知于格物，工夫确有循持"也。(《师说》)

要寻阳明学之精义，当明白其所谓良知者果何指，明白得良知，则阳明其他说话，皆迎刃自解。今试先问，良知是知个什么？

(陆)澄问主一之敬，如读书则一心在读书上，接客则一心在接客上，可以为主一乎？曰：好色则一心在好色上，好货则一心在好货上，可以为主一乎，主一是专主一个理。

良知专知一个理，是阳明直承宋儒矩矱处。天理二字，由明道提出。仁即天理，但如何识仁，明道《识仁篇》，终欠明白发挥。阳明则谓人心自能识得天理，不烦再有工夫，故云："良知只是知个天理。"又曰："圣人无所不知，只是知个天理。"又云："良知即天理。"如是则本体工夫一并安放在良知上，圆满无亏。阳明又云：

> 明道云：吾学虽有所受，然天理二字却是自家体认出来。良知即是天理，体认者，实诸己之谓耳。(《文集·与马子华》)

这不是明道意思在阳明便发明得更简易明白了吗？天理实有诸己，不假外求。天理反面是人欲，天理人欲之辨亦即义利之辨，此乃宋学相传一条大血路。濂溪云，主静立人极，自注无欲之谓静，此是要去人欲。明道云，识得此理以诚敬存之，则是要存天理。晦庵之居敬穷理，象山之主辨义利，都为要去人欲存天理，今阳明只用良知二字，便把此问题整个括尽。梨洲说之云：

> 儒释界限只一理字。释氏于天地万物之理一切置之度外，更不复讲，而止守此明觉。世儒则不持此明觉，而求理于天地万物之间，所谓绝异。然其归理于天地万物，归明觉

于吾心，则一也。向外寻理，终是无源之水，无根之本，纵使合得本体上，已费转手。故沿门乞食，与合眼见暗，相去不远。点出心之所以为心，不在明觉而在天理，金镜已坠而复收，遂使儒释疆界，渺若山河，此有目者所睹也。

此处梨洲指出心之所以为心，不在明觉而在天理，是极有力量的话。阳明自己说，则谓良知只是知个天理。又曰：良知即天理，已如上述。今试再问天理又是什么呢？阳明云：

良知只是个是非之心，是非只是个好恶。只是好恶就尽了是非，只是是非就尽了万事万变。

天理逃不出是非二字，而所谓是非，实只是人心之好恶，人心所好即是，人心所恶即非。若人心无好恶，试问更于何处觅是非。无是非，又于何处觅天理。天理与人欲相对，人欲逃不了好恶。天理也逃不了好恶。好恶而是则是理，好恶而非则是欲。人世间万事万变，总逃不出此好恶是非四字。而吾心良知，则对此已明白净尽。似乎阳明言良知，主要义即在此。

但从此处，便透露一歧点。即如二加二等于四，此亦是理，然此理不与人心好恶相干，亦即不与人欲相对，此理只可说是事物之理。事物之理则超然自存于人心好恶之外，明道以至阳明之所谓天理，则似仅在于人心好恶之中。须伊川晦庵才把事物之理与人心好恶之理紧密相连，故要主张格物穷理。把此理分成事理物理，事理固与人心好恶相关，物理却不便是人心好恶之理。尽格尽了二加二等于四之理，可依然寻不到人心好恶之理究竟何在。故象山讥朱子为支离，殆亦在此。阳明治学，本亦从朱子入，而终觉物理吾心之非一。待其龙场驿一悟，提出良知来，从此遂转近象山。但究不能把物理剔出在天理之外，此处则终是一问题。

今再说：物理不牵涉到人心之好恶。晦翁《大学格物补传》，则似乎在物理方面太多吃重了。象山说，在人情物理上做工夫，其实也还连带到物理。人情物理是两件事，但我们为要满足人情，便不得不连带研究物理。阳明好像痛快承认了天理只在人情一边，只是人心之好恶，故更吃紧说存天理去人欲，这问题便在内而不在外。我们也可说，阳明才把天理重新挽回到人欲的对面来，重新把天理放在人心的好恶上。此是阳明良知学说中最关紧要处，我们只仔细体会到阳明在龙场驿一悟时的情境，也自易体会到此。

但所谓良知知个天理，其实只是知道你自己的好恶。天下人岂有连自己好恶都不知的。人人知得自己好恶，便是人人知得天理。如此说法，岂不易简直捷。阳明又说：

> 知是心之本体，心自然会知。见父自然知孝，见兄自然知弟，见孺子入井，自然知恻隐，此便是良知，不假外求。

此处所谓孝弟恻隐，皆属人事，皆是人心之好恶，亦皆是人情。若说你心即是天理，人或不敢当。若说你心自有好恶，则人人自肯坦白承受，没有人说我自心绝不知有好恶者。阳明又云：

> 有孝亲之心，即有孝亲之理，无孝亲之心，即无孝亲之
> 理矣。有忠君之心，即有忠君之理，无忠君之心，即无忠君
> 之理矣。(《文集·答季明德》)

此处又明白指出天理即原于人心之好恶，人心无好恶，亦即无所
谓天理。于是亦可说人情即天理，但人情中不能无欲，遂使天理
与人欲对称又起了问题。今问人欲又是什么？其实人欲也只是
人心之好恶，故天理人欲同样是人情，其别只在公私之间。阳明
又曰：

> 此心无私欲之蔽即是天理，不须外面添一分。

欲是私的，公的即不名欲而名理。理是欲之公，理欲亦只是一公
私之别，心中有私欲作蔽，则是夹杂不纯，故曰："此心纯乎天
理，而不容一毫人欲之杂。"则天理只是纯，人欲只是杂。夹杂
了便有障碍，即私的障碍了公的。故曰："更无障碍，得以充塞
流行。"充塞便是通体圆满充实之义，人心内部圆满充实，自然
有一股力量要向外面推扩流行。若夹杂了，便内部不充塞，外部
不流行。不充塞只是不纯不实，不纯不实，因有夹杂障碍，此种
夹杂障碍，譬如墙壁遮蔽，故曰"撤去墙壁，总是一个天"。为许
多墙壁遮了，便不见天之全体。此种夹杂遮蔽，亦可说是挂带。
故曰："良知上留得些挂带，便非必为圣人之志。"亦可说是渣
滓，故曰："良知本来自明，气质不美者渣滓多，障蔽厚，不易开
明。"学者先明白得自己心上此种夹杂障碍遮蔽挂带渣滓，乃始

明白得良知。明白得天理,此种夹杂挂带渣滓,轻言之则如池上浮萍,阳明云:

> 吾辈通患,正如池面浮萍,随开随蔽。未论江海,但在活水,浮萍即不能蔽。何者,活水有源,池水无源也。

重言之则如大树根叶盘互。

> 孟源有自足好名之病,先生喻之曰:此是汝一生大病根。譬如方丈地内,种此一树,雨露之滋,土脉之力,只滋养得这个大根,四旁纵要种些嘉谷,上被此树遮覆,下被此树盘结,如何生长得成。须伐去此树,纤根勿留,方可种植嘉谷。不然,任汝耕耘培壅,只滋养得此根。

故要良知本体显豁呈现,必先做一番廓清荡涤洗伐剥落的工夫,阳明云:

> 学绝道丧,俗之陷溺,如人在大海波涛中,且须援之登岸,然后可授之衣而与之食。若以衣食投之波涛中,是适重其溺。

如何廓清荡涤洗伐剥落,则当从自己内心入微处用力,在标末处妆缀比拟,全用不到。因此种夹杂障碍挂带渣滓,木在人的心坎入微处,不从此处用力则不见功效也。

阳明又云:

> 仆近时与友朋论学,惟说立诚二字。吾人为学,当从心髓入微处用力,自然笃实光辉。虽私欲之萌,真是红炉点雪,天下之大本立矣。(《文集·与黄宗贤》)

故要明白良知与天理,该先明白得自己好恶。要明白得自己好恶,该先明白得自己好恶之诚。在内能充塞,在外能流行,便没有丝毫夹杂障碍。但此处如何下工夫,则阳明教人,亦有几个转变。最先阳明常教学者做静坐功夫,一则此种夹杂渣滓,全从外面俗习陷溺而来,静坐可以澄心,收敛精神,让此心从陷溺中拔出。二则可让心内各种活动,好的坏的自然发露,由你自己体认,乃可有下手用力处。但稍后阳明又觉默坐澄心之学,易使学者喜静厌动,流入枯槁,不免有恶事厌俗的倾向,于是遂专提致良知一语,作为教人宗旨。所谓致良知,便是教人在实事上磨练。只要把此一点良知,做你自家准则。阳明说:

> 只莫要欺他,实实落落依著他做去,善便存,恶便去。各随分量所及。今日良知见在如此,则随今日所知扩充到底。明日良知又有开悟,便随明日所知扩充到底。

总之是要他充塞、流行。说到此处,便要补述阳明的知行合一论。照阳明意见,知行本属一体,本来合一。他说:

行之明觉精察处便是知，知的真切笃实处便是行。

徐爱问：今天尽有知父当孝兄当弟者，却不能孝不能弟，知行分明是两件。曰：此已被私欲间断，不是知行本体。未有知而不行者。知而不行，只是不知。……《大学》指个真知行与人看。说如好好色，如恶恶臭。见好色属知，好好色属行。只见好色时已自好了，不是见后又立个心去好。闻恶臭属知，恶恶臭属行。只闻恶臭时已自恶了，不是闻后别立个心去恶。

此处所谓知行合一的本体，便是人之心，便是人心之好恶，便是人心好恶之诚，便是良知，也便是天理。天理只是人心所真喜欢，真讨厌的。若人心没有讨厌与喜欢，天理也就无地存在。如此说天理，天理岂不有了真内容，真着落，不是一个空格套。而且天理自身便有一种向前动进的力量，便有一股行的分数在里面。人心一面是明觉的知，另一面又是真切的行。须把知行两个合起来，始说得尽人心真体段。

现在再问人心何以有时会失却他一股真切的行的力量，而变成虽知而不行的呢？则缘为私欲所障隔。私欲只是人心上一些夹杂和渣滓，却把心的自在流行阻障了。那些夹杂渣滓，便会使人好恶不诚，使人心内不充塞外不流行。默坐澄心是一种消极向内工夫，要人把那些夹杂渣滓澄化去。致良知是一种积极向外工夫，只管把自家现前的一点良心实实落落地向外面事事物物上推送出去。这一边用了力，那一边自然冲刷消散，夹杂渣滓自然会消失融化。所以知行合一是本体，即知即行致良知是工夫。良知是一个能生长的东西,致良知的工夫天天用得勤,这知行合一的良知本体便也天天生长,天天完成。只因世人信不过自己的心,不敢照他当前心知实实落落地向外推送,他还恐怕知有未尽,先要在知上用工夫,却不知

> 如走路一般。走得一段,才认得一段。走到歧路处,有疑便问,问了又走,方才能到。今于已知之天理不肯存,已知之人欲不肯去,只管愁不能尽知,闲讲何益。

因此致良知工夫当下即是,现前具足。只有用此工夫,则默不假坐,心不待澄,下学上达,一天天的致良知,即是一天天的夹杂也融了,渣滓也化了,直上达天德。这是阳明教人在工夫上认识本体的话。但同时那工夫却早就是本体了。

继此再说到阳明人皆可以为尧舜的理论。阳明说:

> 圣人之所以为圣,只是此心纯乎天理,而无人欲之杂,犹精金之所以为精,但以其成色足而无铜铅之杂也。人到纯乎天理方是圣,金到足色方是精。然圣人才力亦有大小不同,犹金之分两有轻重。所以为精金者,在足色而不在分两。所以为圣者,在纯乎天理而不在才力也。学者学圣人,不过是去人欲而存天理,犹炼金而求其足色耳。后世不知作圣之本,却专去知识才能上求圣人,散精竭力,从册上钻研,名物上考索,形迹上比拟,智识愈广而人欲愈滋,才力愈多而天理愈蔽,正如见人有万镒精金,不务锻炼成色,而乃

妄希分两。锡铅铜铁杂然投之，分两愈增而成色愈下。及
其末梢，无复有金矣。

如此说来，一个寻常人，只要能实实落落地致良知，今日知到这
里，今日即行到这里，是便是，非便非，到得此心纯乎天理而无一
毫人欲之杂的境界，他已便是圣人了。只如一两黄金，较之万镒
黄金，轻重不同，而其为精金则一。至于外面一切节目事变，不
可预定，亦不可胜穷，亦不能先有一准则。惟一的准则，便是你
心的良知。只有用你心良知，随时精察而权度之。此即所谓天
理之节文。天理节文，不是不要精求，却先要有个头脑，即致良
知。人类一切事业，在天理前面，全属平等。人生最高理想，只
在存天理去人欲。此外种种差别，都非真差别。由此理论，阳明
极看不起世俗的功利观点，于是遂有他的拔本塞源论。(此见《答
顾东桥书》，收《传习录》卷中，文长不具引，下面略述其大旨。)所谓本源，即指
功利观点言。而此种功利观点，又必与个人主义相引并起。阳
明认为现社会一切现象，一切病痛，全由此本源出发。必得拔本
塞源以后，始可有一崭新的理想新社会出现。但阳明不认那个
新社会只在将来，而谓已曾在过去，在唐虞三代早已出现过。以
古代经学来寄托想象，此乃中国儒家传统遗风。据阳明意见，那
时人莫不抱一"以天地万物为一体"的观念：天下只如一家，根
本没有个人主义，因此也不会有功利思想。那时的教育，则"惟
以完成各个人的德行为务"。换言之，只要人人成精金，人人在
天理中，因此也人人平等。至于其有才能之异，则只就其成德而
因使益精。及其服务社会，如稷勤稼，契善教，夔司乐，夷通礼。

乃至才质之下者,则安其农工商贾之分,各勤其业以相生相养。如一家人,集谋并力以求遂其仰事俯畜之愿。那时则全社会精神流贯,志气通达,而无有乎人己之分,物我之间。譬之一人之身,目视耳听手持足行,凡以济一身之用。目不耻其无聪,耳不耻其不明。盖其元气充周,血脉条畅,是以疴痒呼吸感触神应,有不言而喻之妙。试问在此社会里的每一个人,如何再会有"有我之私物欲之蔽"的病痛呢?以天地万物为一体,本属心体之同然。有我之私,物欲之蔽,则是人生以后事,大抵由于俗情习气所陷溺。现在整个社会全是天德王道,自无俗情习气之诱染,则岂不人人至易至简的便达到了圣人地位。那时则尽人都是精金,人人全是天理,全社会成了一个圣洁。但逐渐到后世便变坏了。王道熄,霸术昌,圣学晦而邪说横教兴。其时之学者,则有闻见之杂,记诵之烦,辞章之靡滥,功利之驰逐。那时则尽是窃取从前先王之近似者而假之于外以内济其私己之欲。教育坏了,人心亦昧失了。人人苟一时之得以猎取声利,于是斗争劫夺,不胜其祸。这全是一种功利观念之毒沦浃于人之心髓而习以成性。人人尽在外面求分两,不从内面问成色。那时则良知之学亦不好再讲了。要再讲良知之学,除非拔本塞源,把那种个人主义的功利观点之积污积渍彻底洗刷尽净不为功。

阳明这一番理论,有两大特点应该注意。第一,阳明论良知,并不偏重在心上,而把心和事,内外交融,铸成一片。第二,阳明论良知,并不偏重在人心之同然上,而把人尽其性,分工合作,来完成天下一家万物一体的境界。阳明竭力排斥功利观点,而一切功利事业,全包括在他理想的新社会里。阳明竭力排斥个人主义，而一切个人尽在他理想的新社会里得了充分自由的发展。

说到此，使我们又要转到另一问题上去，即天地万物一体的问题。此问题，亦是两宋儒学传统共同是认的中心问题。但如何证成万物一体，则意见颇有不同。大抵伊川晦翁偏向外，明道象山偏向内。阳明自然也是偏向内的。他说：

> 目无体，以万物之色为体。耳无体，以万物之声为体。鼻无体，以万物之臭为体。口无体，以万物之味为体。心无体，以天地万物感应之是非为体。

若尽灭万物之色，便无目见。尽去万物之声，便无耳听。尽屏万物之感应，也便无心知可得。可见心体只在万物感应上，此即所谓合内外之道。若要排除外面万物感应，向内觅自心本体，试问此心本体更从何觅去。说到心的感应，自然要牵连到好恶。决没有心不带好恶的感应。人心有了好恶，便已把自己内心与外面事物纽为一结，再也分不开。试以如好好色如恶恶臭言之。见好色时我心便自好了，闻恶臭时我心便自恶了，可见好色恶臭与我心好恶紧切相依，实是一体，并无内外限隔。究竟是那色好了我心才去好的呢？还是我心好了始见其色之好的呢？这是再也分不清的一个问题。故曰见父自然知孝，见兄自然知弟，孝弟乃我心一段真切之情，亦即我心一点灵明知觉，只此一点真情明觉，便把我身与父兄联成一片，融成一体。在孝的心境上，更没有父子对立的分别。当知见父知孝，只还满足了儿子的自心要求。在人子的心境上说,本没有严格的我与父之别,本没有严格的内外之别。我心的一点孝思,便已融合了我与父,浑忘了内与外。我心只有这一点孝思,并不在此孝思外,再分别此是我而彼是父,此在内而彼在外。故无外亦便无内,无我亦便无人。内外人己合一处,才是吾心之真体。若如此说去,则天地万物一体,亦只从自心感应处认取,只从良知的好恶是非之真切明觉处认取。本来此理极简易,极明白,阳明所讲良知之学,通观大体,应该如此讲。

但阳明有时说良知,却有堕入渺茫的本体论之嫌。如云:

> 良知是造化的精灵。这些精灵,生天生地,成鬼成帝,皆从此出,真是与物无对。

这里便把良知说成天地万物后面的一个绝对的本体,良知便是造化,天地鬼神全由良知生成,试问此事何由证知?岂不说成了人的良知乃与上帝造物一样。这实是太渺茫了。

> 或问:人有虚灵方有良知,若草木瓦石之类亦有良知否?先生曰:人的良知,就是草木瓦石的良知。若草木瓦石无人的良知,不可以为草木瓦石矣。岂惟草木瓦石,天地无人的良知,亦不可以为天地矣。盖天地万物与人原是一体,其发窍之最精处是人心一点灵明。风雨露雷,日月星辰,禽兽草木,山川土石,与人原只一体。故五谷禽兽之类皆可以养人,药石之类皆可以疗疾,只为同此一气,故能相通耳。

此条与上条同义，而语更支离。如此则阳明的良知与晦翁的理乃至周濂溪的太极又走上同一条路。万物一体，不从人的良知取证，而人的良知转要到万物一体上去寻觅，此为阳明良知学说一歧点。反不如濂溪说太极晦翁说理，较易明白。又

> 先生游南镇，一友指岩中花树问曰：天下无心外之物，如此花树在深山中，自开自落，于我心亦何相关。先生曰：你未看此花时，此花与汝心同归于寂，你来看此花时，则此花颜色一时明白起来，便知此花不在你的心外。

此条含义与前两条又别，几乎变成为一种极端个人主义的惟心论，一切天地万物，皆由心生，此心灭则天地万物同时俱灭，此等理论极近杨慈湖，却非阳明良知学的正义，此又是阳明良知学之另一歧点。阳明又云：

> 良知之虚，便是天之太虚。良知之无，便是太虚之无形，日月风雷，山川民物，凡有貌象形色，皆在太虚无形中发用流行，未尝作得天的障碍。圣人只是顺其良知之发用，天地万物，俱在我良知的发用流行中，何尝又有一物超于良知之外，能作得障碍。

此条与前一条大略同义。要把良知看成一个超乎人物乃至天地以上的本体，天地人物都在良知的发用中流出，这又成为阳明良知学之一歧点。佛家有所谓法性与理法界，与阳明前两条颇相

近。佛家又有所谓天地四大皆我妙明心中物，与阳明后两条颇相近。阳明同时有湛甘泉(若水)主随处体认天理，与阳明说良知宗旨不同。尝曰："阳明以方寸为心，吾所谓心者，体万物而不遗。"其实阳明说心，如上举诸条，也都要说成体万物而不遗，因而转陷于晃荡无归，与阳明原来宗旨，良知只是好恶之诚，好恶之诚便是天理的意见差歧了。但阳明有时又实不免以方寸为心，如前举岩中花树一条可知。在此进退失据的两种意见下，便不免造成了王学末流一派之狂禅。

此处又要连带牵涉到心体无善无恶的问题。据《传习录》卷三，阳明征思田，王龙溪与钱绪山论学，因举阳明教言"无善无恶是心之体，有善有恶是意之动，知善知恶是良知，为善去恶是格物"，并谓此非究竟话头。若心体是无善无恶，意亦是无善无恶之意，知亦是无善无恶之知，物亦是无善无恶之物。绪山谓心体是天命之性，原是无善无恶。但人有习心，意念上见有善恶在。是夕侍坐天泉桥，各举请正。阳明曰：我这里接人原有此二种。利根人直从本原上悟入心本体，一悟本体即是工夫。其次不免有习心在，本体受蔽，故且教在意念上落实为善去恶工夫，熟后渣滓去尽，本体亦明了。以上本钱绪山所为《天泉证道记》。后人对此颇滋净疑。有人曲为回护，说心体无善无恶，并非阳明本意。其实心体无善无恶的见解，阳明确自有之。《传习录》有云：

> 无善无恶者理之静，有善有恶者气之动。

又曰：

> 汝心循理便是善，动气便是恶。

此从理气分说，显循朱子旧谊。不知舍却气即无从见理，除去动亦无处觅静。岂得谓循理便善，动气便恶。即如好好色，恶恶臭，不能谓只循理未动气，亦不能谓只是理之静，不是气之动。若一动气便是恶，此乃本诸张程分别义理之性与气质之性引申而来，实与阳明良知学本身有冲突。若此处理字改作公字，气字改作私字，则可无病。横渠《正蒙》论义理与气质本从公私立论，但程朱都从先后天动静分辨。阳明此条，语气含混，恐怕还是占在程朱一边的话多了，但程朱论理气也不如此说。只看下一条便可证。如云：

> 不思善不思恶时，认本来面目，此佛氏为未识本来面目者设此方便。本来面目即吾圣门所谓良知。今认得良知明白，即已不消如此说矣。随物而格，是致知之功，即佛氏之常惺惺，亦是常存他本来面目耳。

认本来面目，是禅宗语，后来渐变成程门看未发以前气象。推而申之，先天后天隔成两截。有一形而下之气，又有一形而上之理，又是理先气后，此是不善讲程朱的有此说。阳明似未能摆脱此圈套。阳明曾云："良知是天理之昭明灵觉处。"从阳明自己立场讲此语最恰当。此处即是先后天合一，知行合一。若果牢守此语,则良知本已是至善无恶,为何要在此上面更寻一无善无恶之本体?亦为何必以不思善不思恶时乃为见本来面目乎?若以不思善不思恶为寂然未发,则岂必寂然未发时始是善,一到感时发时即不善?天理之昭明灵觉,同时即是气之动,但同时又是理之静,又何必另安放一无善无恶者在前,始为理之静乎?截分先天后天,理气对峙,体用划界,便不免要有此种种毛病。今阳明不守定以天理之昭明灵觉处为良知,而别自用太虚无形,寂然不动处为心体,则心体依然是一境界,而非功能,自然无善恶可言。试问若非另有一功能,天地万物又如何从此境界中流出?故谓无善无恶即至善者,此即无异谓境界即功能。濂溪说,从太极阴阳生出天地万物与人,此是常识,但亦可说是真理。晦翁换上一理字,义蕴深了。但不可说天地万物与人,皆从无理出生。晦翁语是常识,亦是真理。阳明又换上良知二字,则成为玄谈了。在无善无恶的境界中,到底流不出至善无恶的功能。晦翁说理是无作用无功能的,性亦然。其言作用功能,却在气上。落到人事,却在心上。故吃紧为人,则应在心上用工。陆王言心即理,有时似乎言心即天,则反而似乎无工可用。故曰易简工夫终久大,易简之极,则一任自然,更何工夫可用。阳明始言良知,重在工夫上,后言良知,又重在本体上。以良知言工夫,是紧切的。以良知言本体,则入于渺茫中去了。朱子以理气分言之,转无病。阳明以理气合言,病痛转显。无怪此后龙溪要更进一步发挥四无之论,认心体无善无恶,意知物亦同一无善无恶,此则走回了禅宗无一佛可成无一法可得的路子,所以后人要骂阳明良知学流弊,成为狂禅,此层实自阳明及身启之,不得专责龙溪,但若就阳明学说通体观之,则此等处不能不说是阳明学说本身中自有之歧点。本来阳明良知学精义则并不在此,只仔细读其龙场驿一段经过可知。

我们本此观点来衡量两宋诸儒,算只有象山一人,比较极少接触到宇宙本体论,但其门人杨慈湖便不同了。当时浙东巨子叶水心,已对象山致不满。黄东发有云"水心病学者言心而不及性,则似不满于陆"是也。(《日钞》卷六十八)阳明亦谓:"濂溪明道之后还是象山,只是粗些。"不知象山长处正在粗,若从濂溪明道再入细,便应成伊川晦翁,阳明嫌象山之粗,故今《传习录》中颇有许多条很近伊川晦翁,却又不肯如伊川晦翁之入细。这是阳明的短处。

前述阳明指示学者途辙,先主默坐澄心,嗣主致良知。以后则只说良知,更不复言致字,(见《学案》三十二《王一庵语录》。)梨洲谓其"居越以后,所操益熟,所得益化,时时知是知非,时时无是无非,开口即得本心,更无假借凑泊,如赤日当空,而万象毕照,是学成之后又有此三变"。其实阳明立教,若只言知行合一,只言致良知,只言存天理去人欲,只言事上磨练,只言诚意一关,只在粗处指点人,只不失其在龙场驿一悟时光景,亦自见精神,自足振发人。且莫向深处钻。夫子之性与天道不可得闻,正见孔子之卓尔不可企及。但阳明由良知而转论到心体,像是深入细到,毛病转从这里冒出。

上引阳明论心体各条,大体多收在《传习录》之第三卷,前两卷皆刻于阳明生前,第三卷多出阳明晚年,梨洲亦谓《传习后录》记阳明之言多失真,(见《学案》卷三十五《耿天台传》。)但亦正是梨洲所称所操益熟,所得益化之境界。故知阳明学自身,实自有毛病。现在我们若要再来讲王学,似乎还以依据《传习录》前两卷意见较为妥当。

此稿刊载于一九四七年十二月

《学原》第一卷第八期

读阳明《传习录》

  阳明《传习录》凡三卷。据《年谱》，武宗正德十三年戊寅八月，门人薛侃刻《传习录》。注：侃得徐爱所遗《传习录》一卷，序二篇，与陆澄各录一卷，刻于虔。是《传习录》初刻，分徐录陆录薛录凡三卷，即今传《传习录》卷上是也。时阳明年四十七。阳明自谓南畿论学，专教学者存天理，去人欲，为省察克治实功。大抵徐陆薛三人所记，正是南畿论学语也。越后三年，阳明在赣，始揭致良知之教，而《传习录》第二卷之传刻则尚在后。

  《年谱》：世宗嘉靖三年甲申十月，门人南大吉续刻《传习录》。注：《传习录》薛侃初刻于虔，凡三卷。至是年，大吉取先生论学书，复增五卷，续刻于越，此即今传《传习录》之中卷。时阳明年五十四。惟此卷复经钱德洪增删。今《传习录》中卷开首有德洪一短记，谓南元善刻《传习录》于越，凡二册。下册摘录先师手书凡八篇。其答徐成之二书，经德洪删去，而增录答聂文蔚第二书。今按：答聂第一书既系德洪增入，而今传刻木于答聂第二书后有"友南大吉录"一行。此谓本卷以上各书皆由南大吉所录。足证今刻本《传习录》卷中，又经后人手，遂有此误，疑非德洪增删时之原本矣。又按：德洪所记南大吉原录答周道通陆清伯欧阳崇一四书，又答罗整庵及聂文蔚第一书共六篇，又删答徐成之二书共八篇。然据《年谱》，答顾东桥书在嘉靖四年乙酉之九月，而南大吉续刻《传习录》在上年之十月，今答顾东桥一书，褒然列于《传习录》中之首篇，宜亦德洪所增入。盖以替代南大吉之以答徐成之二书列册首也。

更可疑者，乃在答聂文蔚之第一书，据《年谱》，乃在嘉靖五年丙戌之八月，尚在答顾东桥书后一年。又文蔚原与阳明不相识，是年夏，以御史巡按福建，渡钱塘，来见阳明，别后致书，则其第一书明在是年之八月可知。此岂两年前南大吉续刻《传习录》时所能有。《年谱》亦德洪手编，乃与其改编南刻《传习录》时之短记彼此相僢，岂德洪删南刻，尚有一篇未说及。抑南刻所录阳明书共止七篇，抑别有致误之故，则不可详矣。然答顾东桥及答聂文蔚三书，皆与阳明在嘉靖六年丁亥九月在天泉桥与王龙溪钱德洪论四句教之时间极相近，斯诚阳明晚年思想，不可不深细玩味也。

又据《年谱》，嘉靖十四年乙未，《阳明文录》刻于姑苏，亦由德洪主其事，上距阳明之卒七年，凡收录于《传习录》卷中之各篇，今书录皆不载。至答徐成之两书，入书录卷四逸稿，原入外集者。德洪《传习录》中短记，亦谓刻先师《文录》，置二书于外集。是证《传习录》中亦必与《文录》同时编定，至是否同时付刻，则不可知。

至今传《传习录》第三编之付印，据德洪跋，乃在嘉靖三十五年丙辰。跋中又云：是编乃阳明卒后，同门各以所记见遗，亦由德洪所定。德洪居吴时，将与《文录》并刻，适以忧去未遂。嗣又经曾才汉傍为采辑，名曰《遗言》。德洪复加删削，存其三之一，名曰《传习续录》。于嘉靖三十四年乙未付刻。嗣又增成为此卷。则连前《遗言》、《续录》共已四刻，而最后两刻出德洪之手者，上距阳明之卒，亦已二十有八九年矣。跋中又云：中卷易为问答语，亦在是年。与此卷同刻。疑中卷开首短记，亦斯时作，故年远记忆有误也。

阳明讲学，居越以后为第三变。其时门人既盛，所记自广，而阳明议论，亦实与在南畿及江右时有辨。故江右王门，乃极尊其南畿讲学语，而于其晚年居越理论，则加多审择。如聂双江云：今之为良知之学者，于《传习录》前编所记真切处俱略之，乃驾空立笼罩语，似切近而实渺茫。终日遂外，而自以为得手。据此一例可见。又顾箬溪应祥，且《传习续录》门人问答，多有未当于心者，作《传习录疑》。于龙溪致知议略，亦摘其可疑者辨之。箬溪亦浙中王门，是致疑于阳明晚年说者，固非江右而已也。又黄梨洲《明儒学案》亦谓：《传习后录》有黄省曾所记数十条，当是采之《问道录》中，往往失阳明之意，然无如"仪秦"一条，云：苏秦张仪之智，也是圣人之资。后世事业文章，许多豪杰名家，只是学得仪秦故智。仪秦亦是窥见得良知妙用处，但用之于不善耳。今考黄省曾乃南中王门，初见阳明在嘉靖三年甲申，即南大吉刻《传习录》之岁。《学案》谓其作《会稽问道录》十卷，东廓南野心斋龙溪，皆相视而莫逆。阳明以省曾笔雄见朗，欲以王氏论语属之，出山不果。是省曾《问道录》，阳明当亦见之。

《传习录》下卷,有钱德洪录数十条,开首即录黄勉之问,然此数十条未必尽出勉之。如最后一条"天泉桥侍坐",决是德洪手记。"仪秦"一条,果出勉之所记否,亦不可知。何以梨洲编学案,下笔荒疏至此,大不可解。勉之《问道录》今恨不可见,德洪平谨持重,固不当轻疑其收入《传习录》下卷并经其手录者有失阳明本意也。

阳明殁后,王门学术渐趋分裂,于是或推崇其《传习录》之前卷,或致疑其《传习录》之后卷,迄至梨洲为学案,仍陷此分裂中,虽于阳明多所回护,而终于阳明立言本旨,无所发明。如上引一节,疑及王省曾,实则不啻是疑及钱德洪,实则只是梨洲自白其回护之情而已,至于阳明自己意见,梨洲亦未能有辨明。

又按,《年谱》后附钱德洪《答罗洪先论年谱书》凡十首,最后一书有云:

> 先师始学,求之宋儒,不得入。因学养生,而沉酣于二氏,恍若得所入焉。至龙场,再经忧患,而始豁然大悟良知之旨。自是出与学者言,皆发诚意格物之教。病学者未易得所入也。每谈二氏,犹若津津有味。盖将假前日之所入,以为学者入门路径。辛巳以后,经宁藩之变,则独信良知,单头直入。虽百家异术,无不具足。自是指发道要,不必假途傍引,无不曲畅旁通。故不肖刻《文录》,取其指发道要者为止录,其涉假借者,则厘为外集。谱中所载,无非此意。盖欲学者志专归一,而不疑其所往也。师在越时,同门有用功恳切,而泥于旧见,郁而不化者,时出一险语以激之,如水

投石，于烈焰之中，一击尽碎，纤滓不留，亦千古一大快也。听者于此处等，多好传诵，而不究其发言之端。譬之用药对症，虽芒硝大黄，立见奇效。若不得症，未有不因药杀人者。故圣人立教，只指揭学问大端，使人自证自悟，不欲以峻言隐语，立偏胜之剂，以快一时听闻，防其后之足以杀人也。师没后，吾党之教，日多歧矣。洪居吴时，见吾党喜为高论，立异说，以为亲得师传，而不本其言之有自。不得已，因其所举，而指示立说之端，私录数条，未敢示人。不意为好事者窃录。甲午主试广东，其录已入岭表，故归而删正，刻《传习续录》于水西，实以破传者之疑，非好为多述，以耸学者之听也。故谱中俱不欲采入。而兄今节取而增述焉，然删削苦心，亦不敢不为兄一论破也。

绪山此书，极关重要，大堪玩味。知今《传习录》下卷，正多阳明居越时语，已经绪山多所删削。故王省曾有《闻道录》十卷，而今《传习录》下卷所收，仅数条而止。即谓"仪秦"一条亦出王省曾，然其所收之寥寥有限可知。而今《传习录》下卷所收，终多可疑之语，即德洪所录之数十条，其可疑尚有远在"仪秦"一条之上者，此诚大值研讨之一问题也。

又德洪编定《传习录》中卷，收与聂双江书，有曰：人者天地之心，天地万物本吾一体。良知之在人心，无间于圣愚，天下古今之所同。则乌得谓仪秦无圣人之良知。德洪既收答聂书于《传习录》中，又收"仪秦"一条于《传习录》下，自不感其可疑。惟阳明谓仪秦亦窥得良知妙用，亦是圣人之资，此等话，正亦德洪所谓快一时听闻,防其后之足以杀人也。在德洪意,此等话,皆出其师之亲笔亲口,惟贵学者能知其师立说之端,而勿遽自喜为高论,立异说,以为乃亲得之于师传耳。然则欲深究阳明立说之真相,固当善体德洪之所分析,尤远胜于轻信梨洲之所辨斥耳。

又钱德洪为《阳明先生文录序》有曰:

> 先生之言,世之信从者日众矣。特其文字之行于世者,或杂夫少年未定之论。愚惧后之乱先生之学者,即自先生之言始也。乃取其少年未定之论尽删而去之。详披谛阅,参酌众见,得至一之言五卷。

又其《刻文录叙说》有曰:

> 夫传言者,不贵乎尽其博,而贵乎得其意。虽一言之约,足以入道。不得其意而徒示其博,则泛滥失真。匪徒无益,是眩之也。当今天下士,方驰骛于辞章。先生少年,亦尝没溺于是矣。卒乃自悔。惕然有志于身心之学。学未归一,出入于二氏者又几年矣。卒乃自悔,省然独得于圣贤之旨。自辛巳年以后,而先生教益归于约矣。今传言者,不揭其独得之旨,而尚容情于悔前之遗,未透之说,而混焉以夸博,是爱其毛而不属其里也。既又思之,先生之文,既以传诵于时,今尚能次其月日,善读者尤可以验其悔悟之渐。不得已,乃俱存之。以文之纯于讲学明道者裒为正录,余则别

为外集。始之以正录，明其志也。继之以外集，尽其博也。
识道者读之，庶几知所取乎？

是德洪于阳明晚年居越，既谓其多峻言隐语，立偏胜之剂，其后
足以杀人。于其早岁之作，亦谓其多悔前之遗，未透之说，足以
自乱其学，故删之别之，至慎至谨。然其尊崇阳明之意，则终始
如一，并有远超于其他门人之上者。如阳明答徐成之二书，自谓
天下是朱非陆，论定既久，一旦反之为难，故二书姑为调停之说。
德洪本其意，乃列二书于外集，又南大吉刻《传习录》中卷，首列
此二书，而德洪径为删去。又按《年谱》，嘉靖二十九年庚戌，上
距阳明卒二十二年，增刻《朱子晚年定论》。师门所刻止一卷，
德洪又增录二卷，共三卷。是德洪既不信是朱非陆之论，又深信
其师乃不缪于朱子晚岁既悟之论。故于其师殁后，犹不断增足
《定论》至三卷之多也。今恨未见其书，然德洪毕生之尊崇其
师，亦于此而可见矣。至其谓阳明自辛巳以后教益归约者，辛巳
乃嘉靖十六年，阳明年五十，在江西，始揭致良知之教。《年谱》
又引阳明言：吾讲学亦尝误人，今较来较去，只是致良知三字无
病。(见嘉靖二十九年所引)然薛侃刻《传习录》上卷，在嘉靖十三年
戊寅，尚在辛巳前三年。则依德洪之意，此徐陆薛三人之所记，
是否亦有阳明未透之说未定之论之可以误人者夹杂其间，此亦
深值研玩也。

又按，徐爱为《传习录序》有曰：

门人有私录阳明先生之言者，先生闻之，谓之曰：圣贤

教人,如医用药,皆因病立方,酌其虚实温凉,阴阳内外,而时时加减之。要在去病,初无定说。若拘执一方,鲜不杀人矣。

是《年谱》末附德洪《与罗洪先书》因药杀人之语,阳明固已先告其门人。而徐爱特以识于其所记《传习录》之首。然则后人治阳明学,必谓《传习录》下卷多可疑,上卷多可信,亦未为得王门当时论学传教之深旨与真相也。

抑且浙江王门,亲炙久,信受笃,一时推巨擘者,钱德洪绪山以外,尚有王畿龙溪。梨洲《学案》称,王文成平濠归越,四方之士来学者甚众,绪山龙溪疏通其大旨,而后卒业于文成,一时称为教授师。而二人所得实不同。梨洲称二人皆习闻阳明过重之言。在师门之旨,皆不能无毫厘之差。绪山之彻悟不如龙溪,龙溪之修持不如绪山。乃龙溪竟入于禅,而绪山不失儒者之矩矱。何也。龙溪悬崖撒手,非师门宗旨所可系缚,而绪山则把缆放船,虽无大得,亦无大失耳。故梨洲又谓:姚江之学,惟江右为得其传,东廓念庵两峰双江其选也。梨洲此意,实承自刘蕺山,未必真有当于王门往年之实况。今可据以论阳明之学者,如《传习录》《文录》《年谱》,皆经绪山亲所编校,而绪山叙其师学,其先沉酣于二氏,其后每谈二氏,犹若津津有味,此乃亲窥于其师之言。以绪山之平谨笃厚,决不率尔言之。然则阳明之始教,及其终教,莫不夹杂有二氏,而绪山独取其辛巳五十在赣所专提之致良知一语,谓其师之教乃益归于约。江右王门,独取于此。然欧阳德初见阳明,最年少,阳明呼以小秀才,故遣服役。及嘉靖二年癸未，阳明五十二在越，德第进士，是年即绪山龙溪为教授师之年，以后德即少见阳明，于阳明居越言论殆所少闻。聂豹则仅于嘉靖五年丙戌一见阳明，称晚生，此后仅通书问。越两年，阳明即卒。豹乃以绪山龙溪二人为证，具香案，再拜称门人。然豹主归寂之说，绪山龙溪皆不以为是。即江右如邹东廓欧阳南野亦议论相异。罗洪先念庵独深契之。然洪先未与阳明一面，及与德洪同修《年谱》，亦称后学，不称门人。虽德洪劝之，并径为改称门人。时洪先已卒，固未亲得其同意者。梨洲所举江右王门四人中，独邹守益东廓，从游最久，并又见阳明于越，与南野双江念庵不同。惟东廓初闻阳明言有省，乃曰：往吾疑程朱补《大学》，先格物穷理，而《中庸》首慎独，两不相蒙，今释然格致之即慎独也。遂称弟子。格物即慎独，亦见《传习录》下卷。及刘蕺山论学，标慎独为宗，已见当时学风，群欲挽王归朱。蕺山之言谨独，即欲挽王学于程朱之言主敬也。而梨洲乃谓：阳明之殁，不失其传者，不得不以东廓为宗子，此自蕺山一派之言耳。治阳明学而独标慎独为宗，岂当时阳明讲学有是乎。

又如读阳明晚年诗，多明白提挈禅宗。其天泉桥及严滩两番告示门人之语，深涉禅味，显而易见。梨洲谓龙溪竟入于禅，绪山则不失儒者矩矱。又曰：龙溪彻悟，绪山修持，而于师门皆不能无毫厘之差。其实天泉桥论四句教，绪山龙溪同蒙印可。若以龙溪拟之慧能，则绪山乃近神秀。而阳明两许之者，亦即慧能所谓人有南北法无顿渐也。梨洲又引邓定宇，谓阳明必为圣学无疑，然及门之士概多矛盾，其私淑而有得者，莫如念庵。梨洲称此为定论。惟其必尊阳明为圣学，乃不得不谓绪山龙溪于师门皆不能无毫厘之差。又谓越中流弊错出，江右独能破之，盖阳明一生精神俱在江右也。然考邓定宇乃隆庆辛未进士，已在绪山念庵修成阳明年谱后之第八年，其学乃私淑于龙溪，较之念庵之犹得与绪山龙溪为友者，抑又远矣。其意或乃谓龙溪之外，莫如念庵，亦不可知。则梨洲之必抑浙中，扬江右，其无当于当时王学传受之真相，亦可知矣。

故今日治王学，于《传习录》上中下三卷，固可分别而观，亦当会合而求。于江右浙中之相异，于绪山龙溪论学之不同，固亦当分别而观，但仍当会合而求。而梨洲《学案》，则承自蕺山，而实未得蕺山之深旨。若即据此以作王学之衡评，则又未见其有当也。

原刊于一九四七年二月四日昆明《民意日报》

王阳明先生《传习录》及
《大学问》节本

一、阳明先生《传习录》节本

《传习录》节本小目

明代大儒王阳明先生,提倡良知之学,那真是一种人人易知易行,虽愚夫愚妇,不识字人,也可了解,也可奉行的学说。而循此上达,则人人可以完成一最高理想的人格,即中国传统所谓的圣人,而社会也可达到一最高理想的社会,如阳明先生拔本塞源论中所指示。

阳明的门人弟子,把阳明先生平常讲话,逐条记录,并阳明先生和人讨论学术的信札,择要精选,汇成《传习录》三卷。(上卷下卷是语录,中卷是书札。)凡属有志研究阳明学说的人,此书在所必读。只要三天乃至一星期的时间,准可把《传习录》三卷,通体细览。但三卷《传习录》,究竟也将近十五万言,中间所讨论的问题,牵涉甚广,并多引据古经典,初学者读之,或将仍感困难。兹特再为摘要选录,仅以原文一万字为度。并分别标识小题,点醒大意,庶有志王学者,更易入门。惟望读此节本者,能循次再细读《传习录》全本,并更进而通览阳明先生之全书,庶于此一代大儒,可以窥见其讲学立说之精细博大处。但若即就此节本玩索,或甚至仅于此节本中任择几条,悉心玩诵,身体力行,只要积久不懈,亦可终身成一完人。这正是阳明先生立说教人之简易浅近,博厚高深,而为我们所最值得崇拜与信守之所在。

(一)立志

阳明先生教人,最先第一步,常重立志二字。人若不先立志,则下面所引阳明先生的一切话,也将一无入门了。

所谓立志,即是立一个必为圣人之志,即是立志要完成一个最高理想的人格,立志要做天地间第一等的人。

此志好像甚高甚大，但若看能照阳明先生话躬行实践，却又是甚简甚易，并不困难呀！

先生曰：诸公在此，务要立个必为圣人之心。时时刻刻，须是一棒一条痕，一掴一掌血，方能听吾说话，句句得力。若茫茫荡荡度日，譬如一块死肉，打也不知得痛痒，恐终不济事，回家只寻得旧时伎俩而已，岂不惜哉！

大抵吾人为学紧要大头脑，只是立志。所谓困忌之病，亦只是志欠真切。今好色之人，未尝病于困忌，只是一真切耳。自家痛痒，自家须会知得，自家须会搔摩得。既自知得痛痒，自家须不能不搔摩得。佛家谓之方便法门，非是自家调停斟酌，他人总难为力，亦更无别法可设也。

（二）立志贵专一

种树者必培其根，种德者必养其心。欲树之长，必于始生时删其繁枝，欲德之盛，必于始学时去夫外好。如外好诗文，则精神日渐漏泄在诗文上去。凡百外好皆然。

又曰：我此论学，是无中生有的工夫。诸公须要信得及，只是立志。学者一念为善之志，如树之种，但勿助勿忘，只管培植将去，自然日夜滋长，生气日完，枝叶日茂，树初生时，便抽繁枝，亦须刊落，然后根干能大。初学时亦然，故立志贵专一。

持志如心痛，一心在痛上，岂有工夫说闲话，管闲事？

（三）立志在渐进

问：知识不长进，如何？先生曰：为学须有本原，须从本原上用力，渐渐盈科而进。仙家说婴儿，亦善譬。婴儿在母腹时，只是纯气，有何知识？出胎后，方始能啼，既而后能笑，又既而后能识认其父母兄弟，又继而后能立能行，能持能负。卒乃天下之事无不可能。皆是精气日足，则筋力日强，聪明日开。不是出胎日便讲求推寻得来。故须有个本原。圣人到位天地，育万物，也只从喜怒哀乐未发之中上养来。后儒不明格物之说，见圣人无不知，无不能，便欲于初下手时讲求得尽，岂有此理？

又曰：立志用功，如种树然，方其根芽，犹未有干。及其有干，尚未有枝。枝而后叶，叶而后花实，初种根时，只管栽培灌溉，勿作枝想，勿作叶想，勿作花想，勿作实想。悬想何益？但不忘栽培之功，怕没有枝叶花实？

（四）立志是学问本原

与其为数顷无源之塘水，不若为数尺有源之井水，生意不穷。时先生在塘边坐，傍有井，故以之喻学云。

(五)立志是彻始彻终之事

> 善念发,而知之,而充之。恶念发,而知之,而遏之。知与充与遏者,志也。天聪明也。圣人只有此,学者当存此。

按:人只要能立志,则自能知善知恶,自能充善遏恶,故说是天聪明。可见阳明先生所讲良知与知行合一,亦须自立志参入。

(六)诚意与立诚

阳明先生教人,首言立志,次言诚意,其实两语只是一语,立志与诚意还是一件事。

> 阳明先生说:诚意之说,自是圣门教人用功第一义。又云:仆近时与朋友论学,惟说立诚二字。杀人须就咽喉上着刀,吾人为学,当从心髓入微处用力,自然笃实光辉。虽私欲之萌,真是红垆点雪,天下之大本立矣。
>
> 问:知至然后可以言诚意,今天理人欲,知之未尽,如何用得克己工夫?先生曰:人若真实切己用功不已,则于此心天理之精微,日见一日。私欲之细微,亦日见一日。若不用克己工夫,终日只是说话而已。天理终不自见,私欲亦终不自见。如人走路一般,走得一段,方认得一段。走到歧路处,有疑便问,问了又走,方渐能到得欲到之处。今人于已

知之天理不肯存,已知之人欲不肯去,且只发愁不能尽知,只管闲讲,何益之有?且待克得自己无私可克,方愁不能尽知,亦未迟在。

(七)诚便是良知

或问至诚前知,先生曰:诚是实理,只是一个良知。

(八)良知

良知二字,始见于《孟子》,而发挥良知精义,组成一套既简易,又亲切而完整的学说者,则其事始于阳明。

先生曰:知是心之本体;心自然会知。见父自然知孝,见兄自然知弟,见孺子入井,自然知恻隐。此便是良知,不假外求。若良知之发,更无私意障碍,即所谓充其恻隐之心而仁不可胜用矣。然在常人,不能无私意障碍,所以须用致知格物之功,胜私复理,即心之良知更无障碍,得以充塞流行,便是致其知,知致则意诚。

良知只是个是非之心,是非只是个好恶。只好恶就尽了是非,只是非就尽了万事万变。

又曰:是非两字,是个大规矩,巧处则存乎其人。

（九）心即理　良知即天理

心即理之说，始于宋儒陆象山，而阳明承之，始曰良知即天理。

> 徐爱问：至善只求诸心，恐于天下事理有不能尽。先生曰：心即理也。天下又有心外之事，心外之理乎？爱曰：如事父之孝，事君之忠，交友之信，治民之仁，其间有许多理在，恐亦不可不察。先生叹曰：此说之蔽久矣，岂一语所能悟。今姑就所问者言之。且如事父，不成去父上求个孝的理？事君，不成去君上求个忠的理？交友治民，不成去友上民上求个信与仁的理！都只在此心，心即理也。此心无私欲之蔽，即是天理，不须外面添一分。以此纯乎天理之心，发之事父便是孝，发之事君便是忠，发之交友治民便是信与仁。只在此心去人欲存天理上用功便是。爱曰：闻先生如此说，爱已觉有省悟处，但旧说缠缚于胸中，尚有未脱然者。如事父一事，其间温凊定省之类，有许多节目，不亦须讲求否？先生曰：如何不讲求，只是有个头脑，只是就此心去人欲存天理上讲求。就如讲求冬温，也只是要尽此心之孝，恐怕有一毫人欲间杂。讲求夏凊，也只是要尽此心之孝，恐怕有一毫人欲间杂。只是讲求得此心。此心若无人欲，纯是天理，是个诚于孝亲的心，冬时自然思量父母的寒，便自要去求个温的道理。夏时自然思量父母的热，便自要去求个

清的道理，这都是那诚孝的心发出来的条件。都是须有这诚孝的心，然后有这条件发出来。譬之树木，这诚孝的心便是根，许多条件便是枝叶。须先有根，然后有枝叶。不是先寻了枝叶，然后去种根。《礼记》言，孝子之有深爱者，必要和气，有和气者，必有愉色，有愉色者必有婉容。须是有个深爱做根，便自然如此。

(十) 存天理去人欲

惟其良知即天理，因此阳明先生的良知之学，主要便在去人欲，存天理。

一日，论为学工夫。先生曰：教人为学，不可执一偏。初学时，心猿意马，栓缚不定，其所思虑，多是人欲一边。故且教之静坐，息思虑。久之，俟其心意稍定，只悬空静守，如槁木死灰，亦无用，须教他省察克治。省察克治之功，则无时而可间，如去盗贼，须有个扫除廓清之意。无事时，将好色好货好名等私，逐一追究搜寻出来，定要拔去病根，永不复起，方始为快。常如猫之捕鼠，一眼看着，一耳听着，才有一念萌动，即与克去。斩钉截铁，不可姑容，与他方便，不可窝藏，不可放他出路，方是真实用功，方能扫除廓清。到得无私可克，自有端拱时在。虽曰何思何虑，非初学时事。初学必须省察克治，即是思诚。只思一个天理，则得天理纯全，便是何思何虑矣。克己须要扫除廓清，一毫不存方是。

有一毫在,则众恶相引而来。

孟源有自是好名之病,先生屡责之。一日,警责方已,一友自陈日来工夫请正,源从旁曰:此方是寻着源旧时家当。先生曰:尔病又发。源色变,议拟欲有所辨。先生曰:尔病又发。因喻之曰:此是汝一生大病根。譬如方丈地内,种此一大树,雨露之滋,土脉之力,只滋养得这个大根。四旁纵要种些嘉谷,上面被此树叶遮覆,下面被此树根盘结,如何生长得成?须用拔去此树,纤根勿留,方可种植嘉谷。不然,任汝耕耘培壅,只是滋养得此根。

一友自叹,私意萌时,分明自心知得,只是不能使他即去。先生曰:你萌时这一知处,便是你的命根,当下即去消磨,便是立命工夫。

圣人之知,如青天之日。贤人如浮云天日,愚人如阴霾天日。虽有昏明不同,其能辨黑白则一。虽昏黑夜里,亦影影见得黑白,就是日之余光未尽处。困学工夫,亦只从这点明处精察去耳。

问:知譬日,欲譬云,云虽能蔽日,亦是天之一气,合有的,欲亦莫非人心合有否?先生曰:喜怒哀乐爱恶欲,谓之七情。七者俱是人心合有的。但要认得良知明白,比如日光,亦不可指着方所。一隙通明,皆是日光所在。虽云雾四塞,太虚中色象可辨,亦是日光不灭处。不可以云能蔽日,教天不要生云,七情顺其自然之流行,皆是良知之用,不可分别善恶。但不可有所著,七情有著,俱谓之欲,俱为良知之蔽。然才有著时,良知亦自会觉,觉即蔽去,复其体矣。

此处能勘得破,方是简易透澈工夫。

(一一)知行合一

心即理,乃承袭象山,知行合一则是阳明新创。凡欲了解阳明先生之良知学说者,必须深究其知行合一的说法。

徐爱因未会先生知行合一之训,与宗贤惟贤往复辨论,未能决,以问于先生,先生曰:试举看!爱曰:如今人尽有知得父当孝,兄当弟者,却不能孝,不能弟,便是知与行分明是两件。先生曰:此已被私欲隔断,不是知行的本体了。未有知而不行者,知而不行,只是未知。圣贤教人知行,正是要复那本体,不是着你只恁的便罢。故《大学》指个真知行与人看,说如好好色,如恶恶臭。见好色属知,好好色属行,只见那好色时,已是好了,不是见了后又立个心去好。闻恶臭属知,恶恶臭属行,只闻那恶臭时,已是恶了,不是闻了后别立个心去恶。如鼻塞人,虽见恶臭在前,鼻中不曾闻得,便亦不甚恶,亦只是不曾知臭。就如称某人知孝,某人知弟,必是其人已曾行孝行弟,方可称他知孝知弟。不成只是晓得说些孝弟的话,便可称为知孝弟。又如知痛,必已自痛了,方知痛。知寒,必已自寒了。知饥,必已自饥了。知行如何分得开?此便是知行的本体,不曾有私意隔断的。圣人教人,必要是如此,方可谓之知。不然,只是不曾知。此却是何等紧切着实的工夫?如今苦苦定要说知行做两个,是甚么意？某要说做一个,是甚么意？若不知立言宗旨,只管说一个两个,亦有甚用？爱曰:古人说知行做两个,亦是要人见个分晓。一行做知的工夫,一行做行的工夫,即工夫始有下落。先生曰:此却失了古人宗旨也。某尝说:知是行的主意,行是知的工夫,知是行之始,行是知之成。若会得时,只说一个知,已是有行在。只说一个行,已是有知在。古人所以既说一个知,又说一个行者,只为世间有一种人,懵懵懂懂的任意去做,全不解思维省察,也只是个冥行妄作,所以必说个知,方才行得是。又有一种人,茫茫荡荡,悬空去思索,全不肯着实躬行,也只是个揣摩影响,所以必说一个行,方才知得真。此是古人不得已,补偏救弊的说话。若见得这个意时,即一言而足。今人却就将知行分作两件去做,以为必先知了然后能行,我如今且去讲习讨论,做知的工夫,待知得真了,方去做行的工夫。故遂终身不行,亦遂终身不知。此不是小病痛,其来已非一日矣。某今说个要知行合一,正是对病的药,又不是某凿空杜撰,知行本体原是如此。今若知得宗旨时,即说两个亦不妨,亦只是一个。若不会宗旨,便说一个,亦济得甚事,只是闲说话。

知者行之始,行者知之成,圣学只一个工夫,知行不可分作两事。

问知行合一。先生曰:此须识我立言宗旨。今人学问,只因知行分作两件,故有一念发动,虽是不善,然却未曾行,便不去禁止。我今说个知行合一,正要人晓得一念发动处,便即是行了。发动处有不善,就将这不善的念克倒了,须要澈根澈底,不使那一念不善潜伏在胸中,此是我立言宗旨。

今按:朱子言格物穷理,似是偏在知一边。阳明言知行合一,则格物穷理须参加进行的工夫才得。而且朱子所云……穷理,似是理偏在先定而现成的一边,阳明所认之天理,却包涵有生机,转向到能前进的,开展的,活动的一面。因此后来王学,要说即流行即本体。此处有甚深义趣,学者须深辨。

(一二) 致良知

阳明先生三十八岁,在龙场驿,始论知行合一。五十岁在江西,始揭致良知之教,此是阳明学成后之第二变。所以他说:近来信得致良知三字,真圣门正法眼藏。往日尚疑未尽,今日多事以来,只此良知,无不具足。譬之操舟得舵,平澜浅濑,无不如意,虽遇颠风逆浪,舵柄在手,可免沉溺之患矣。

庚辰,往虔州,再见先生,问近来工夫虽若稍知头脑,然难寻个稳当快乐处。先生曰:尔却去心上寻个天理,此正所谓理障。此间有个诀窍。曰:请问如何? 曰:只是致知。曰:如何致? 曰:尔那一点良知,是尔自家底准则。尔意念着处,他是便知是,非便知非,更瞒他一些不得。尔只要不欺他,实实落落依着他做去,善便存,恶便去,他这里何等稳当快乐! 此便是格物的真诀,致知的实功。若不靠着这些真机,如何去格物? 我亦近年体贴出来如此分明。初犹疑只依他恐有不足,精细看,无些小欠阙。

黄以方问:先生格致之说,随时格物以致其知,则知是一节之知,非全体之知也。何以到得溥博如天,渊泉如渊地位? 先生曰:人心是天渊,心之本体,无所不该,原是一个天。只为私欲障碍,则天之本体失了。心之理无穷尽,原是一渊。只为和私欲窒塞,则渊之本体失了。如今念念致良知,将此障碍窒塞一齐去尽,则本体已复,是天渊了。乃指天以示之,曰:比如面前见天,是昭昭之天,四外见天,也只是昭昭之天。只为许多房子墙壁遮蔽,便不见天之全体。若撤去房子墙壁,总是一个天矣。不可道眼前天是昭昭之天,外面又不是昭昭之天也。于此,便见一节之知,即全体之知。全体之知,即一节之知。总是一个本体。

先生曰:我辈致知,只是各随分限所及,今日良知见在如此,只随今日所知扩充到底。明日良知又有开悟,便从明日所知扩充到底,如此方是精一功夫。与人论学,亦须随人分限所及。如树,有这些萌芽,只把这些水去灌溉。萌芽再长,便又加水。自拱把以至合抱,灌溉之功,皆是随其分限所及。若些小萌芽,有一桶水在,尽要倾上,便浸坏他了。

(一三) 事上磨练

阳明先生致良知的致字,像把一件东西致送到外面交付给人。因此讲致良知,便要继续讲到事上磨练。

陆澄尝问象山在人情事变上做工夫之说。先生曰:除了人情事变,则无事矣。喜怒哀乐,非人情乎?自视听言动以至富贵贫贱,患难死生,皆事变也。事变亦只在人情里,其要只在致中和,致中和只在谨独。

问:静时亦觉意思好,才遇事,便不同,如何?先生曰:是徒知静养,而不用克己工夫也。如此,临事便要倾倒。人须在这上磨,方立得住。方能静亦定,动亦定。

崇一问:寻常意思多忙,有事固忙,无事亦忙,何也。先生曰:天地气机,元无一息之停,然有个主宰,故不先不后,不急不缓。虽千变万化,而主宰常定,人得此而生,若主宰定时,与天运一般不息。虽酬酢万变,常是从容自在。所谓天君泰然,百体从令。若无主宰,便只是这气奔放,如何不忙?

有一属官,因久听讲先生之学,曰:此学甚好,只是簿书讼狱繁难,不得为学。先生闻之,曰:我何尝教尔离了簿书讼狱,悬空去讲学?尔既有官司之事,便从官司的事上为学,才是真格物。如问一词讼,不可因其应对无状,起个怒心。不可因他言语圆转,生个喜心。不可恶其嘱托,加意治之。不可因其请求,屈意从之。不可因自己事务烦冗,随意苟且断之。不可因旁人谮毁罗织,随人意思处之。这许多意思皆私,只尔自知,须精细省察克治。惟恐此心有一毫偏倚,枉人是非,这便是格物致知。簿书讼狱之间,无非实学。若离了事物为学,却是着空。

陆澄在鸿胪寺仓居,忽家信至,言儿病危。澄心甚忧闷不能堪。先生曰:此时正宜用功。若此时放过,闲时讲学何用?人正要在此等时磨练。父之爱子,自是至情,然天理亦自有个中和处。过即是私意。人于此处,多认做天理当忧,则一向忧苦,不知已是有所忧患不得其正。大抵七情所感,多只是过,少不及者。才过,便非心之本体,必须调停适中始得。就如父母之丧,人子岂不欲一哭便死,方快于心,然却曰毁不灭性,非圣人强制之也,天理本体自有分限,不可过也。人但要识得心体,自然增减分毫不得。有一学者病目,戚戚甚忧。先生曰:尔乃贵目贱心。

问:乐是心之本体,不知遇大故,于哀哭时,此乐还在否?先生曰:须是大哭一番了方乐,不哭便不乐矣。虽哭,此安安处即是乐也,本体未尝有动。

(一四)心物一体　万物一体

阳明先生言良知,一面是说知行合一,另一面又说心物一体。我们该从知行合一来透悟心即理,从心物一体来透悟心即天。

目无体,以万物之色为体。耳无体,以万物之声为体。鼻无体,以万物之臭为体,口无体,以万物之味为体。心无体,以天地万物感应之是非为体。

按:目是能视,色是所视,能所一体,即是心物一体。天地万物感应之是非便是理,此处便是心与理一,心即理,心与理一体。

先生游南镇,一友指岩中花树,问曰:天下无心外之物,如此花树,在深山中,自开自落,于我心亦何相关?先生曰:你未看此花时,此花与汝心同归于寂。你来看此花时,则此花颜色一时明白起来,便知此花不在你的心外。

问:大人与物同体,如何《大学》又说个厚薄?先生曰:惟是道理自有厚薄。比如身是一体,把手足捍头目,岂是偏要薄手足,其道理合如此。禽兽与草木同是爱的,把草木去养禽兽,又忍得。人与禽兽同是爱的,宰禽兽以养亲,与供祭祀,燕宾客,心又忍得。至亲与路人同是爱的,如箪食豆羹,得则生,不得则死,不能两全,宁救至亲,不救路人,心又忍得。这是道理合该如此。及至吾身与至亲,更不得分别彼此厚薄,盖以仁民爱物,皆从此出,此处可忍,更无不可忍矣。《大学》所谓厚薄,是良知上自然的道理,不可逾越,此便谓之义。顺这个条理,便谓之礼。知此条理,便谓之智。终始是这条理,便谓之信。

问:程子云:仁者以天地万物为一体,何墨氏兼爱,反不得谓之仁?先生曰:此亦甚难言,须是诸君自体认出来始得。仁是造化生生不息之理,虽弥漫周遍,无处不是,然其流行发生,亦只有个渐。所以生生不息,如冬至一阳生,必自一阳生,而后渐渐至于六阳。若无一阳之生,岂有六阳?阴亦然。惟其渐,所以便有个发端处,惟其有个发端处,所以生,惟其生,所以不息。譬之木,其始抽芽,便是木之生意发端处，抽芽然后发干，发干然后生枝生叶。然后是生生不息。若无芽，何以有干有枝叶？能抽芽，必是下面有个根在。有根方生，无根便死。无根何从抽芽？父子兄弟之爱，便是人心生意发端处，如木之抽芽。自此而仁民，而爱物，便是发干生枝生叶。墨氏兼爱无差等，将自家父子兄弟与途人一般看，便自没了发端处。不抽芽，便知得他无根，便不是生生不息，安得谓之仁？孝弟为仁之本，却是仁理从里面发生出来。

按：阳明此条，畅阐一切天理从人心发端之义，极重要，当细玩。

（一五）心身一体

阳明既主心物一体，自主心身一体，学者必由此参入，始可透悟阳明良知学之精义。

萧惠问：己私难克，奈何？先生曰：将汝己私来，替汝克。先生曰：人须有为己之心，方能克己。能克己，方能成己。萧惠曰：惠亦颇有为己之心，不知缘何不能克己？先生曰：且说汝有为己之心是如何。惠良久，曰：惠亦一心要做好人，便自谓颇有为己之心。今思之，看来亦只是为得个躯壳的己，不曾为个真己。先生曰：真己何曾离着躯壳？恐汝连那躯壳的己也不曾为。且道汝所谓躯壳的己，岂不是耳目口鼻四肢？惠曰：正是为此，目便要色，耳便要声，口便要味，四肢便要逸乐，所以不能克。先生曰：美色令人目盲，美声令人耳聋，美味令人口爽，驰骋田猎令人发狂，这都是害汝耳目口鼻四肢的，岂得是为汝耳目口鼻四肢？若为着耳目口鼻四肢时，便须思量耳如何听，目如何视，口如何言，四肢如何动。必须非礼勿视听言动，方才成得个耳目口鼻四肢。这个才是为着耳目口鼻四肢。汝今终日向外驰求，为名为利，这都是为着躯壳外面的物事。汝若为着耳目口鼻四肢，要非礼勿视听言动时，岂是汝之耳目口鼻四肢自能勿视听言动，须由汝心，这视听言动，皆是汝心。汝心之视，发窍于目。汝心之听，发窍于耳。汝心之言，发窍于口，汝心之动，发窍于四肢。若无汝心，便无耳目口鼻。所谓汝心，亦不专是那一团血肉。若是那一团血肉，如今已死的人，那一团血肉还在，缘何不能视听言动？所谓汝心，却是那能视听言动的，这个便是性，便是天理。有这个性，才能生。这性之生理便谓之仁。这性之生理发在目，便会视。发在耳，便会听。发在口，便会言。发在四肢，便会动。都只是那天理发生。以其主宰一身，故谓之心。这心之本体，原只是个天理，原无非礼。这个便是汝之真己。这个真己，是躯壳的主宰。若无真己，便无躯壳。真是有之即生，无之即死。汝若真为那个躯壳的己，必须用着个真己，便须常常保守着这个真己的本体，戒慎不睹，恐惧不闻，惟恐亏损了他一些。才有一毫非礼萌动，便如刀割，如针刺，忍耐不过。必须去了刀，拔了针。这才是有为己之心，方能克己。汝今正是认贼作子,缘何却说有为己之心,不能克己。

(一六)圣人　理想人格之完成

阳明良知之学,其主要用意,即在教人各自到达其可能完成的一种理想的人格。此种人格即所谓圣人。故良知之学亦即是圣学。

蔡希渊问:圣人可学而至,然伯夷伊尹于孔子,才力终不同,其同谓之圣者安在? 先生曰:圣人之所以为圣,只是其心纯乎天理而无人欲之杂。犹精金之所以为精,但以其成色足而无铜铅之杂也。人到纯乎天理方是圣,金到足色方是精。然圣人之才力,亦有大小不同,犹金之分两有轻重。尧舜犹万镒,文王孔子有九千镒,禹汤武王犹七八千镒,伯夷伊尹四五千镒。才力不同,而纯乎天理则同,皆可谓之圣人。犹分两虽不同,而足色则同,皆可谓之精金。以五千镒者而入于万镒之中,其足色同也。以夷尹而厕诸尧孔之间,其纯乎天理同也。盖所以为精金者,在足色,而不在分两。所以为圣者,在纯乎天理而不在才力也。故虽凡人,而肯为学,使此心纯乎天理,则亦可为圣人,犹一两之金,比之万镒,分两虽悬绝,而其到足色处,可以无愧,故曰人皆可以为尧舜者以此。学者学圣人,不过是去人欲而存天理耳。犹炼金而求其足色,金之成色所争不多,则煅炼之工省而功易成。成色愈下,则煅炼愈难。人之气质,清浊粹驳,有中人以上,中人以下,其于道,有生知安行,学知利行。其下者,必须人一己百,人十己千,及其成功则一。后世不知作圣之本是纯乎天理,却专在知识才能上求圣人,以为圣人无所不知,无所不能,我须是将圣人许多知识才能,逐一理会始得。故不务去天理上着工夫,徒弊精竭力,从册子上钻研,名物上考索,形迹上比拟。知识愈广而人欲愈滋,才力愈多而天理愈蔽。正如见人有万镒精金,不务煅炼成色,求无愧于彼之精纯,而乃妄希分两,务同彼之万镒。锡铅铜铁,杂然而投,分两愈增,而成色愈下。既其梢末,无复有金矣。时曰仁在傍,曰:先生此喻,足以破世儒支离之惑,大有功于后学。先生又曰:吾辈用功,只求日减,不求日增。减得一分人欲,便是复得一分天理,何等轻快脱洒,何等简易。

德章曰:闻先生以精金喻圣,以分两喻圣人之分量,以煅炼喻学者之工夫,最为深切,惟谓尧舜为万镒,孔子为九千镒,疑未安。先生曰:此又是躯壳上起念,故替圣人争分两。若不从躯壳上起念,即尧舜万镒不为多,孔子九千镒不为少。尧舜万镒,只是孔子的。孔子九千镒,只是尧舜的,原无彼我,所以谓之圣。只论精一,不论多寡。只要此心纯乎天理处同,便同谓之圣。若是力量气魄,如何尽同得。后儒只在分两上较量,所以流入功利。若除去了比较分两的心,各人尽着自己力量精神,只在此心纯乎天理上用功,即人人自有个个圆成,便能大以成大,小以成小,不假外慕,无不具足。此便是实实落落,明善诚身的事。后儒不明圣学,不知就自己心地良知良能上体认扩充,却去求知其所不知,求能其所不能，一味只是希高慕大，不知己是桀纣心地，动辄要做尧舜丰业，如何做得？终年碌碌，至于老死，竟不知成就了个什么，可哀也已！

（一七）异端

> 或问异端，先生曰：与愚夫愚妇同的，是谓同德。与愚夫愚妇异的，是谓异端。

按：阳明先生良知之学，主张人皆可以为尧舜，愚夫愚妇皆有良知，皆可为圣人。故与愚夫愚妇异者便成为异端了。

（一八）拔本塞源论　理想社会之完成

阳明先生良知之学，若使大明于天下，则虽愚夫愚妇，不识一字，亦得修心上达，跻于圣人之域。若使人人为圣人，则此社会便成一理想的新社会。《传习录》卷中阳明先生《答顾东桥书》，篇末有一大段提出他所谓拔本塞源之论，专为此理想的新社会，作了一番详细的描述，并指出到达此新社会的一条最简易、最直捷的路径。

> 夫拔本塞源之论不明于天下，则天下之学圣人者，将日繁日难，斯人沦于禽兽夷狄，而犹自以为圣人之学。百之说虽或暂明于一时，终将冻解于西，而冰坚于东，雾释于前，而

云瀚于后，努努焉危困以死，而卒无救于天下之分毫也已。夫圣人之心，以天地万物为一体，其视天下之人，无外内远近，凡有血气，皆其昆弟赤子之亲，莫不欲安全而教养之，以遂其万物一体之念。天下之人心，其始亦非有异于圣人也。特其间于有我之私，隔于物欲之蔽，大者以小，通者以塞。人各有心，至有视其父子兄弟如仇雠者。圣人有忧之，是以推其天地万物一体之仁，以教天下，使之皆有以克其私，去其蔽，以复其心体之同然。其教之大端，则尧舜禹之相授受，所谓道心惟微，惟精惟一，允执其中。而其节目，则舜之命契，所谓父子有亲，君臣有义，夫妇有别，长幼有序，朋友有信，五者而已。唐虞三代之世，教者惟以此为教，而学者惟以此为学。当是之时，人无异见，家无异习。安此者谓之圣，勉此者谓之贤，背此者虽其启明如朱，亦谓之不肖。下至闾井田野，农工商贾之贱，莫不皆有是学，而惟以成其德行为务。何者？无有闻见之杂，记诵之烦，辞章之靡滥，功利之驰逐，而但使之孝其亲，弟其长，信其朋友，以复其心体之同然。是盖性分之所固有，而非有假于外者。则人亦孰不能之乎？学校之中，惟以成德为事，而才能之异，或有长于礼乐，长于政教，长于水土播植者，则就其成德，而因使益精其能于学校之中。迨夫举德而任，则使之终身居其职而不易。用之者，惟知同心一德，以共安天下之民。视才之称否，而不以崇卑为轻重，劳逸为美恶。效用者，亦惟知同心一德，以共安天下之民。苟当其能，则终身处于烦剧而不以为劳，安于卑琐而不以为贱。当是之时，天下之人，熙熙皞皞，皆相视如一家之亲。其才质之下者，则安其农工商贾之分，各勤其业，以相生相养，而无有乎希高慕外之心。其才能之异，若皋夔稷契者，则出而各效其能。若一家之务，或营其衣食，或通其有无，或备其器用，集谋并力，以求遂其仰事俯育之愿。惟恐当其事者之或怠，而重己之累也。故稷勤其稼，而不耻其不知教。视契之善教，即己之善教也。夔司其乐，而不耻于不明礼。视夷之通礼，即己之通礼也。盖其心学纯明，而有以全其万物一体之仁。故其精神流贯，志气通达，而无有乎人己之分，物我之间。譬之一人之身，目视耳听，手并足行，以济一身之用。目不耻其无聪，而耳之所涉，目必营焉。足不耻其无执，而手之所探，足必前焉。盖其元气充周，血脉条畅，是以痒疴呼吸，感触神应，有不言而喻之妙。此圣人之学所以至易至简，易知易从，学易能而才易成者，正以大端惟在复心体之同然，而知识技能，非所与论也。三代之衰，王道熄而霸术猖。孔孟既没，圣学晦而邪说横。教者不复以此为教，而学者不复以此为学。霸者之徒，窃取先王之近似者，假之于外，以内济其私己之欲。天下靡然而宗之。圣人之道，遂以芜塞。相仿相效，日求所以富强之说，倾诈之谋，攻伐之计，一切欺天罔人，苟一时之得，以猎取声利之术，若管商苏张之属者，至不可名数。既其久也，斗争劫夺，不胜其祸。斯人沦于禽兽夷狄，而霸术亦有所不能行矣。世之儒者，慨然悲伤，搜猎先圣王之典章法制，而掇拾修补于煨烬之余。盖其为心，良亦欲以挽回先王之道。圣学既远，霸术之传，积渍已深，虽在贤知，皆不免于习染。其所以讲明修饰,以求宣畅光复于世者,仅足以增霸者之藩篱。而圣学之门墙,遂不复可睹。于是乎有训诂之学,而传之以为名。有记诵之学,而言之以为博。有词章之学,而侈之以为丽。若是者,纷纷籍籍,群起角立于天下,又不知其几家。万径千蹊,莫知所适。世之学者,如入百戏之场,欢谑跳踉,骋奇斗巧,献笑争妍者,四面而竞出。前瞻后盼,应接不遑。而耳目眩瞀,精神恍惑。日夜遨游淹息其间,如病狂丧心之人,莫自知其家业之所归。时君世主,亦皆昏迷颠倒于其说,而终身从事于无用之虚文,莫自知其所谓。间有觉其空疏谬妄,支离牵滞,而卓然自奋,欲以见诸行事之实者,极其所抵,亦不过为富强功利五霸之事业而止。圣人之学,日远日晦,而功利之习,愈趋愈下。其间虽尝瞽惑于佛老,而佛老之说,卒亦未能胜其功利之心。虽又尝折衷于群儒,而群儒之论,终亦未能有以破其功利之见。盖至于今,功利之毒,沦浃于人之心髓,而习以成性也,几千年矣。相矜以知,相轧以势,相争以利,相高以技能,相取以声誉。其出而仕也,理钱谷者,则欲兼夫兵刑。典礼乐者,又欲与于铨轴。处郡县则思藩臬之高,居台谏则望宰执之要。故不能其事,则不得以兼其官。不通其说,则不可以要其誉。记诵之广,适以长其敖也。知识之多,适以行其恶也。闻见之博,适以肆其辨也。辞章之富,适以饰其伪也。是以皋夔稷契所不能兼之事,而今之初学小生,皆欲通其说,究其术。其称名借号,未尝不曰吾欲以共成天下之务。而其诚心实意之所在,以为不如是,则无以济其私而满其欲也。呜呼！以若是之积染，以若是之心志，而又讲之以若是之学术，宜其闻吾圣人之教，而视之以为赘疣枘凿，则其以良知为未足，而谓圣人之学为无所用，亦其势有所必至矣。呜呼！士生斯世，而尚何以求圣人之学乎？尚何以论圣人之学乎？士生斯世，而欲以为学者，不亦劳苦而繁杂乎？不亦拘滞而险艰乎？呜呼！可悲也已！所幸天理之在人心，终有所不可泯。而良知之明，万古一日。则其闻吾拔本塞源之论，必有恻然而悲，戚然而痛，愤然而起，沛然若决江河，而有所不可御者矣。非夫豪杰之士，无所待而兴起者，吾谁与望乎？

今按：阳明此书中所言唐虞三代，可谓是中国儒家传统之乌托邦，正是其理想所寄。读者当会此意，幸勿以考据疑古之说，递斥其不信，而遂并其理想之大义而忽之也。

二、王阳明先生《大学问》节本

《大学问》节本小目

明明德　亲民　止至善　定静安虑得　修身
正心　　诚意　致知　格物

《大学问》为阳明先生晚年手笔，其及门大弟子钱德洪绪山曾说：

吾师接初见之士，必借《学》《庸》首章以指示圣学之全功,使知从入之路。师征思田将发,先授《大学问》,德洪受而录之。

又说:

《大学问》者,师门之教典也。学者初及门,必先以此意授。门人有请录成书者,曰:此须诸君口口相传,若笔之于书,使人作一文字看过,无益矣。嘉靖丁亥八月,师起征思田,将发,门人复请,师许之。录既就,以书贻洪,曰:《大学或问》数条,非不愿共学之士尽闻斯义,顾恐藉寇兵而赍盗粮,是以未欲轻出。盖当时尚有持异说以混正学者,师故云然。师既没,音容日远,吾党如以己见立说,学者稍见本体,即好为径超顿悟之说,无复有省身克己之功。谓一见本体,超圣可以跂足,视师门诚意格物为善去恶之旨,皆相鄙以为第二义。简略事物,言行无顾。甚者荡灭礼教,犹自以为得圣门之最上乘。噫!亦已过矣。是篇,邹子谦之党附刻于《大学》古本,兹收录《续编》编首,便学者开卷读之,吾思师之教,平易切实,而圣智神化之机,固已跃然。不必更为别说,匪徒惑人,祇以自误,无益也。

据此知《大学问》确为王门要典,学者由是而入,可无歧趋。兹再节录要旨,以附《传习录》节本之后。

大学者,昔儒以为大人之学矣,敢问大人之学,何以在于明明德乎?

阳明子曰:大人者,以天地万物为一体者也。其视天下犹一家,中国犹一人焉。若夫间形骸而分尔我者,小人矣。大人之能以天地万物为一体也,非意之也。其心之仁本若是其与天地万物而为一也。岂惟大人,虽小人之心,亦莫不然,彼顾自小之耳。是故见孺子之入井,而必有怵惕恻隐之心焉,是其仁之与孺子而为一体也。孺子犹同类者也,见鸟兽之哀鸣觳觫,而必有不忍之心焉,是其仁之与鸟兽而为一体也。鸟兽犹有知觉者也,见草木之摧折,而必有悯恤之心焉,是其仁之与草木而为一体也。草木犹有生意者也,见瓦石之毁坏,而必有顾惜之心焉,是其仁之与瓦石而为一体也。是其一体之仁也,虽小人之心亦必有之。是乃根于天命之性,而自然灵昭不昧者也。是故谓之明德。小人之心,既已分隔隘陋矣,而其一体之仁,犹能不昧若此者,是其未动于欲,而未蔽于私之时也。及其动于欲,蔽于私,而利害相攻,忿怒相激,则将戕物圮类,无所不为,其甚至有骨肉相残者,而一体之仁亡矣。……故夫为大人之学者,亦惟去其私欲之蔽,自明其明德,复其天地万物一体之本然而已耳,非能于本体之外而有所增益之也。

曰:然则何以在亲民乎。

曰:明明德者,立其天地万物一体之体也。亲民者,达其天地万物一体之用也。故明明德必在于亲民,而亲民乃所以明其明德也。是故,亲吾之父,以及人之父,以及天下人之父,而后吾之仁实与吾之父人之父与天下人之父而为一体矣。实与之为一体，而后孝之明德始明矣。兄弟也，君臣也，夫妇也，朋友也，以至于山川鬼神鸟兽草木也，莫不实有以亲之，以达吾一体之仁，然后吾之明德始无不明，而真能以天地万物为一体乎。……

曰：然则，又焉在其为止至善乎？

曰：至善者，明德亲民之极则也。天命之性，粹然至善，其灵昭不昧者，此其至善之发见，是乃明德之本体，而即所谓良知者也。至善之发见，是而是焉，非而非焉，轻重厚薄，随感随应，变动不居，而亦莫不自有天然之中，是乃民彝物则之极，而不容少有议拟增损于其间也。少有议拟增损于其间，则是私意小智，而非至善之谓矣。自非慎独之至，惟精惟一者，其孰能与于此乎？后之人，惟其不知至善之在吾心，而用其私智以揣摸测度于其外，以为事事物物各有定理也，是以昧其是非之则，支离决裂，人欲肆而天理亡，明德亲民之学遂大乱于天下。盖昔之人，固有欲明其明德者矣，然惟不知止于至善，而骛其私心于过高，是以失之虚罔空寂，而无有乎家国天下之施，则二氏之流是矣。固有欲亲其民者矣，然惟不知止于至善，而溺其私心于卑琐，是以失之权谋智术，而无有乎仁爱恻怛之诚，则五伯功利之徒是矣。是皆不知止于至善之过也。……故止于至善以亲民而明其明德，是之谓大人之学。

曰：知止而后有定，定而后能静，静而后能安，安而后能虑，虑而后能得，其说何也。

曰：人惟不知至善之在吾心，而求之于其外，以为事事物物皆有定理也,而求至善于事事物物之中,是以支离决裂,错杂纷纭,莫知有一定之向。今焉,既知至善之在吾心,而不假于外求,则志有定向,而无支离决裂错杂纷纭之患矣。无支离决裂错杂纷纭之患,则心不妄动,而能静矣。心不妄动而能静,则其日用之间,从容闲暇而能安矣。能安,则凡一念之发,一事之感,其为至善乎? 其非至善乎? 吾心之良知,自有以详审精察之,而能虑矣。能虑,则择之无不精,处之无不当,而至善于是乎可得矣。

曰:……敢问欲修其身,以至于致知在格物,其工夫次第,又如何其用力欤?

曰:此正详言明德亲民止至善之功也。……何谓身心之形体? 运用之谓也。何谓身心之灵明? 主宰之谓也。何谓修身? 为善去恶之谓也。吾身自能为善而去恶乎? 必其灵明主宰者,欲为善而去恶,然后其形体运用者,始能为善而去恶也。故欲修其身者,必在于先正其心也。

然心之本体则性也,性无不善,则其心之本体本无不正也。何从而用其正之之功乎? 盖心之本体本无不正,自其意念发动而后有不正,故欲正其心者,必就其意念之所发而正之。凡其发一念而善也,好之真如好好色,发一念而恶也,恶之真如恶恶臭,则意无不诚而心可正矣。

然意之所发,有善有恶,不有以明其善恶之分,亦将真妄错杂,虽欲诚之,不可得而诚矣。故欲诚其意者,必壮于致知焉。致者至也。如云丧致乎哀之致。易言知至至之,知至者,知也。至之者,致也。致知云者,非若后儒所谓充广其知识之谓也。致吾心之良知焉耳，良知者，孟子所谓是非之心人皆有之者也。是非之心，不待虑而知，不待学而能，是故谓之良知。是乃天命之性，吾心之本体，自然灵眼明觉者也。凡意念之发，吾心之良知，无有不自知者。其善欤，惟吾心之知自知之。其不善欤，亦惟吾心之良知自知之。是皆无所与于他人者也。故虽小人之为不善，既已无所不至，然其见君子，则必厌然掩其不善而著其善者，是亦可以见其良知之有不容于自昧者也。今欲别善恶以诚其意，惟在致其良知之所知焉尔。何则？意念之发，吾心之良知，既知其为善矣，使其不能诚有以好之，而复背而去之，则是以善为恶，而自昧其知善之良知矣。意念之所发，吾心之良知，既知其为不善矣，使其不能诚有以恶之，而复蹈而为之，则是以恶为善，而自昧其知恶之良知矣。若是，则虽曰知之，犹不知也。意其可得而诚乎？今于良知所知之善恶者，无不诚好而诚恶之，则自不欺其良知而意可诚也已。

然欲致其良知，亦岂影响恍惚而悬空无实之谓乎？是必实有其事矣。故致知必在于格物。物者事也。凡意之所发，必有其事。意所在之事谓之物。格者正也，正其不正以归于正之谓也。正其不正者，去恶之谓也。归于正者，为善之谓也。夫是之谓格。……良知所知之善，虽诚欲好之矣，苟不即其意之所在之物而实有以为之，则是物有未格，而好之之意犹为未诚也。良知所知之恶，虽诚欲恶之矣，而不即其意之所在之物而实有以去之，则是物有未格，而恶之之意犹为未诚也。今焉，于其良知所知之善者，即其意之所在之物而实为之，无有乎不尽。于其良知所知之恶者，即其意之所在之物而实去之，无有乎不尽。然后物无不格，而吾良知之所知者，无有亏缺障蔽，而得以极其至矣。夫然后吾心快然无复余憾而自谦矣。夫然后意之所发者，始得无自欺而可以谓之诚矣。故曰：物格而后知至，知至而后意诚，意诚而后心正，心正而后身修。盖其工夫条理，虽有先后次序之可言，而其体之惟一，实无先后次序之可分。其条理工夫，虽无先后次序之可分，而其用之惟精，固有纤毫不可得而缺焉者。……

按：阳明先生《大学问》阐发《大学》三纲领，可谓已括尽了他自己讲学宗旨，学者最当细阐。至其分别解说格致诚正诸条目，尤其关于诚意格物两项，王学后起极多异解，莫衷一是。学者当从此文看阳明先生自己意见，用与《传习录》相证。至其是否即《大学》本文原义，此属另一问题，治王学者，可暂置勿重也。

原载于一九五六年十二月台北
《学术季刊》第五卷第二期

说良知四句教与三教合一

治阳明王学者，率谓其简易直捷，虽愚夫愚妇，能知能行。然阳明自谓"自幼笃志二氏，其后见得圣人之学，始自叹悔"。又其于宋贤之说，濡染亦深。不仅濂溪明道，即伊川晦翁，亦有涉及。龙场驿一悟，始指点出良知二字，自谓是千古圣贤相传一点滴骨血。然阳明在军日久，享年不永，其所提良知宗旨，犹多未及深究。其平常言教，颇杂老释与宋贤陈言，与其良知之说多有错差。而阳明包和混会，不及剖析。故其身后，门人后学即多分歧，梨洲所谓各以意见搀和，说玄说妙，几同射覆也。其关系尤大，最为诋厉者所借口，则莫如龙溪《天泉证道记》所举无善无恶心之体一语。梨洲撰《学案》，竭力为阳明回护开脱，然殊失阳明之本趣。窃谓此实王学中一大节目，研究良知学者，于此不宜轻轻放过。兹就《天泉证道记》原文，再加考订如次。

据《天泉证道记》，阳明论学，每提四句为教法。"无善无恶心之体，有善有恶意之动，知善知恶是良知，为善去恶是格物。"绪山谓此是师门定本，龙溪则谓："夫子立教随时，谓是权法，未可执定。体用显微，只是一机，心意知物，只是一事。若悟得心是无善无恶之心，则意知物俱是无善无恶。天命之性，粹然至善，神感神应，其机自不容已，无善可名。恶固本无，善亦不可得而有也"。绪山曰："若是，是坏师门教法，非善学也。"龙溪曰："学须自证自悟，不从人脚跟转。若执著师门权法，以为定本，未免滞于言诠，亦非善学。"时阳明将征思田，绪山曰："吾二人所见不同，盍相与就正。"阳明晚坐天泉桥上，因各请质。阳明曰："正要二子有此一问。吾教法原有此两种。四无之说为上根人立教，四有之说，为中根以下人立教。上根之人，悟得无善无恶心体，便从无处立根基，意与知物皆从无生，一了百当，即本体便是工夫，易简直捷，更无剩欠，顿悟之学也。中根以下之人，未尝悟得本体，未免在有善有恶上立根基，心与知物皆从有生。须用为善去恶工夫，随处对治，使之渐渐入悟，从有以归于无，复归本体。及其成功一也。世间上根人不易得，只得就中根以下人立教，通此一路。汝中所见，我久欲发，恐人信不及，徒增躐等之病，故含蓄到今。此是传心秘藏，颜子明道所不敢言者。今既说破，亦是天机该发泄时，岂容复秘。汝中此意正好保任，不宜轻以示人。德洪却须进此一格，始为玄通。德洪资性沉毅，汝中资性明朗，故所得亦各因其所近。若能互相取益，使吾教法上下皆通，始为善学耳。"自此海内相传天泉证悟之论，道脉始归于一云。

今按：此文所记，应为阳明晚年绝大理论，乃于阳明书中无之，而独见于龙溪之传述。而王学亦由龙溪而变。厥后王学流弊日著，无善无恶之论大为东林诸贤所攻击。故祖护王学者，乃疑阳明本无是说，或又为此四句意义别立解释者。（此皆见于梨洲《学案》，以下随文辨正。）今就阳明《传习录》细加籀绎，乃知阳明实自有此无善无恶为心体之意见，此乃阳明讲学本身一歧点。惟在阳明当时，弊害尚不襮著。自经龙溪推阐尽致，遂至泛滥放决，离失本原。欲辨此事，先当一论阳明之所谓良知。阳明有时以良知为吾心之本体，亦有时以良知为天地万物之本体。即此歧义，便大可商讨。而阳明于此忽彼忽尔，殊未细剖。循此推说，便生许多歧点。天泉问答，亦由此歧点派分也。

阳明谓"知是心之本体，心自然会知，见父自然知孝，见兄自然知弟，见孺子入井自然知恻隐，此便是良知，不假外求"。此以良知为心体之说也。阳明又曰："夫心之体，性也。能尽其心，是能尽其性矣。"又曰："性是心之体。"既谓良知是心体，又谓良知即性。考良知一语，本于孟子，孟子道性善，以孩提之童之良知良能为证。今阳明即以良知为心体，又认其为性，此若直承孟子，而实已与孟子有歧。心性之辨，即其一端。阳明书中常言良知为心体，却不常言良知即性，此缘阳明见性未真切，故其言性时有鹘突，不如其言心之透澈分明也。

阳明又言："天理在人心，亘古亘今，无有终始，天理即是良知。"他处又言："心之体，性也，性即理也。故有孝亲之心，即有孝之理。无孝亲之心，即无孝之理矣。有忠君之心，即有忠之理，无忠君之心，即无忠之理矣。理岂外于吾心耶。"又曰："心即性，心即理。"若以会之天理即是良知之说，可见阳明所谓良知，实相当于其所谓性。良知与心与性与理，皆混说无分辨。

或问大人与物同体。曰："目无体，以万物之色为体。耳无体，以万物之声为体。鼻无体，以万物之臭为体。口无体，以万物之味为体。心无体，以天地万物感应之是非为体。"此一条说心与物，更见歧义。心不能离物独存，心物相交，乃见心之用，由心之用，而可以推知此心之体，此所谓即用见体也。阳明又云："孟子曰，是非之心，智也，是非之心，人皆有之，即所谓良知也。"又云："良知只是个是非之心，是非只是个好恶，只好恶就尽了是非，只是非就尽了万事万变。"此处所谓万事万变，即上文所引天地万物之感应。故知阳明谓良知即心体，乃心与物相交相感之一种作用，即吾心对物之一种是非之辨。而此种与物相交而能辨是非之作用，即我心一种好恶之态度。

佛家本有作用见性之说。《朱子语类》六二："庞居士神通妙用运水搬柴之颂，须是运得搬得是，方是神通妙用。若搬运得不是，如何是神通妙用。佛家所谓作用是性，他都不理会是非，只认得那衣食作息视听举履便是道。说我这个会说话会作用底叫着便应底便是神通妙用，更不问道理如何。儒家则须是就这上寻讨个道理。"又《语类》三六："释氏专以作用为性，在目曰见，在耳曰闻，在鼻嗅香，在口谈论，在手执捉，在足运奔。且如手执捉，若执刀乱杀人，亦可谓性乎。龟山举庞居士神通妙用，运水搬柴，以比徐行后长，亦坐此病。不知徐行后长乃谓之弟，如曰运水搬柴即是妙用，则徐行疾行皆可谓之弟耶。"朱子此处分辨儒释。谓释氏即以作用为性，儒家则须在作用上寻一个是非，一个理来。程朱性即理，与佛家作用见性之说之不同处在此。今阳明以天地万物感应之是非为心体，知是知非即是良知，是非便是理，故曰，天理即良知，又曰，心即理。故阳明言良知，虽若近似释氏之作用见性，而实仍不失儒家之精神与矩矱。然未在作用与是非上加一分辨，则易生歧。

故程朱言性即理，陆王言心即理，其间有不同，惟谓性即心体，则二语归一，可无异致。朱子《文集》卷五六《答郑子上》有云："吾以心与理为一，彼以心与理为二。亦非固欲如此，乃是其所见处不同。彼见得心空而无理，此见得心虽空而万物咸备也。"又《文集》五九《答吴斗南》有云："所云禅学悟人，乃是心思路绝，天理尽见，此尤不然。心思之正，便是天理。流行运用，无非天理之发见。岂待心思路绝而后天理乃见耶。且所谓天理复是何物。仁义礼智，岂不是天理。君臣父子兄弟夫妇朋友，岂不是天理。若使释氏果见天理，则亦何必如此悖乱，殄灭一切，昏迷其本性而不自知耶。"是朱子亦未尝不言心即理。今阳明云："心之体，性也，性即理也。"又云："人只要在性上用功，看得一性字分明，即万理粲然。"则阳明亦未尝不言性，并言性即理。朱王两家讲心讲性，到头都会归到理字上，此乃其大端相同处。

惟此处实有歧义。阳明谓：目无体，以万物之色为体。目是能见，物是所见。岂得谓能无体，以所为体。有了万物之色，亦岂得谓色中便有目。但亦不得谓物无色，因有目，乃有色。此处有内外之辨。但如谓天地万物感应之是非，则此处明见有心。若无心，天地万物虽俨然具在，由何感，由何应，由何而见其是非。朱子之理气论，只谓若无气，理亦无挂搭处。只谓理必从气上见，然终不谓除却气即无理。又若谓必分先后，毕竟应是理先气后。有理于是有性，所谓感应是非，发于性。若无性，又何来有感应是非。天地万物只属气，其相互间之感应是非则属理属性。物各有性。性不同,斯其感应是非亦不同。于是而又有心。心只是一个虚明灵觉,能感能应,知是知非。朱子说此理字性字心字,有此三层次。今阳明言心之体,性也,性即理也,若把此三层次混会合并言之,宜亦无不可。惟谓心无体,以天地万物感应之是非为体,则含义大不同。因照阳明义,乃是即用见体,然终不得谓有用无体。亦不得谓以无为体,或体即是无。阳明晚年论无善无恶心之体,正是明白以无为体。若果如此,又何来而有天地万物感应之是非。继此又谓有善有恶意之动,则是谓心与物交,而后始有善恶可见也。然如此岂不既有心,复有物乎。阳明明白要从无上立根基,然如何由无生出有。又明白说即本体即工夫,是即释氏之作用见性也。可见阳明之四句教,实与其目无体,以万物之色为体,心无体,以天地万物感应之是非为体之说,前后不相一致,朱子讥释氏以作用见性,阳明实似之,乃似主有用而无体。惟用由何来,则无交代。朱子力言理无作用,性无作用,此中实涵深义。因若理有作用,性有作用,作用即是本体,则人生以后不复需要有工夫。人人皆能全性合理,人人皆即是圣人,若要用工夫,反即入歧。王学末流,实有此弊。故曰此处有歧义存在也。

今再说理字。理必有一个是非,但必是公是公非,非小我个己之所得私。故理曰天理,取与人欲对。理欲之分,即天人之分,亦即公私之分。存天理,去人欲,此亦朱王两家之所同。阳明云:性是心之体,天是性之原。但此处有一分辨。性固原于天,而心则必属于人。朱子以性属理,心属气,其意正在此。故朱子言下工夫则正在心上用。阳明则又曰:"心之体,性也。性

之原，天也。天之命于我者，心也，性也。"又曰："心也，性也，天
也，一也。"此乃以心性即理，又以心性即天，不仅心与性不见有
分别，心与天亦不见有分别。而孟子则必曰人心有同然，此同然
处始谓之性。既是同然处，则决非小我个己之私。此乃性，故乃
推本归极之于天。《中庸》亦曰：天命之谓性，不曰天命之谓心。
心有公心私心，性则只曰天性，不得谓有公性私性也。阳明歧
义，正在不于心性作区别。于是谓无内外，无古今，只是一理，亦
只是一性，只是一心，只是一良知。

依孟子语，则只是一心之同然处，其不同然处，即所谓人欲，
否则天理人欲，又从何处作分别乎。

今引钱绪山语说之。绪山曰：

　　吾人与万物混处于天地之中，其能以宰乎天地万物者，
非吾心乎。何也。天地万物有声矣，而为之辨其声者谁欤。
天地万物有色矣，而为之辨其色者谁欤。天地万物有味也，
而为之辨其味者谁欤。天地万物有变化也，而神明其变化
者谁欤。是天地万物之声非声也，由吾心听，斯有声也。天
地万物之色非色也，由吾心视，斯有色也。天地万物之味非
味也，由吾心尝，斯有味也。天地万物之变化非变化也，由
吾心神明之，斯有变化也。然则天地也，万物也，非吾心则
弗灵矣。吾心之灵毁，则声色味变化不得而见矣。声色味
变化不可见，则天地万物亦几乎息矣。故曰，人者天地之
心，万物之灵也，所以主宰乎天地万物者也。吾心为天地万
物之灵者，非吾独能灵之也。吾一人之视其色若是矣，凡天

下之有目者同是明也。一人之听其声若是矣，凡天下之有
耳者同是聪也。一人之尝其味若是矣，凡天下之有口者同
是嗜也。一人之思虑其变化若是矣，凡天下之有心智者同
是神明也。非徒天下为然也。凡前乎千百世已上，其耳目
同，其口同，其心知无弗同也。后乎千百世已下，其耳目同，
其口同，其心知亦无弗同也。然则明非吾之目也，天视之
也。聪非吾之耳也，天听之也。嗜非吾之口也，天尝之也。
变化非吾之心知也，天神明之也。故目以天视，则尽乎明
矣。耳以天听，则竭乎聪矣。口以天尝，则不爽乎嗜矣。思
虑以天动，则通乎神明矣。天作之，天成之，不参以人，是谓
天能，是之谓天地万物之灵。

绪山此段话，有极是处，亦可谓大体皆是。如其谓吾人与万物混
处天地中，而心能宰乎天地万物，又谓天地万物非吾心则弗灵是
也。分天与人而言之，此乃传统之儒家义。但又生歧处。如谓
变化非吾之心知，天神明之，又曰：天作之，天成之，不参以人，是
谓天能。此即其师阳明高揭良知一语所生之歧义。其流弊在只
重天命自然，不重人文修为。《中庸》曰：天命之谓性，率性之谓
道，修道之谓教，岂可只有天命，而不许有人之率与修乎？又岂
可只仗天能，而不参以人之良知乎？绪山所论尚如此，则固无论
于龙溪矣。

今再论及天地万物与我一体之见解。阳明所主，实亦与考
亭濂溪之说异。濂溪谓"二五之精，妙合而凝"，朱子谓"鳜鱼肚
里水与鲤鱼肚里水只一般"（《语类》三），此皆就外面物质实体立

说，而见天地万物之一体。阳明则专就吾心，而证其为天地万物之一体。此种万物一体论，北宋诸儒中，惟与明道见解颇相近。明道谓"仁者浑然与物同体"，此处仁字即指此心，不指外物实质。然明道又曰："天下事只是感与应而已矣。"此是说天下事，非说万物一体。又曰："既说心有感通，更说甚生死古今之别。"又曰："知性即明死生之说。"此乃说死生。古人已死，但古人之心则若依然尚在，今人仍可与之相感通。故自心之感通言，则无生死，无古。象山谓"人与天地万物皆在无穷之中，此心同，此理同"。阳明谓"天理在人心，亘古亘今，无有终始，天理即是良知"。又曰："若解向里寻求，见得自己心体，既无时无处不是此道。亘古亘今，无终无始，更有甚同异。"阳明此等话，皆承象山来，而与明道见解若有相似。即皆专从心上言，不从物上言是也。

明道尝谓"质美者明得尽，渣滓便浑化，却与天地同体。其次惟在庄敬持养"。此处明道言与天地同体，亦从心上言，即犹言仁者浑然与物同体也。此颇与伊川晦庵格物穷理之说有异。象山则近明道，故曰："今之论学者，只务添人底，自己只是减他底。"下到阳明，还是承接明道象山此路，而发挥益透辟。但亦益见其歧处。阳明谓"人心与物同体，只是一个灵明充天塞地。中间只有这个灵明。我的灵明，便是天地鬼神万物的主宰。离却我的灵明，更没有天地鬼神万物。离却天地鬼神万物，亦没有我的灵明"。此处上一句谓离却我的灵明，更没有天地鬼神万物，此语易明，阳明常言之。但下一句谓离却天地鬼神万物，亦没有我的灵明，此语却不易明。因此非阳明所常言，故不易明也。阳明谓：见父自然知孝，则没有父，岂不亦没有了我良知之孝，阳明所谓离却了天地鬼神万物，亦没有我的良知，意当接此。但内心外物兼言，此处又生歧。

问圣人应变不穷，莫亦是预先讲求否。先生曰："圣人之心如明镜，只是一个明。随感而应，无物不照。未有已往之形尚在，未照之形先具者。只怕镜不明，不怕物来不能照。"又曰："心体上着不得一念留滞，就如眼着不得些沙子，尘沙能得几多，满眼便昏天黑地了。这一念不但是私念，便好的念头亦着不得些子。如眼中放些金玉屑，亦开不得了。"此种工夫，即象山所谓减，亦即明道所谓明得尽，渣滓便浑化。但以明镜喻心，则镜外显尚有物，镜不明则不能照。镜外无物，又何所照。此非有歧义乎。

阳明又曰："去心上寻个天理，此正所谓理障。"问立志是常存个善念要为善去恶否。曰："此念即善，更思何善。此念非恶，更去何恶。"问心无恶念时，亦须存个善念否。曰："既去恶念，便是善念。若又要存个善念，即是日光之下，添燃一灯。"由此推衍，便即是阳明无善无恶心之体之说。但可谓无善无恶是心之体，与离却我的灵明，更没有天地鬼神万物之论，仍有歧义。因善恶只属人文问题，天地鬼神万物，则属自然问题也。

兹再引钱绪山语一节以当说明。绪山曰：

> 人之心体一也。指名曰善可也，曰至善无恶亦可也，曰无善无恶亦可也。曰善，曰至善，人皆信而无疑。又为无善无恶者，何也。至善之体，恶固非其所有，善亦不得而有也。

至善之体，虚灵也。即目之明，耳之聪也。虚灵之体，不可有乎善，即明之不可有乎色，聪之不可有乎声也。目无色，故能尽万物之色。耳无声，故能尽万物之声。心无善，故能尽天下万事之善。今之论至善者，乃索之于事事物物之中，先求其所谓定理者，以为应事宰物之则，是虚灵之内先有乎善也。虚灵之内先有乎善，是耳未听而先有乎声。目未视而先有乎色。塞其聪明之用，而窒其虚之体，非至善之谓矣。今人乍见孺子入井，皆有怵惕恻隐之心。怵惕恻隐之心，是谓善矣。然未见孺子之前，先加讲求之功，预有此善以为之则耶，抑虚灵触发，其机自不容已耶。目患不能明，不患有色不能辨。耳患不能聪，不患有声不能听。心患不能虚，不患有感不能应。虚则灵，灵则因应无方。万感万应，万应俱寂。是无应非善，而实未尝有乎善也。衡能一天下之轻重，而不可加以铢两之积。鉴能剔天下之妍媸，而不可留夫一物之形。心能尽天下之善，而不可存乎一善之迹。太虚之中，日月星辰，风雨露雷，暗霾细缊，何物不有。而未尝有一物为太虚之有。故曰：一阖一辟谓之变，往来不穷谓之道。又曰：天下何思何虑，天下殊途而同归，一致而百虑。夫既曰百虑，则所谓何思何虑者，非绝去思虑之谓也。千思万虑，而一顺乎不识不知之则，则无逆吾明觉自然之体。是千思万虑，谓之何思何虑也。此心不有善乎，是至善之极，谓之无善也。故先师曰，无善无恶心之体。至善本体，本来如是，未尝有所私意撰说其间也。

绪山此段话，发挥阳明无善无恶心之体一语，亦可谓畅尽矣。其实无善无恶为心之体，岂能谓性即无善无恶，理亦无善无恶乎？亦岂得谓良知亦无善无恶乎？又如绪山言，目无色，故能尽万物之色，则是明明有万物之色存乎吾目之外也。又乌得谓万物一体乎。此处又是一歧，阳明及其门人如绪山之徒，似皆未在此处深入探讨。

又阳明绪山均以明镜喻心，皆谓随感而应，此层亦与孟子原旨不合。而全部王学亦遂由此生歧。盖心如明镜之喻，本出老佛。儒家传统精神则决不然。当知感应二字，应为容而感为主，此心不仅能应，亦复主感。孟子曰：孩提之童，无不知爱其亲，及其长也，无不知敬其长。孝弟爱敬，自本自根，乃中诚主动，其事不在应而主在感。若阳明说，见父自然知孝，见兄自然知弟，便若随感而应，则心中无孝弟，孝弟转在父兄一边，此将不见吾性之健德。设若父殁兄亡，岂此心孝弟便永归寂灭乎。又若父兄离别，岂此心孝弟便纤尘不留乎。纵谓心可以镜喻，但性则终不可以镜喻。理亦更不可以镜喻，王门说良知，专从照应处说，毕竟有病。又按梨洲《明儒学案》据邹东廓《青原赠处记》，绪山曰：至善无恶者心，与王龙溪所记不同，谓不当以无善无恶讥阳明。然如上引，绪山自以无善无恶说至善，且明称师说，正可证王门当日确有此无善无恶为心体之理论也。

此层在王门，已为季彭山识破，《龙惕》一书，甚堪玩味。其言曰：

　　圣人以龙言心，而不言镜。盖心如明镜之说，本于释氏，照自外来，无所裁制者也。而龙则乾乾不息之诚，理自内出，变化在心者也。予力主此说，而同辈尚多未然。

盖当时如龙溪东廓对季说皆有争辩。此自师门宗旨，故对彭山说不易信肯也。阳明曰：

> 良知之虚，便是天之太虚。良知之无，便是太虚之无形。日月雷风，山川民物，凡有貌象形色，皆在太虚无形中发用流行，未尝作得天的障碍。圣人只是顺其良知之发用。天地万物俱在我良知的发用流行中，何尝又有一物超于良知之外，能做得障碍。

如此则竟以虚无说良知。而天地万物仍皆在此虚无中发用流行，岂不又是语病乎？季彭山主宰流行之辨，即由此发。其言曰：

> 谓天非虚不可，然就以虚言天，则恐着虚亦倚于气，而其动也为气化。如日月星辰水火土石风雨露雷鸟兽虫鱼之类，有随其所重而莫节其过者矣。盖虚贵有主，有主之虚，诚存于中，是谓健德。所恶于虚者，为其体之非健也。

又曰：

> 自然者流行之势，属于气者也。势以渐而重，重则不可

反矣。惟理可以反之。故语自然者，必以理为主宰。

以前横渠《正蒙》，正主气散为太虚之说，而朱子则必以理字代横渠《正蒙》之气字。此处季彭山辨理气，辨主宰流行，即为此下自王反朱之趋向开先路，而已在阳明及身弟子中启其端兆矣。学术言思不能稍有偏倚，偏倚即积渐成重，益增继起者反复之难。彭山之言，正已说到此层矣。

阳明以虚无言良知，其说颇近于老佛，此在阳明亦所不讳。故曰：

> 良知所谓情顺万事而无情，无所住而生其心，佛氏曾有此言，未为非也。

情顺万事而无情，语出明道《定性书》。明道之言曰："夫天地之常，以其心普万物而无心。圣人之常，以其情顺万事而无情。故君子之学，莫若廓然而大公，物来而顺应。人之情各有所蔽，故不能适道，大率患在于自私而用智。自私则不能以有为为应迹，用智则不能以明觉为自然。今以恶外物之心，而求照无物之地，是反鉴而索照也。与其非外而是内，不若内外之两忘，两忘则澄然无事矣。无事则定，定则明，明则尚何应物之为累哉。"大抵阳明言良知，颇有些处承袭明道。然明道此等理论，老释气味亦甚重，亦仅能脱去应物之累而止。若果如明道之意，欲以有为为应迹，以明觉为自然，此岂儒家至刚至健至诚感物而参天地之妙乎。

且果如明道所言,圣人情顺万事而无情,其喜以物之当喜,其怒以物之当怒,圣人之喜怒,不系于心而系于物,不得以从外者为非,而更求在内者为是。是则圣人之孝,岂不以父母之当孝。圣人之弟,岂不以兄长之当弟。则圣人之孝弟,岂不亦系于父母兄长而不系于己心乎。若必如此,乃为以有为为应迹,以明觉为自然,则其极必至于其心空虚,不留一物,此固庄老道家之理想境界。而明道特修饰之以庄敬存养之一语而已。故伊川继之乃曰:"敬只是涵养一事,必有事焉须当集义。只知用敬,不知集义,却是都无事也。"于是乃有敬义夹持之训,乃有即物穷理之教。明道所谓物之当喜,物之当怒,即理之所在也。伊川晦庵即物穷理之说,正亦承接明道宗旨。而心物内外统合言之,始为无病。明道言,不得以从外者为非,而更求在内者为是,然亦岂即以从外者为是,而以在内者为非乎?语意一轻一重之间,两皆有弊,要之物理吾心不当判为两事。格物穷理之学而不以吾心为之主宰,则几于陷而为义外。故象山起而纠之,唱为心即理之说。阳明特提良知二字,以天地万物感应之是非为心体,其意亦欲以吾心物理,一而二,二而一,内外心物统合而言,此亦明道所谓内外之两忘也。惜其立言,仍不免于病,乃终以虚无言良知,则失之甚也。

与无善无恶之说相关者,尚有《传习录》与薛侃论去花间草一段。薛侃去花间草,曰:"天地间何善难培,恶难去。"先生曰:"未培未去耳。"少间,曰:"此等看善恶,皆从躯壳起念,便会错。"侃未达,曰:"天地生意,花草一般,何曾有善恶之分。子欲观花,则以花为善,以草为恶。如欲用草时,则复以草为善矣。此等善恶，皆由汝心好恶所生，故知是错。"曰："然则无善无恶乎。"曰：
"无善无恶者理之静，有善有恶者气之动。不动于气，即无善无
恶，是谓至善。"曰："佛氏亦无善无恶，何以异。"曰："佛氏著在
无善无恶上，便一切都不管。圣人无善无恶，只是无有作好，无
有作恶。"曰："草既非恶，即草不宜去矣。"曰："草若有碍，何妨
汝去。"曰："若此又是作好作恶。"曰："不作好恶，非是全无好
恶。只是好恶，不去又着一分意思，如此即是不曾好恶一般。"
曰："然则善恶全不在物。"曰："只在汝心，循理便是善，动气便
是恶。"曰："毕竟物无善恶。"曰："在心如此，在物亦然。"曰："先
生云，草有妨碍，理亦宜去，缘何又是躯壳起念。"曰："此须汝心
自体。当汝要去草，是什么心。茂叔窗前草不除，是什么心。"
梨洲曰："先生之言，自是端的，与天泉证道之说迥异。"又曰：
"阳明言无善无恶者理之静，有善有恶者气之动。盖言静为无
善无恶，不言理为无善无恶。理即是善也。犹程子言人生而静
以上不容说，周子太极而加之无极耳。独《天泉证道记》有无善
无恶者心之体，有善有恶者意之动之语。夫心之体，理也。心体
无间于动静，若心体无善无恶，则理是无善无恶，阳明不当但指
其静时言之矣。释氏言无善无恶，正言无理也。善恶之名，从理
而立耳。既已有理，恶得言无善无恶乎。就此去草之言证之，则
知天泉之言未必出自阳明也。"

今再细绎《传习录》答薛侃问一节，阳明已明谓天地生意，
花草一般，本无善恶。若吾心未起意去草，则花草之于我心，亦
复一般，亦无善恶。若周茂叔窗前草不除，决知不以草为恶也。
逮其生心去草，乃始以草为恶。故曰：无善无恶者理之静，有善

有恶者气之动。此与《天泉证道记》所谓无善无恶者心之体,有善有恶者意之动二语,义旨相发,并无二致。梨洲谓善恶之名,从理而立,此非阳明意。阳明乃谓善恶之分,起于吾心之好恶。当吾心好恶未形,则内之吾心,外之万物,一体平等,各无善恶可言,故曰理之静。阳明以理之静对气之动,则阳明意乃谓理无善恶,及于气而始见有善恶也。梨洲则谓阳明盖言静为无善无恶,不言理为无善无恶,此显是存心回护。阳明真意,实不如此。惟阳明既言无善无恶理之静,有善有恶气之动,把理之静与气之动对言,又却并不专向理之静一边去。故曰:草若有碍,何妨汝去。只不作好恶,即是不曾好恶一般。是气之动仍与理之静一般。故曰即便吾心有善有恶,而不从躯壳起念,仍无害于其无善无恶之真,此之谓循理,即是善。惟是吾心于好恶上多着了一分意思,如真实认草为恶,此之谓作好作恶,此便是动气,如此则是恶非善。故曰:循理便是善,动气便是恶。循理并非无好无恶,只是好恶一循于理,不去着一分意,便如不曾好恶一般。如此则虽亦分善分恶,而到底并无善恶之分。如此言之,则岂非天地本体本自无善无恶。阳明主要意在教人不从躯壳上起念,又要人于心所好恶上不着一分意见。但不知果不分躯壳,又何来有天地万物。又去了草,不真实认草为恶。但若不真实认草为恶,又为何要去草。此等皆无以自全其说。阳明意,实只言天地万物一体,无善恶之分,故此心亦当无善恶,无好恶。此与《论语》所谓惟仁者能好人能恶人,其实并不同。若其心认定花是善,草是恶,花必培,草必去,便是动气了。亦即是不循理。如此则《中庸》所谓栽者培之,倾者覆之,又当如何解。故阴明答薛侃之意大体本与天泉桥四句教法相似，焉得转据答薛侃者，反疑天泉桥所言不出阳明。且阳明说好恶便是良知。即知良知决非仅属照心。倘此心果如明镜，仅主于照，则照心并无好恶可言。花草一般有生意，如何又在此心上照出其善恶来。可知以照心说良知，到底不得不如老佛落在无上去，对外惟当一切不管。今既说良知即好恶，便知良知不能专以明镜为喻。若谓良知能照知物之好恶，则在物本身本无好恶可言。好恶属心，不属物，故知阳明好以明镜喻良知，终是认性未真切也。

阳明又曰：

> 不思善不思恶时认本来面目，此佛氏为未识本来面目者设此方便。本来面目，即吾圣门所谓良知。今既认得良知明白，已不消如此说矣。

是阳明明言良知，即犹佛家之所谓本来面目也。佛家本来面目，在不思善不思恶时认。此与孟子言良知又是大不同。故阳明又必以无善无恶为心体也。阳明又曰：

> 无所住而生其心，佛氏曾有是言，未为非也。明镜之应也，妍者妍，媸者媸，一过而不留，即是无所住处。

然物之妍媸可以一去不留。岂孝亲敬长，亦可一去不留乎。且佛氏谓无所住而生其心，其工夫吃紧处，不在无所住，而在生其心。倘只是一过不留，是虽无所住而亦不能生，乃是断灭种性。

将入于枯木死灰，终成无好恶，又岂不作好不作恶而已。孟子言所过者化，尚有所存者神。无所存之神，所过亦未必能化。明镜照物，仅能一过不留，并说不上所过者化，正为其无所存者神耳。且明镜之照，妍者妍，媸者媸，而明镜别无好恶之见存。若人心照物，亦如明镜，则花是花，草是草，花尽妍，草尽媸，花草妍媸亦无别，在人心上又如何安放得一份好恶来。在人心上既安放得一分好恶，便知此心不尽如明镜。明镜只能无所住，却不能生，心则能生。须说到心之能生处，始是心之体，此体则便是性。阳明以良知为心体，以好恶为良知，此义却可说。只缘阳明认性不真切，故又时时以明镜喻心。由此一错，便入歧途。故阳明以无善无恶为主体，仅得为遮拨义，非究竟义也。心体自有一片好恶之诚，孟子所谓根于心，睟于面，盎于背。自有天机，自有生趣。岂得如明镜。今曰心如明镜，曰无善无恶，则此心至多有当于《中庸》之所谓明，而无当于《中庸》之所谓诚。至多有合于佛氏之所谓无所住，而不能合于佛氏之所谓生。若由此而谓以有为为应迹，以明觉为自然，则恐不仅无当于中土圣人之所谓至善之性，亦且无当于彼佛菩萨之所谓佛性。当知佛性亦自有种子，亦自具生理，亦不全如明镜也。

朱子亦以虚明灵觉言心，然须能明得此理，觉得此理。此始是心之虚灵，乃能明得觉得。而求使此心虚灵，则另有一番工夫，待其明得觉得后，乃可言心即理。苟其不虚不灵，不明不觉，即不得言心即理。孟子言良知，乃据孩提之童言。又曰：大人者，不失其赤子之心者也。苟非大人，则孩提时之良知，每易失去，此在孟子谓之放心。阳明言良知，实即如言心，遂有江右王门现成良知之疑。是阳明言心言良知，非儒非释，非孟非朱，而自成一说也。

梨洲又曰：阳明所谓无善无恶者，无善念恶念耳，非谓性无善恶也。意之有善有恶，亦是有善念恶念，两句只完得动静二字。他日语薛侃曰："无善无恶理之静，有善有恶气之动，即此两句。所谓知善知恶者，非意动于善恶。从而分别之而为知，知亦只是诚意中之好恶。好必于善，恶必于恶，无是无非而不容已者，虚灵不昧之性体也。为善去恶，只是率性而行，自然无善恶之夹杂。先生所谓致吾心之良知于事事物物也。四句本无病，学者错会，乃谓无善无恶斯为至善。善一也，而有有善之善，有无善之善，无乃断灭性种乎。"

今按：陈九川问："有无念时否。"阳明曰："实无无念时。"若此说谛当，既无无念时，岂得又以无善念无恶念时为心体。且如梨洲意，诚意中之好恶即是善恶，更无所谓是非，凡好皆善，凡恶即恶，是气之动即是理之静，外而天地万物，内而此心良知，此心之有好有恶，此物之可好可恶，将全属一善，问题只在其意之诚否。是则《中庸》只须言诚，不须言明。故梨洲又必以虚灵不昧为性体。此则泯心于性，泯人于天，泯明于诚。于《论语》《孟子》《中庸》所言皆不合，又如何为阳明释疑。

阳明他日又谓心体上着不得一念留滞，此即所谓不思善不思恶时见本来面目，是则阳明所谓心体，本属一无，即慧能所谓本来无一物也。惟弘忍又必教慧能以无所住而生其心，故慧能之告陈惠明有不思善不思恶时见木来面目也。乃阳明又仍以明镜喻心，此乃神秀之偈所云耳。儒释言心本不同，阳明混而言之。而释氏言心，即就禅家言，亦有不同，而阳明又混而言之，故转不如龙溪之言四无，阳明乃不得不为之首肯也。

阳明又云："性善之端，须在气上始见得。若无气亦无可见矣。恻隐羞恶辞让是非即是气，程门谓论性不论气不明，亦是为学者各执一边，只得如此说。若见得自性明白时，气即是性，性即是气，原无性气之可分也。"阳明此处言性气不分，无宁是更近于横渠之《正蒙》，故又谓良知之虚，便是天之太虚，良知之无，便是太虚之无形。盖阳明意，以无善无恶为理之静，为心之体，必待气之动而后有恻隐羞恶辞让是非可见，而后有善端可见。其向上一层，则明道所谓人生而静以上不容说也。然在明道意，则以后天气质之性为有善有恶，所以圆成其先天义理之性之为至善无恶也。而阳明又似乎错会了程子意，乃以恻隐羞恶辞让是非为气，谓至此善端始见，则岂不转以证成其性体之本为无善无恶乎。由明道转出朱子，乃有理气之混合一元论。心属气，而恻隐羞恶辞让是非则属理。理必挂搭于气，如恻隐羞恶辞让是非之必发见于心也。必于气中识得有理，即犹必于心中识得有恻隐羞恶辞让是非诸端也。朱子言性即理，而阳明言心即理，又言性气不分，则一切应言至善始得，始与其龙场一悟所提出之良知有交代，而何以必以无善无恶为收场乎？

阳明他日又言："心无体，以天地万物感应之是非为体。"是阳明亦以知是知非为即心体，即是理之静矣，乌得又谓是非乃气一边事。又谓性气不分乎？阳明良知之说，本于其龙场之悟，自谓乃于百死千难中得来，是岂可谓之无，又岂得只谓是气之动。是皆无说可通者。盖阳明平日，于北宋诸儒之说，本多沾染，而辨析未精,又兼杂以老释之言,而又必求反朱子,故其论心性论理气,时有语不圆融之病。岂不如单提良知两字,再不须牵涉到心性理气之诸问题上之真见为简易而直捷乎?即如此条谓性即是气,气即是性,梨洲亦谓其更有商量。而其他可商量处尚多,则贵学者之能审细而求也。

上述皆阳明以良知为心体之说。大体谓良知只是一片好恶之诚,人性之至善即在此。而阳明又喜以明镜之照说之,镜止于照,非有好恶。若曰心能知是非,一如明镜之照物,则成为是非在物而不在心。则不能谓是非本于我心之好恶,而好恶即是天理矣。否则好恶与天理,不能一如明镜之照,又断断然矣。故曰:此处又王学一歧义也。此下请再论其以良知为天地万物之本体之一义。

天地万物一体之说,宋儒亦都主之,惟其间宜可分两派。明道曰:"仁者浑然与物同体。"象山谓"宇宙内事,即吾心内事"。此一派也。濂溪《太极图》,横渠《正蒙》,皆从阴阳五行一气之化证天地万物之一体。晦翁承之,而主一物一太极,万物一太极。此又一派也。王学精神,当属前者,而有时则依违于后说。此又王学一歧点也。实则宋儒两派,本可会通,并不分歧。故伊川之说,乃一本诸其兄明道。朱子承接伊川,而又会通之于濂溪横渠,此可证其实无分歧。惟象山必欲别伊川于明道,乃见若有分歧。阳明承象山,而此分歧乃更显。

阳明常曰:"心之感应谓之物。"又曰:"万事万物之理,不外于吾心。"此一说也。实则心物相交而有所谓感应,亦由心物相交而见有所谓理,上引谓心之感应而谓之物,显有语病。而有时阳明又曰："心外无物。"此则又说之更极端，与前说迥殊，而语病更大。《传习录》，先生游南镇，一友指岩中花树问曰："天下无心外之物，如此花树在深山中，自开自落，于我心亦有何关。"先生曰："你未看此花时，此花与汝心同归于寂。你来看此花时，则此花颜色一时明白起来，便知此花不在你的心外。"此处竟俨如释氏所称三界惟心，山河大地尽妙明心中物矣。此与孟子之言良知又何关。阳明一方既认良知为虚无，一方又认心外无物，此即释氏以山河大地为心，不见有山河大地，山河大地无碍于其所谓空。此皆阳明早年宿习，留滞在心中，故乃不免随顺旧格套，未能摆脱净尽。而从此等处更加推阐，则大足为其良知说之病害。实不如前引绪山一节话，所谓目以天视耳以天听之犹尚较为妥帖也。

或问："人有虚灵，方有良知，若草木瓦石之类，亦有良知否。"曰："人的良知就是草木瓦石的良知。若草木瓦石无人的良知，不可以为草木瓦石矣。岂惟草木瓦石为然，天地无人的良知，亦不可以为天地。"此条更无理致，更属无可证成。

良知二字，本从孟子来，今阳明所谓良知，究不知当作何解。前人每谓象山只言心，不如阳明言良知，较更亲切明白。其实如此等处言良知，则不如象山之但言心字矣。且阳明说心外无物，专从心上说，显是一种绝对的唯心论。但如上引一条，则未免又转向外去。若真循此说下，又不难转成濂溪考亭路脉。兹引阳明弟子欧阳南野一节话以为比较。南野曰：

道塞乎天地之间，所谓阴阳不测之神也。神凝而成形，神发而为知，知感动而万事出焉。万事出于知，故曰皆备于我。而知又万事之取正焉者，故曰有物有则。知也者，神之所为也。神无方无体，其在人为视听，为言动，为喜怒哀乐。其在天地万物，则发育峻极者，即人之视听言动，喜怒哀乐者也。鸢之飞，鱼之跃，以至山川之流峙，草木之生生化化者，亦即人之视听言动喜怒哀乐者也。故人之喜怒哀乐视听言动，与天地万物周流贯彻，作则俱作，息则俱息，而无彼此之间，神无方体故也。故格吾视听言动喜怒哀乐之物，则范围天地之化而不过，曲成万物而不遗，神无方体故也。视听喜怒之外，更有何物。盖古之言视听喜怒者，有见于神，通天地万物而为言。后之言视听喜怒者，有见于形，对天地万物而为言。通则一，对则二，不可不察也。

南野此条，亦可谓是天地万物一体论之又一种阐述。朱子以天地万物融会于理气，理气则是一而二，二而一者。南野则综合天地万物而谓之是一神。神字较理字，更见于先秦之古籍。若循南野说，更加发挥，亦未尝不可上通于孟子与《易》《庸》之境界。而宋儒濂溪明道伊川朱子之两派，亦可由此绾合。实可谓有当于先秦儒传统德性一元论之旨趣。今阳明则谓山中花树不在心外，是犹未免落实于形的一边。其谓天地草木无人的良知便不成其为天地草木，下语更唐大不实，盖阳明亦随顺张皇言之。较之上引南野语，显有偏圆之别。此等处，皆是阳明学自身阐发未臻成熟之境也。

阳明又云：

良知是造化的精灵。这些精灵,生天生地,成鬼成帝,
皆从此出,真是与物无对。

此条大旨,与前引一条无大出入,而下语尤偏著。《老子》谓道
生天生地,神鬼神帝。《易系传》则曰,一阴一阳之谓道。此等
语皆犹可解说。今阳明易之曰良知的精灵,则未免生造。盖阳
明龙场一悟,始拈出良知二字,然仅指在人事上,尚不见有病。
其后推论愈远,而仍用此良知二字,则显见有病。今只可谓阳明
胸中之万物一体论,实依违出入于濂溪明道两可之间,则差得阳
明之本意。此处所谓良知,实即濂溪之太极也。阳明以良知本
体为虚无,即犹濂溪谓无极而太极也。阳明平常推挹濂溪明道,
犹在象山之上。然若论究天地万物之一体,则明道象山差近,当
为一格,濂溪应别为一格。阳明提倡良知,应单从象山路子,不
必牵涉濂溪。今阳明既未能更超一级,融通此两径于一致,而立
说忽彼忽此,此皆其学说阐发未细,未臻成熟之故。

阳明又云:"离却我的灵明,更没有我的天地鬼神万物。"或
问:"天地鬼神万物,千古见在,何没了我的灵明便俱无了。"曰:
"今看死的人,他的天地万物尚在何处。"此条陈义甚肤,乃似一
种极端个人主义的唯心论,亦可谓是一种常识的世俗之见的唯
心论,此正阳明自所讥评从躯壳起念也。若如上引两条之说,良
知生天生地,神鬼神帝,草木瓦石皆有良知,则人之良知,亦只分
得了天地鬼神万物良知之一分。而个人的良知,更属人类良知
之一瞥。与物无对的良知精灵,决不尽于我之方寸间,何得谓离
却我的灵明,便无天地鬼神万物乎。此乃阳明夙昔所存心外无

物之旧意见，而言之更堕落。孟子象山决不如此说。当知有一人一时之心，有万众万世之心。姑以人心道心说之。人心道心虽属一心，而自有辨。人心乃一人一时之心，当下而即是。道心乃万众万世之心，千古而常然。离却当下即是之心，亦不见有千古常然之心，此一义也。然不可谓凡属当下即是者，皆属千古常然，此又一义也。良知灵明，固属当下即是，而尤当要是千古常然。浙中王门有徐鲁源，学于钱绪山，尝谓："求之于心者，所以求心之圣。求之于圣者，所以求圣之心。圣人先得此心之同然，故尽心必证于圣人。《中庸》言至诚无息，将此理生人方有，未生既化之后俱息耶，抑高明博厚悠久无疆之理异于天地耶。"鲁源此说，可以纠上引阳明一番话之偏失矣。故象山言心即理，亦必同举东海南海西海北海之圣人，又必同举千百世之上乃至千百世之下之圣人。包宇宙以为量，奉圣人以为准。岂如阳明随举当前一人一时瞬息变灭之心而轻为之说乎。若果以此心之虚灵为心体，推论之极，而以一人一时之心为当下而即是，此亦言思之相引而必至者。然而不免为狂禅之归，此又阳明言良知一歧义。阳明随顺为说，后学不察，推波助澜，遂至于不胜其流弊也。

　　以上皆举阳明以良知为天地万物之本体之义，其语病尤易见。惟其阳明以良知为天地万物之本体，而又以虚无说良知，谓良知之虚，便是天之太虚。良知之无，便是太虚之无形。日月风雷，山川民物，凡有貌象形色，皆在太虚无形中发用流行。由此说下，又何疑乎以无善无恶为心体，又何疑于龙溪之以四无立教乎？继此有当附论者，则晚明学者盛行之三教合一论，其源亦起于阳明。阳明早年濡染于老佛之说者既深，及其晚节，告语学者，于二氏之说，常明白称引不讳，此已略见于前述矣。兹再举其明显者一条如次。

张元冲问："二氏与圣人之学所争毫厘，谓其皆有得于性命也，不知亦须兼取否。"先生曰："说兼取便不是。圣人尽性至命，何物不具，何待兼取。二氏之用，皆我之用，即吾尽性至命中完养此身谓之仙，即吾尽性至命中不染世累谓之佛。但后世儒者不见圣学之全，故与二氏成二见耳。譬之厅堂三间共为一厅，儒者不知皆吾所用，见佛氏则割左边一间与之，见老氏则割右边一间与之，而已则自处中间，皆举一而废百也。圣人与天地民物同体。儒佛老庄皆吾之用。是之谓大道。"

此可谓是阳明之三教合一论。至龙溪，乃昌言无避忌。

或问龙溪以天根月窟之义。龙溪曰："天地之间，一阴一阳而已矣。阳主动，阴主静，坤逢震为天根，所为复也。乾遇巽为月窟，所为姤也。根主发生，鼓万物之出机。窟主闭藏，鼓万物之入机。阳往阴来之义也。古之人仰观俯察，类万物之情，而近取诸身，造化非外也。一念初萌，洪濛始判，粹然至善，谓之复。复者，阳之动也。当念摄持，翕聚保合，不动于妄，谓之姤。姤者，阴之静也。一动一静之间，天地之至妙者也。夫一阴一阳之谓道，继之者善，即谓之复。

成之者性，即谓之姤，复与姤，人人所共具，百姓特日用而不知耳。颜子择乎中庸，有不善未尝不知，未尝复行，无只于悔，所谓复也。能择而守，拳拳服膺而弗失，所谓姤也。复者，阳乘阴也。姤者，阴遇阳也。知复而不知姤，则孤阳易荡而藏不密。知姤而不知复，则独阴易滞而应不神。知复知姤，乾坤互用，动静不失其时，圣学之脉也。尧夫所谓天根，即师门所谓良知。万有生于无，知为无知之知，归寂之体，即天根也。万物备于我，物为无物之物，应感之用，即月窟也。意者动静之端，寂感之机，致知格物者，诚意之功也。此孔门家学也。"

阳明常引释氏语论学，龙溪乃援道家言畅伸之，可谓有其师必有其弟矣。然龙溪至以邵尧夫之说天根者说师门之良知，则岂阳明龙场驿一悟时之所知乎？又其谓一念初萌，洪濛始判，则不仅儒家无其义，即老释亦无此说，此乃其师答薛侃去草之问之引伸也。

或问老佛虚无之旨与吾儒之学同异。龙溪曰：

先师有言，老氏说到虚，圣人岂能于虚上加得一毫实。佛氏说到无，圣人岂能于无上加得一毫有。吾人今日未用屑屑在二氏身分上辨别同异，先须理会吾儒本宗明白。圣人微言见于《大易》，学者多从阴阳造化上抹过，未之深究。夫乾，其静也专，其动也直，是以大生焉。夫坤，其静也翕，其动也辟，是以广生焉。便是吾儒说虚的精髓。无思也，无为也,寂然不动,感而遂通天下之故,便是吾儒说无的精髓。自今言之,乾属心,坤属身。心是神,身是气。身心两事,即火即药。元神元气,谓之药物。元气往来,谓之火候。神专一则自能直遂,性宗也。气翕聚则自能发散,命宗也。真息者,动静之几,性命合一之宗也。一切药物,老嫩浮沉,火候文武进退,皆于真息中求之。大生云者,神之驭气也。广生云者,气之摄神也。天地四时日月有所不能违焉,不求养生而所养在其中,是之谓至德。尽万卷《丹经》,有能出此者乎。无思无为,非是不思不为。念虑酬酢,变化云为,如镜之照物,我无容心焉,是故终日思而未尝有所思也,终日为而未尝有所为也。无思无为,故其心常寂,常寂故常感。无动无静,无前无后,而常自然。不求脱离,而自无生死可出,是之谓《大易》。尽三藏释典,有能外此者乎。先师提出良知二字,范围三教之宗,即性即命,即寂即感,至虚而实,至无而有,千圣至此,骋不得一些精采,活佛活老子至此,弄不得一些伎俩。同此即是同德,异此即是异端,如开拳见掌,是一是二,晓然自无所遁也。不务究明本宗,而徒泥执名象,缠绕葛藤,只益纷纷射覆耳。

读龙溪此条,可见王门当时确有以良知二字范围三教之意。惟龙溪不从孟子说良知,改从《大易》说良知,更为别开生面。龙溪晚年所至接引,自两都及吴楚闽粤,皆有讲舍,而江浙为尤盛。每会常数百人,龙溪年至八十,犹不废出游,其精神盖几几自讲学转而为传教。温陵李贽于龙溪尤赞叹佩服,以为前无往古,今无将来。后有学者，可以无复著书矣。然王学至于李贽之徒，亦遂横流放滥，不可复从而究诘之，而王学遂自此堕地不复振。夫范围三教，融通归一，岂非学术界一大业，思想界一大事。惟其言思意境，必能卓乎有以超乎三家之上，乃始可以包络乎三家之外，而后三家之异同乃可融会消摄于我范围之内，而俱以为我之用。否然者，随顺含糊，管摄不住，终必决裂以去。抑且自乱本宗，精微昧失，粗迹流传，其害不可胜言矣。故君子之论学，别异尤审于会同。张程言理一，必言分殊。朱子言格物，今日格一物，明日格一物，贵能即物而格，而豁然贯通，则期之不知谁何日之一旦。岂得以尊德性为易简，而目道问学为支离乎？孔子曰：十室之邑，必有忠信如丘者焉，不如丘之好学也。岂十室之邑之忠信，即是易简。而孔子之好学，乃为支离乎。孟子曰：予岂好辨哉，予不得已也。至若阳明龙溪之为辨，则后人实有不得其不得已之所在者，是亦不可以无辨也。

此稿刊载于一九四四年十一月
《思想与时代》月刊第三十七期

略论王学流变

阳明良知之学，简易直捷，明白四达，兼扫荡和会之能事。且阳明以不世出之天姿，演畅此愚夫愚妇与知与能之真理，其自身之道德功业文章，均已冠绝当代，卓立千古，而所至又汲汲以聚徒讲学为性命，若饥渴之不能一刻耐。故其学风淹被之广，渐渍之深，在宋明学者中，乃莫与伦比。即伊川晦翁，皆所不逮。惟其所提良知宗旨，即在及门弟子中，已多出入异同，而末梢更甚。举其著者，有浙中泰州江右三派。

浙中为阳明乡里，承风最先。弟子著者有钱绪山(德洪)王龙溪(畿)。四方来学者，先由二人疏通其大旨，乃卒业于阳明，一时称教授师。阳明卒后，二人主持江浙宣歙楚闽各地讲会，历数十年。故阳明学之宏扬，二人之功最大。阳明初教学者以默坐澄心之学，晚年始提致良知宗旨，二人亲炙最久，于此独多发挥。绪山之言曰：

夫镜物也，故斑垢驳杂，得积于上，而可以先加磨去之功。吾心良知,虚灵非物,斑垢驳杂停于何所?磨之之功,又于何所乎?今所指吾心之斑垢驳杂者,非气拘物蔽乎?既曰气拘物蔽,则由人情事物之感而后有。今将于未涉人情事物之感之前而先加致之之功,又将何所施耶?(《答聂双江》)

又曰:

离已发而求未发,必不可得。久之则养成一种枯寂之病,认虚景为实得,拟知见为性真,诚可慨也。(《复何吉阳》)

绪山此说,确承阳明晚年事上磨炼与必有事焉之教而来。尝指画廊《真武流形图》曰:观此可以证儒释之辩。众曰,何如?曰:真武山中久坐,无得,欲弃去,感老妪磨针之喻,复坐二十年,遂成至道。今若画尧流形图,必从克明峻德亲九族以至协和万邦。画舜流形图,必从舜往于田,自耕稼陶渔以至七十载陟方。又何时得在金碧山水中枯坐二三十年,而后可以成道耶?绪山此说,与此后颜习斋分画孔孟程朱两讲堂之喻,先后如出一口。良知之学,由此入手,断无沉空守寂之病。又若依照绪山此番意见,为诸色人等各画一幅流形图,则必成为阳明拔本塞源论中之理想社会,以其各有所事,绝不蹈空也。此是绪山确守师门宗旨处。

绪山又有《天成篇》,大意谓:

　　吾人与万物混处于天地之中,其能以宰乎天地万物者,心也。天地万物有声,而为之辨其声者心也。天地万物有色,而为之辨其色者亦心也。是天地万物之声非声,由吾心听斯有声。天地万物之色非色,由吾心视斯有色。天地万物之变化非变化,由吾心神明之斯有变化。

　　然吾心为天地万物之灵者,非吾能灵之,吾一人之视其色若是矣,凡天下之有目者同是明也。一人之听其声若是矣,凡天下之有耳者,同是聪也。一人之思虑其变化若是矣,凡天下之有心知者,同是神明也。匪徒天下,凡前乎千百世以上,后乎千百世以下,其耳目心知亦无弗同。然则明非吾之目,天视之也。聪非吾之耳,天听之也。变化非吾之心知,天神明之也。

　　吾心为天地万物之灵,惟圣人能全之。非圣人能全之,夫人之所同也。圣人之视色与吾目同,而能不引于物者,率天视也。圣人之听声与吾耳同,而能不蔽于声者,率天听也。圣人之思虑与吾心知同,而不乱于思虑者,通神明也。故曰圣人可学而至。非学圣人也,能自率吾天也。

　　绪山此论,发挥心体,最为有功。大抵言良知者,率本个人言,而不知心体之超个人。其超个人而言心体者,又兼综万物言,不知人与万物自有界限。故言心体,莫如就人心之同然处言。良知非个人心,乃大群心。抑且大群或仅指同时,良知心体并包异世。故良知不仅为大群心,乃实为历史心。良知者,乃就历史大群心之同然处言,即人类悠久不息之一种文化心也。通古今人文大群而言其同然之大体，则人而达于天矣。盖惟到此境地，始为人为与自然之交融点，此即天人合一之真体也。此体本就人文大群而建立，故与主张天地万物皆由吾心中流出者不同，亦与主张天地万物之背后皆属同一心体者有辨。故孟子道性善，言必称尧舜，所以必称尧舜者，非就古今人文大群之全体而求其准则，则不足以见此心体之至善也。故象山亦言，东海有圣人，西海有圣人，千百世之上有圣人，千百世之下有圣人，此心同，此理同。若抹杀海之东西，世之上下，惟我独圣，而言良知，断无是处。

然若依上述意见，则绪山《天成篇》之最末一节，陈义尚待商榷。其言曰：

> 吾心之灵与圣人同，圣人能全之，学者求全焉，则何以为功耶？有要焉，不可以支求也。目蔽于色而后求去焉，非所以全明也。耳蔽于声而后求克焉，非所以全聪也。心知乱于思虑，而后求止焉，非所以全神明也。灵者心之本体，率吾灵而发之目，自辨乎色，发之耳，自辨乎声，发之思虑，万感万应，而其灵常寂，所以全神明也。天作之，人复之，是之谓天成，是之谓致知之学。

夫人心之灵，固与圣人同，然谓吾心之灵同于圣人，有时或不如谓圣人之灵同于吾心。由吾心之灵去认识圣人，有时或不如从圣人之心反过来认识吾心之更便捷，更恰当。尧舜性之，汤武反之。性之是前一路，反之是后一路。尧舜乃上古之圣人，其前无

所启发,故一切皆须自率吾灵,发之天性。汤武已为中古之圣
人,方汤武之未生,而此心之灵,固已昭昭于天壤间矣,故汤武不
俟一一发之于己,由其前多有启发,反之我心而见其同然,此亦
一性之也。若汤武必效尧舜,一切必自率吾灵而始得谓之性,则
天地永为上古之天地,性灵亦永为上古之性灵,人文演化,不见
日新之妙矣。且即以尧舜言,舜居深山之中,与木石居,与鹿豕
游,及其闻一善言,见一善行,沛然若决江河,可见舜亦不纯乎性
之者。舜之闻善言,见善行,而沛然若决,即舜之由外反之也。
故曰大舜善与人同,乐取于人以为善。洵知取于人以为善,何必
果于自率己灵?千百世之上,有圣人焉,此心同,此理同,千百世
以上圣人之心灵,即吾心之灵也。服尧之服,言尧之言,行尧之
行,斯亦尧而已矣。必如是乃见心体之广大。故曰多识前言往
行以蓄我德,惟其心同理同,故前言往行,反之我心,即我心之德
也。阳明尝言,有百镒之黄金,有一两之黄金,其分两异,其成色
同。然即为一两之黄金,亦非可弃学而自成。试观老农老圃,日
出而作,日入而息,彼岂止自率吾灵?彼固已承袭乎千百世以来
人之心灵之经验积集而为老农老圃。必如是乃始谓天作之,人
复之。夫所谓人者,固必将通物我,互古今,累千百世而上下一
焉。庄生曰:参万岁而一成纯,乃始谓之人耳。岂专区区于七尺
之躯,百年之寿,而乃谓之人乎?阳明本意谓一两之金与百镒之
金,其为精金则一,然并不专欲人为一两之金。凡必欲自率吾
灵,以为致知之全功者,此皆易于限人为一两之金,而忽忘百镒
之贵重。由其忽忘大众心,而拘束于小我心,忽忘文化心,而徘
徊于现前心,则天乃昭昭之天,人乃藐藐之人,其心灵亦如星星

之火,涓涓之泉,虽亦火然泉流,要之不光明不充沛。此种缺陷,在龙溪呈露更显。

龙溪云:

> 涓流积至沧溟水,拳石崇成太华岑,先师谓象山之学得力处全在积累。须知涓流即是沧海,拳石即是泰山,此是最上一机,不由积累而成者也。

此处提高了涓流拳石,必主不由积累,则易使人由文化心转退到现在心,势必主张当下即是,现前具足。罗念庵极怀疑现成良知而龙溪非之,谓:

> 念庵谓世间无有现成良知,非万死功夫,断不能生,以此较勘虚见附和之辈,未为不可。若必以见在良知与尧舜不同,必待功夫修证而后可得,则未免矫枉之过。曾谓昭昭之天与广大之天有差别否?

龙溪必认昭昭之天即广大之天,犹其谓涓流即沧溟,拳石即华岑也。此种意见,固是直承阳明精金之喻而来,但若推义至尽,则现在的心灵,只如电光石火,一闪一闪,变动不可捉摸,必认真此处入手,则最多只是所谓天机一片而已。龙溪谓:

> 现在一念,无将迎,无住著,天机常活,便是了当,千百年事业更无剩欠。

此种境界,显与禅宗无大区别。一切价值,全在当下认取,更不受其他衡量,如此则易使人生专走向活泼自在脱洒快乐的路上去。故龙溪曰:

> 乐是心之本体,本是活泼,本是脱洒,本无挂碍系缚。

由此便与泰州路脉接笋。阳明尝云:

> 某于此良知之说,从百死千难中得来,不得已与人一口说尽。只恐学者得之容易,把作一种光景玩弄,不实落用功,负此知耳。

其实龙溪心斋早有把良知作光景玩弄之意味。若论活泼快乐,天机自在,此本人人可有,时时可有,但若张皇过甚,实际是愚夫愚妇,砍柴担水,却定要说成天德王道,神机妙用,则便成何心隐李卓吾之流。彼辈已早在龙溪讲学时期活跃。顾亭林《日知录》谓,龙溪之学,一传为何心隐,再传为李卓吾陶石篑,梨洲《学案》以心隐石篑入泰州,于卓吾则讳而不言。今若再将此种现在心灵天机活泼处,向里一层更细追求,则:

> 当下本体,如空中鸟迹,水中月影,若有若无,若沉若浮。

只成"一点虚明","无中生有"。如此则自然要说成"心是无善无恶之心,意是无善无恶之意,知亦是无善无恶之知,物亦是无善无恶之物"。如此则良知学便走上了狂禅路子。梨洲之论绪山龙溪曰:

> 两先生之良知,俱以现在知觉而言,于圣贤凝聚处,尽与扫除,在师门之旨,不能无毫厘之差。龙溪从现在悟其变动不居之体,绪山只于事物上实心磨练,故绪山之彻悟,不如龙溪,龙溪之修持,不如绪山,乃龙溪竟入于禅,而绪山不失儒者矩矱,何也。龙溪悬崖撒手,非师门宗旨所可系缚,绪山则把缆放船,虽无大得,亦无大失耳。

又曰:

> 象山之后不能无慈湖,文成之后不能无龙溪,以为学术之盛衰因之。

皆的评也。

与龙溪论学意趣相近者为泰州学派。泰州学派始王心斋(艮)。梨洲谓:

> 阳明先生之学,有泰州龙溪,而风行天下,亦因泰州龙溪而渐失其传。泰州龙溪时时不满其师说,益启瞿昙之秘而归之师,盖跻阳明而为禅矣。然龙溪之后,力量无过于龙溪者,又得江右为之救正,故不至十分决裂。泰州之后,其

人多能赤手以搏龙蛇,传至颜山农何心隐一派,遂非复名教之所能羁络矣。

今若以龙溪论良知,侧重了现在心,而忽略了文化心,则心斋论良知,却是注重了小我心,而忽略了大群心。同是一偏,而症候微别。心斋论格物,后人称之为淮南格物说,大意谓身与天下国家一物而身为之本,故欲齐治平在于安身,知安身者则必爱身敬身。爱身敬身者,必不敢不爱人不敬人。能爱人敬人,则人必爱我敬我,而我身安矣。一家爱我敬我则家齐,一国爱我敬我则国治。天下爱我敬我则天下平。故曰:

> 知得身是天下国家之本,则以天地万物依于己,不以己依于天地万物。

又曰:

> 出必为帝者师,处必为天下万世师,学不足以为人师皆苟道。

故心斋主张尊身,谓:

> 身与道原是一件。

但心斋却不知道与身未必是一件。过分把身的地位提高,故为

明哲保身论，谓明哲即是良知，明哲保身即是良知良能。不悟此
种良知良能，愚夫愚妇与知与能，若用阳明拔本塞源论里理想的
社会观点来看，把小我溶入大群中，此说尚无大病。今心斋却高
提身的地位，变成一种独出的小我中心观，则此种保身论便有讨
论余地了。

心斋第二论点，要推他的乐学论，他有一首《乐学歌》说：

> 人心本自乐，自将私欲缚。私欲一萌时，良知还自觉。
> 一觉便消除，人心依旧乐。乐是乐此学，学是学此乐。不乐
> 不是学，不学不是乐。乐便然后学，学便然后乐。乐是学，
> 学是乐。呜呼！天下之乐，何如此学，天下之学，何如此乐。

原来良知流行，活泼自在，本有一种乐的境界。但若把乐的价值
太提高了，说成学只为了乐，乐即便是学，如此则不从良知上寻
乐，却转从乐上去认良知，此处便又有歧。因此我们可以说，心
斋的良知学，是一种自我中心之快乐主义者。而彼之所谓乐，又
只是一种为天下万世师的心乐。只由内心估价，不受外市折扣，
如此则自然要使泰州学派走上狂者路子。这都与心斋的才气及
其早年环境有关。

惟心斋是粗豪人物，其论学语只如上述，大体只是狂，还不
是禅。至其子东崖(襞)幼年随父入浙，阳明使师绪山龙溪，又开
始把龙溪的现前良知论与其父心斋的自我心乐说相和会，于是
泰州学说遂益恣肆，乃始有禅的意味。大抵东崖之学，以不犯手
为妙。鸟啼花落，山峙川流，饥食渴饮，夏葛冬裘，至道无余蕴。

充拓得开，则天地变化草木蕃。充拓不去，则天地闭贤人隐。东崖谓，今人才提起一学字，却似便要起几层意思。不知原无一物，原自现成。将议论讲说之间，规矩戒严之际，工焉而心日劳，勤焉而动日拙。忍欲希名，而夸好善，持念藏秽，而谓改过。据此为学，百虑交锢，血气靡宁矣。泰州学派由此遂如狂澜之决，徐波石、赵大洲、颜山农、罗近溪、何心隐、李卓吾辈打通儒释，掀翻天下。与其专说是泰州派，其实不如说是泰州与龙溪之合流，更为近情。独心斋弟子王一庵（栋）于师门步趋不失，而醇正深厚抑有过之。然泰州有一庵，正犹浙中有绪山，要之学术大潮则在彼不在此。

一庵之贡献，在其对于诚意提出新解释。阳明致知，心斋格物，一庵诚意，皆援据《大学》，直承朱子《格物补传》的问题而来，其是否有当于《大学》原义，此当别论，惟在良知学说发展途径中，则一庵意见，实甚重要。一庵之意，不仍旧说以意为心之所发。谓：

> 旧谓意者心之所发，教人审几于动念之初。窃疑念既动矣，诚之奚及。盖自身之主宰而言谓之心，自心之主宰而言谓之意。心则虚灵而善应，意有定向而中涵。自心虚灵之中，确然有主者而名之曰意耳。

又曰：

> 诚意工夫在慎独，独即意之别名。以其寂然不动之处，

> 单单有个不虑而知之灵体自做主张，自裁生化，故举而名之
> 曰独。少间挽以见闻才识之能，情感利害之便，则是有所商
> 量依靠，不得谓之独矣，……知诚意之为慎独，则知用力于
> 动念之后者悉无及矣。

本来宋明学偏重的争点，只在心性二字上。伊川晦翁偏重性，便不免要向天地万物的后面去寻找一本体。象山阳明偏重心，说到性处，往往疏略不见精彩，如是则又似只偏在现象一方面。阳明云：性只是心之体，又说知是心之本体，但你若看重知字，则自易偏向已发处。及其弊，则即流行即本体，又落禅宗窠套。龙溪泰州皆由此走失。今一庵提出意字，说其有定向而中涵，不下本体字，而恰恰坐落到孟子性字的意义上。当知性正指人心之有定向处，而又是涵于人心之中，非独立于人心之外。故一庵诚意慎独之说，正可补救阳明良知学易犯之流病，使人回头认识心体，则不致作一段光景玩弄。但心之定向，由一人一世看，尚不如由千万人千百世看，更为明白是当。一庵对此处，惜未见有所发挥。则慎独之学，到底又不免要转入江右主静归寂的路去。此后刘蕺山亦主诚意慎独，与一庵意思不谋而合。黄梨洲仍袭师说，故谓姚江之学，惟江右得其传，其实此意亦仍待商量也。

　　江右王门以邹东廓（守益）罗念庵（洪先）罗两峰（文敏）聂双江（豹）为著。但惟双江念庵专拈归寂主静，确然与浙中树异。当阳明征思田，双江书问勿忘勿助，阳明答书，此间只说必有事焉，不说勿忘勿助，专言勿忘勿助，是空锅而爨也。此可谓是阳明之晚年定论。但双江讲学，则刻意注重阳明早年教法，提倡静坐，

使能归寂以通感。一时同门皆疑其说，其一则谓道不可须臾离，
今曰动处无功，是离之也。其一则谓道无分于动静，今曰工夫只
是主静，是二之也。其一谓心事合一，心体事而无不在，今曰感
应流行着不得力，是脱略事为，类于禅悟也。独罗念庵于双江深
相契合，谓双江所言真是霹雳手段，许多英雄瞒昧，被他一口道
着，如康庄大道，更无可疑。故念庵又特提濂溪主静二字，谓

> 良知固出于禀受之自然，然欲得流行发见，常如孩提之
> 时，必有致之之功。非经枯槁寂寞之后，一切退听，而天理
> 炯然，未易及此。学者舍龙场之惩创，而谈晚年之熟化，岂
> 止躐等而已。

大体念庵意见与龙溪所隔亦只一间，龙溪尝谓以世界论，是千百
年习染，以人身论，是半生依靠。学问须识真性，始能不落陪奉。
念庵思想正从此等处逼进。念庵谓：

> 只在话头上拈弄，至于自性自命伤损不知。当下动气
> 处，自以为发强刚毅。缠黏处，自以为文理密察。加意陪
> 奉，却谓恭敬。明白依阿，却谓宽仁，如此之类，千言万语莫
> 能状其情变。

此等处，便成所谓伪良知，其实亦只是习染依靠陪奉，其病根则
仍在不识自己真性命。念庵因此重新提出濂溪主静无欲的口
号，作为对症下药。主静是工夫，无欲则是境界，其与龙溪意见

相歧处，则在现前良知之可靠与否。惟其现前良知不可靠，故须有致良知一番功夫，始可复到良知本体。念庵又谓：

> 阳明拈出良知，上面添一致字，便是扩养之意。今却尽以知觉发用处为良知，至又易致字为依字，则是只有发用，无生聚矣。木常发荣必速槁，人常动用必速死，天地犹有闭藏，况于人乎？是故必有未发之中，方有发而中节之和。必有廓然大公，方有物来顺应之感。

可见念庵所谓工夫，只重在收敛保聚。聂双江因系狱经年，闲久静极，忽见此心真体，喜曰：此未发之中也，守是不失，天下之理皆从此出矣。念庵辟石莲洞，默坐半榻间，不出户者三年。王龙溪恐其专守枯静，访之。念庵曰：往年尚多断续，近来无有杂念，杂念渐少，即感应处便自顺适。即如均赋一事，至今半年，终日纷纷，未尝敢厌倦执著放纵张皇，惟恐一人不得其所。一切杂念不入，亦不见动静二境，自谓此即是静定工夫。非纽定默坐时是静，到动应时便无著静处也。其实念庵此等境界，颇似明道《定性书》，确是接近濂溪门路。然视明道《识仁篇》意境，则未免又疏隔。江右之学，用以纠正浙中王门承领本体太易之病，自属一道。若在此提掇过猛，则枯槁寂木之后，所谓天理炯然者，恐终不免带有一些萧然世外之概。此种天理，又恐严净有余，生趣不足。而且此等工夫，若非身在方外，则必士大夫之居有特殊环境者然后能之。如阳明之龙场驿，双江之诏狱，此本偶遇，非可专求。抑又岂能人人效念庵各辟一石莲洞默坐三年而不出乎？抑且刻意向里寻求,虽于世俗习染依靠,可有许多洗涤澄清,但到底还是一个现前当下,还是在小我腔子里,还是凑泊不上大群心与文化心,依然是把昭昭之天来作整个天体看。所以说江右与浙中所隔只一间。江右王门如双江念庵,依然是走了偏路,未得为大中至正之道。此下如东林高忠宪,湘西王船山论学,都颇近江右,尤其是念庵论学之轨辙。论其在晚明学术界影响,江右实超过浙中。但王学实在是一个活泼生动的,江右以后,又转静细萧散,不免带有道家气。若再加上一些严密的意味,便又要由王返朱。晚明学术,只在此处绕圈子,更无新出路,这是宋明理学衰歇之象征。

此稿刊载于一九四七年三月
《思想与时代》月刊第四十三期

王龙溪略历及语要

龙 溪 略 历

三七年冬,避难衡山,读《王龙溪先生集》,略谱其年历,并识其讲学之大要。

宏治十一年戊午　先生生。

正德十四年己卯　先生年二十二。

是岁王文成讨宸濠。《学案》云,弱冠举于乡,应在此年稍前。

嘉靖二年癸未　先生年二十六。

试吏部不第,叹曰:"学贵自得耳!"立取京兆所给路券焚之归,卒业师门。文成为治静室居之,逾年大悟,尽契师旨。

嘉靖五年丙戌　先生年二十九。

复当会试,文成命往,曰:"吾非欲以一第荣子,顾吾之学疑信者犹半,及门朴厚者未尽通解,颖慧者不尽敦毅,能阐明者无逾子。今当觐试,仕士咸集,子其往焉。"是岁,同门钱绪山亦在选,时阁部大臣多不喜学,相语此非吾辈仕时也,不就廷试而归。

嘉靖七年戊子　先生年三十一。

天泉证道。《学案》云,文成征思田,绪山与先生居守越中书院。送至严滩而别。

天泉证道,龙溪始创四无之论,得阳明印可。谓四无为上根人立教,四有为中根以下人立教。上根者,即本体便是工夫,顿悟之学也。中根以下者,须用为善去恶工夫,以渐复其本体也。此处阳明分说顿渐,显然承袭禅义。

《学案》又谓,先生之论,以正心为先天之学,诚意为后天之学。从心上立根,无善无恶之心,即是无善无恶之意,是先天统后天。从意上立根,不免有善恶两端之抉择,而心亦不能无杂,是后天复先天。今按:性属先天,心属后天,孟子尽心知性,即以后天复先天也。大抵程朱承其说。陆王不喜分别心性,一切从心上立根,此承禅宗来。至龙溪而大肆其旨。慧能曰:吾心即佛性,即以先天统后天也。

又按：阳明言良知，语本孟子。龙溪尤喜道家言，故好以康节治《易》语阐其师说。

又按：后人论王学，率辨天泉证道，不知同年稍后，尚有严滩送别。《传习录》卷下，先生起征思田，德洪与汝中追送严滩。汝中举佛家实相幻相之说。先生曰：有心俱是实，无心俱是幻。无心俱是实，有心俱是幻。汝中曰：有心俱是实，无心俱是幻，是本体上说工夫。无心俱是实，有心俱是幻，是工夫上说本体。先生然其言。今按：此谓有心俱是实，乃指先天之心言。无心俱是实，则指后天之心言。本体属先天，工夫属后天。此证阳明晚年，天泉桥及严滩两番话，皆发挥禅义，亦惟龙溪得其心传。

嘉靖八年己丑　先生年三十二。

文成卒，龙溪绪山方赴廷试，因文成征思田归，渡江复返，迎至严滩，闻讣，于是共奔至广信，成丧，扶榇归越，筑场庐墓，心丧三年。

嘉靖十一年壬辰　先生年三十五。

始赴廷对。是年授南京职方主事。

嘉靖二十八年己酉　先生年五十二。

夏赴宁国水西会，有《水西会约题词》。仲秋，偕钱绪山携浙徽诸友赴会冲元,凡百余人,有《冲元会记》。

今按:《冲元会记》有云:今人讲学,只是比拟卜度,与本来生机了不相干。若能于日用货色上料理,时时以天则应之,超脱净尽,乃见定力。又曰:灵明无内外,无方所。戒惧亦无内外,无方所。识得本体,原是变动不居,虽终日变化云为,莫非本体之周流矣。此即五祖以《金刚经》应无所住而生其心一语告六祖之义。凡龙溪主张,按之禅义皆合,求之《语》《孟》,则有未易体会者。

嘉靖三十年辛亥　先生年五十四。

秋过苏,有《道山亭会语》。

嘉靖三十二年癸丑　先生年五十六。

《水西精舍会语》,谓先是癸丑会于郡城,在今年。

嘉靖三十三年甲寅　先生年五十七。

春赴江右之游,秋入武夷,历鹅湖,返棹广信,莅闻讲书院之会,有《闻讲书院会语》。

嘉靖三十六年丁巳　先生年六十。

五月自齐云趋会星源，馆普济山房，聚处凡数十人，有《书婺源同志会约》。又赴新安福田之会，有《书进修会籍》。又赴宁国水西会，先后至者百余人，十三日而解，有《水西同志会籍》。

嘉靖四十年壬戌　先生年六十四。

仲冬，自洪都趋抚州，莅拟砚台之会，有《抚州拟砚台会语》。有云：涓流积至沧溟水，拳石崇成太华岑。先师谓象山之学得力处全在积累。须知涓流即是沧海，拳石即是泰山。此是最上一机，不由积累而成者也。此处是龙溪发挥师义，然视象山蔑如矣。以此推之，龙溪于禅，实应在马祖之后。赴松原新庐会罗念庵，有《松原晤语》。

念庵谓世间无有见成良知，非万死工夫断不能生。龙溪谓若必以见在良知与尧舜不同，曾谓昭昭之天与广大之天有差别否。今按：《论语》，十室之邑，必有忠信如丘者焉，不如丘之好学也。念庵看重其下一语，龙溪则看重其前一语。

嘉靖四十三年甲子　先生年六十七。

春暮赴宛陵会，时罗近溪为宣州守，大集六邑之士千余人，有《宛陵会语》。龙溪有曰：吾之良知，自与万物相为流通，而无所凝滞。后之儒者，不明一体之义，不能自信其心，反疑良知涉虚不足以备万物，先取古人孝弟爱敬五常百行之迹，指为典要，揣摩依仿，执之以为应物之则，而不复知有变动周流之义，是疑目之不能辨五色,耳之不能辨五声,岂惟失却视听之用,而且汩其聪明之体,其不至聋且瞆者几希。此辨近老子,但显与孟子不同。赴水西会,道出阳羡,时耿楚侗校文宜兴,出访,有《东游会语》。

嘉靖四十四年乙丑　先生年六十八。

春之留都,大会于新泉之为仁堂,有《留都会记》。耿楚侗送至新安江舟中。有《新安福田山房六邑会籍》,云春暮赴新安福田之会,至则六邑诸子候久矣。旧在城隅斗山精舍,改卜于此,盖四月十八日也。凡十余日而会归。文云嘉靖丁丑,嘉靖无丁丑,当系乙丑之误,文又云,窃念斗山相别以来,于会复八九年,当是自丁巳福田之会至是适九年也。夏赴吊罗念庵,复之安城永丰,展拜双江东廓诸人墓。归途与李见罗诸人会于洪都,有《洪都同心会约》。旧附近同志,每月两会,以地址相望百余里,会不能数,每岁为四会,季月望为始,以十日为期。舟过彭蠡,入白鹿,有《白鹿洞续讲义》。

隆庆二年戊辰　先生年七十一。

抵姑苏,赴蔡春台之请,有《竹堂会语》。

隆庆四年庚午　先生年七十三。

秋仲有《建初山房会籍申约》,云新安旧有六邑同志之会,予与绪山钱子更年莅会,初会斗山,后因众不能容,改会于福田,今年秋仲,予复赴会,属休宁邵生汝任辈为会主。相期十月九日会于建初山房。予念甲子与诸君相会,复七年于兹矣。按甲子有《宛陵会语》,则建初之会应在今年。

万历元年癸酉　先生年七十六。

赴南滁之会,适学院耿楚侗期会于留都,乃以秋杪发钱塘,有《南游会记》。

按二年钱绪山卒,年七十九。

万历三年己亥　先生年七十八。

新安旧有六邑大会,每岁春秋以一邑为主,五邑同志士友从而就之。乙亥秋,先生由华阳达新安。郡守萧君乃洒扫斗山书院,聚同志大会于法堂,凡十日而解,有《新安斗山书院会语》。龙溪曰:天生蒸民,有物有则,良知是天然之则,物是伦物所感应之迹。如有父子之物,斯有慈孝之则。有视听之物,斯有聪明之则。感应迹上循其天则之自然,而后物得其理,是之谓格物。非即以物为理也。人生而静,天之性也。物者,因感而有。意之所用为物。意到动物,意流于欲,故须在应迹上用寡欲工夫,寡之又寡以至于无,是之谓格物。非即以物为欲也。物从意生,意正则物正,意邪则物邪。认物为理则为太过。训物为欲则为不及。皆非格物之原旨。此可谓之是龙溪格物说,龙溪承阳明,亦主极端唯心论,认为心外无物,物因感而有。孔孟程朱则以性为天则,但不言性外无物,只言物皆有性。欲亦性之所有。欲而当即为理。故人欲即在天理中,达于天理始称人欲。今龙溪谓欲出于意。阳明主诚意,龙溪殆承师说,主寡欲以至于无欲,乃是格物。伊川朱子则曰居敬穷理,是无欲乃可格物也。大抵阳明龙溪皆主以己意说古书,训诂考据皆非重视。大体龙溪此处之意,乃欲说本来无一物,须无所住而生其心也。

万历五年丁丑　先生年八十。

《太平杜氏重修家谱序》,万历丁丑,余赴宣歙之会,道出太平九龙山。又《图书先后天跋语》,丁丑夏,余赴水西之会,道出桐川。又《桐川会约》,桐川有会旧矣,自吾同门友东廓邹公判广德时,肇建复初院,为聚友讲学之所,予尝三过桐川,与诸友相会,其后兴废不常。兹予赴水西斗山之期,寓径桐川,远近诸友,凡百余人,大会于复初。

万历十一年癸未　先生年八十六。

是岁六月七日,先生卒。

龙溪语要

余既略谱龙溪年历,因稍识其论学独特语。复稍摘其他语之大体较不背于儒义者于此。若学者必过斥阳明龙溪，谓其一无是处，亦非也。

> 儒者之学，以经世为用，而其实以无欲为本。无欲者，无我也。天地万物本吾一体，莫非我也。（《贺中丞新源江公武功告成序》）

今按：天地万物本吾一体，此体乃指良知吾心言。无我指无欲言。

> 儒者之学务于经世，然经世之术，约有二端。有主于事者，有主于道者。主于事者，以有为利，必有所待而后能寓诸庸。主于道者，以无为用，无所待而无不足。（《赠梅宛溪擢山东宪副序》）

此无亦指无我无欲言。

> 儒者之学务于经世，……功著社稷而不尸其有，泽究生民而不宰其能，教彰士类而不居其德。周流变动，无为而成，莫非良知之妙用，所谓浑然一体者也。（《阳明先生年谱序》）

以上三引龙溪言，皆云儒者之学务于经世，而必以无欲为本。然孔子曰：我欲仁，斯仁至矣，岂不较无欲之说为易简而直捷乎。其言经世，专主传道，不言善治，亦其失。

> 双江丈来书，见教立本之旨，于良知诚有所发，但格物处尚须有商量。所谓致知在格物，言致知全在格物上，犹云舍格物更无致知工夫也。如双江所教，格物上无功夫，则格物在于致知矣。（《答罗念庵》）

龙溪所谓格物，即指在日食货色上料理，亦即阳明所谓事上磨练。此乃江右与浙中相异处。

> 君子之学贵于净悟。……入悟有三：有从言而入者，有从静坐而入者，有从人情事变练习而入者。得于言者谓之解悟，触发印正，未离言诠，譬之门外之宝，非己家珍。得于静坐者谓之证悟，收摄保聚，甚有待于境。譬之浊水初澄，浊根尚在，才遇风波，易于淆动。得于炼习者谓之彻悟，磨砻煅炼，左右逢源，譬之湛体冷然，本来晶莹，愈震荡愈凝寂，不可得而澄淆也。（《悟说》）

此亦事上磨练之意。然几疑有不认读书为事之意，亦可怪也。

> 孔门教人之法，见于礼经。其言曰：辨志乐群，亲师取友，谓之小成，强立而不反，谓之大成。未尝有静坐之说。静坐之说起于二氏，学者殆相沿而不自觉耳。古人自幼便

有学，使之收心养性，立定基本，及至成人，随时随地，从事于学，各为所成。后世学绝教衰，自幼不知所养，熏染于功利之习，全体精神，奔放在外，不知心性为何物，所谓欲反其性情而无从入，可哀也已。程门见人静坐，每叹以为善学，盖使之收摄精神，向里寻求，亦是方便法门。先师所谓因以补小学一段工夫也。……良知本体，原是无动无静，原是变动周流，此便是学问头脑，便是孔门教法。（《东游会语》）

阳明初教，以静坐为方便法门，龙溪却不甚重视静坐。梨洲谓之悬崖撒手，此亦其一例。

吾人未尝废静坐，若必藉此为了手，未免等待，非究竟法。圣人之学，主于经世，原与世界不相离。古者教人只言藏修游息，未尝专说闭关静坐。若日日应感，时时收摄，精神和畅充周，不动于欲，便与静坐一般。况欲根潜藏，非对境则不易发。……若以见在感应不得力，必待闭关静坐，养成无欲之体，始为了手，不惟蹉却见在工夫，未免喜静厌动，与世间已无交涉，如何复经得世。独修独行，如方外人则可，大修行人，于尘劳烦恼中作道场，吾人若欲承接尧舜姬孔学脉，不得如此讨便宜也。（《三山丽泽录》）

吾人为学之所大患者，在于包裹心深，担当力弱。

悟须实悟，修须真修。凡见解上揣摩，知识上凑泊，皆是从言而入，非实悟也。凡气魄上承当，格套上模拟，皆是

泥象而求,非真修也。(《留都会记》)

　　窃念吾之一身,不论出处潜见,当以天下为己任。……最初立志便分路径,入此路径,便是大人之学。外此便是小成曲学。先师万物一体之论,此其胚胎也。吾人欲为天地立心,必其能以天地之心为心,欲为生民立命,必其能以生民之命为命。……诚得此体,方是上下与天地同流。宇宙内事,皆己分内事,方是一体之实学,所谓大丈夫事。小根器者不足以当之。(《书同心册卷》)

此稿刊载于一九四一年十月
《责善》半月刊二卷第十五期

摘录《龙溪集》言禅言三教

四十年前在南岳衡山，读王龙溪罗念庵集，各为文以识之。今年重校旧稿，再翻两集，续录《龙溪集》中言禅言三教诸条，缀为斯文，虽不能尽，亦足以见其旨要矣。

龙溪曰：

> 吾儒与禅家，毫厘不同。
> 维摩所说经，亦须理会。此印证法也。
> 固非以维摩为榜样。
> 儒与禅毫厘之辨，亦可以默而识矣。（卷十七《不二斋说》）

此谓毫厘之辨，即犹谓无大异也。又曰：

> 吾儒之学，与禅学俗学，只在过与不及之间。（卷十五《自讼长语示儿辈》）

此言过与不及,即其无大异处。俗即不及,禅则过,凡读儒书而异阳明者,则皆俗学也。又曰:

> 慈湖之学得于象山,超然自悟本心,乃易简直捷根源。说者因晦庵之有同异,遂闲然目之为禅。禅之学,外人伦,遗物理,名为神变无方,要之不可以治天下国家。象山之学,所谓儒者有用之学也。世儒溺于支离,易以易简为异学,特未之察耳。(卷五《慈湖精舍会语》)

此以象山慈湖为儒,晦庵为俗,而儒与禅之辨亦见。禅学外人伦,遗物理,不可以治天下国家,此其与儒异。至其自悟本心则一也。又曰:

> 人议阳明之学亦从慈岭借路过来,非也。非惟吾儒不借禅家之路,禅家亦不借禅家之路。昔香岩童子问沩山西来意,沩山曰:我说是我的,不干汝事。故曰:丈夫自有冲天志,不向如来行处行。圣人先得我心之同然,印证而已。若从言句承领,门外之宝,终非自己家珍。人心本来虚寂,原是入圣真路头。虚寂之旨,羲黄姬孔相传之学脉,儒得之以为儒,禅得之以为禅,固非有所借而慕,亦非有所托而逃也。若夫儒释公私之辨,悟者当自得之。(卷七《南游会纪》)

儒与禅同出心源,皆非向外面借路。晦庵言句承领,则不免为俗学。又曰:

虚者气之府，寂者生之机。今以虚寂为禅定，谓非致知之旨，则异矣。佛氏以虚寂为性，亦以觉为性，又有皇觉正觉圆觉明觉之异。佛学养觉而啬于用，时儒用觉而失所养，此又是其大异处。（卷六《致知议辨》）

儒与禅同主虚寂，同养此觉。时儒即俗儒，则不免大异。又曰：

先师一生教人吃紧处，只有在格物三字。吾人学道切要处，亦只有在格物三字。此儒释毫厘之辨。（卷十《答吴悟斋》）

阳明言致良知，此为儒禅所同。惟言格物，则不啬于用。毫厘之辨，在此而已。又曰：

文公曰：人之所以为学，心与理而已。心虽主乎一身，而体之虚灵，实以管乎天下之理。理虽散在万事，而用之微妙，实不外人之一心。是其一分一合之间，已不能无启学者心理为二之弊。若先师于格物之旨，则是物理不外于吾心，虚灵不昧，众理自此而具，万事由此而出，合心与理而为一者也。文公谓天下之物，方圆轻重长短，皆有定理。必外之物格，而后内之知至。先师则谓事物之理，皆不外于一念之良知。规矩在我，而天下之方圆不可胜用。无权度，则无轻重长短之理矣。毫厘千里之谬，不于良知察之，亦将何所用其学乎？（卷十《答吴悟斋》）

程朱主性即理,陆王主心即理,心性不分,近于佛学。龙溪承之,故以虚寂为性,觉为性,格物即格此规矩之在我者。必主物不外心,而主心与物一。故致知即格物。如此则禅自与儒为近,程朱乃与儒为远也。

龙溪既并言儒禅,亦并言儒佛。

> 问良知之教与佛教同异。予谓良知性之灵,心之觉体。佛是觉义。即心为佛,致良知即是开佛知见。同异未暇论也。(卷二十《亡室张氏安人哀辞》)

又曰:

> 先师谓吾儒与佛学不同,只毫发间,不可相混。盖师门归重在儒,儒佛如太虚,太虚中岂容说轻说重,自生分别。儒学明,佛学即有所证。(卷六《答五台陆子问》)

又曰:

> 世出世法本非两事,在人自信自悟,亦非和会使之一也。(同上)

如此则儒佛同此良知,所异在毫发间,即世出世之辨。而本非两事,故明儒学即可证佛学也。龙溪亦常言会通世出世法,此不详引。又曰:

> 儒学明，佛学始有所证。毫厘同异，始可得而辩。(卷七
> 《南游会纪》)

是龙溪于此乃屡言之。既明儒学可以证佛，则明佛学亦可证儒。
继龙溪言王学最闳动者为罗近溪。龙溪曰：

> 近溪所见，还从禅宗来。(卷十《答冯纬川》)

依龙溪意，近溪乃以禅证儒者。自此以下，以禅证儒者乃日盛。
然龙溪于此亦早言之。故曰：

> 《中庸》未发之旨，乃千古入圣玄机。虚以适变，寂以
> 通感，中和位育，乃其功用之自然，非有假于外也。世之学
> 者，不得其机，未免涉思为，泥典要，甚至求假于形名器数，
> 助而发之，充其知识，以为儒者之学在是矣。语及虚寂，反
> 闵然指以为禅。间或高明之士，有得于禅者。复以儒者之
> 学在于叙正人伦，未尽妙义，隐然若有伸彼抑吾之意，圣学
> 何由而明乎？(卷九《与陆平泉》)

是则圣学不明，正为儒家欲分儒释疆界。伸儒抑释固非是，伸释
抑儒亦不是。龙溪则决然自信为一儒者，与佛徒异。故曰：

> 佛氏行无缘慈，虽度尽众生，同归寂灭，与世界冷无交
> 涉。吾儒与物同体，和畅沂合，盖人心不容已之生机，无可

离处。故曰:吾非斯人之徒与而谁与。裁成辅相,天地之心,生民之命,所赖以立也。(卷七《南游会纪》)

萧良干为《龙溪集序》有曰:

> 先生曰:吾儒极辟禅,然禅家亦有不可及者。昔智者大师四宏誓,曰:未悟者令悟,未解者令解,未安者令安,未涅槃者令涅槃。今吾既得先师印证矣,而忍于独善,不以求同志哉。坐使先师苦心之绪不传,非吾志也,亦吾儒之不及禅者也。故终先生之身,无一日不讲学,不会友。

是龙溪之毕生讲学,自谓乃得阳明印证,亦可谓是一种禅的精神也。

龙溪不讳言禅与佛,又常兼言二氏。故曰:

> 先师有言,老氏说到虚,圣人岂能于虚上加得一毫实。佛氏说到无,圣人岂能于无上加得一毫有,老氏从养生上来,佛氏从出离死生上来,却在本体上加了些子意思,便不是他虚无的本色。吾人今日,未用屑屑在二氏身上辨别同异,先须理会吾儒本宗明白,二氏毫厘,始可得而辨耳。(卷四《东游会语》)

又曰:

吾儒之学明，二氏始有所证，须得其髓，非言思可得而测也。吾党不能反本，自明其所学，徒欲以虚声吓之，只为二氏之所咦。

又曰：

吾儒与二氏之学不同，特毫发间，须从源头上理会，骨髓上寻究，方得相应，非见解言说可得而辨。（卷十六《书陈中阁卷》）

又曰：

二氏之学，虽与吾儒有毫厘之辨，精诣密证，植根甚深，岂容轻议。（卷十六《水西别言》）

是龙溪之于老，亦犹其于释，皆谓其于吾儒，仅有毫厘之相差。明于此，即可证于彼，不烦作分别之辨。此皆承其师晚年宗旨。惟阳明粗抽其绪，而龙溪乃畅加阐发耳。

故龙溪又喜言三教合一，而一缩之于其师之言良知。故曰：

三教之说，其来尚矣。老氏曰虚，圣人之学亦曰虚。佛氏曰寂，圣人之学亦曰寂。世之儒者，不揣其本，类以二氏为异端，亦未为通论也。人受天地之中以生，均有恒性，初未尝以某为儒，某为老，某为佛，而分授之也。良知者，性之灵,以天地万物为一体,范围三教之枢,不徇典要,不涉思为,与百姓同其好恶,不离伦物感应,而圣功征焉。学老佛者,苟能以复性为宗,不沦于幻妄,是即道释之儒也。为吾儒者,自私用智,不能普物而明宗,则亦儒之异端而已。(卷十七《三教堂记》)

是谓儒释老皆在复性,老释非异端,而异端转在儒。又曰:

> 先师提良知二字,乃三教中大总持。吾儒所谓良知,即佛所谓觉,老所谓玄,但立意各有所重,而作用不同。大抵吾儒主于经世,二氏主于出世。(卷十《与李中溪》)

又曰:

> 大抵吾师良知两字,万劫不坏之元神,范围三教大总持。良知是性之灵体。(卷九《与魏水洲》)

又曰:

> 先师提出良知两字,范围三教之宗。即性即命,即寂即感。至虚而实,至无而有。千圣至此,骋不得一些精采。活佛活老子至此,弄不得一些伎俩。同此即是同德,异此即是异端。(卷四《东游会语》)

又曰：

　　先师良知之学，乃三教之灵枢。

　　此是千圣相传之秘藏。从此悟入，乃是范围三教之宗。自圣学不明，后儒反将千圣精义让与佛氏。才涉空寂，便以为异学，不肯承当。不知佛氏所说，本是吾儒大路。反欲借路而入，亦可哀也。夫仙佛二氏，皆是出世之学，佛氏虽后世始入中国，唐虞之时，所谓巢许之流，即其宗派。盖世间亦有一种清虚恬淡不耐事之人，虽尧舜亦不以相强。汉之儒者，强说道理，泥于刑名格式，执为典要，失其变动周流之性体，反被二氏点检訾议，敢于主张做大，吾儒不悟本来自有家当，反甘心让之，尤可哀也。先师尝有屋舍三间之喻。唐虞之时，此三间屋舍，原是本有家当。后世仅守其中一间，将左右两间甘心让与二氏。洎后连其中一间，岌岌乎有不能自存之势，反将从而归依之，吾儒今日之事，何以异此。（卷一三《山丽泽录》）

又曰：

　　二氏之学与吾儒异，然与吾儒并传而不废，盖亦有道存焉。均是心也，佛氏从父母交媾时提出，故曰父母未生前，曰一丝不挂，而其事曰明心见性。道家从出胎时提出，故曰因地一声，泰山失足，一灵真性既立，而胎息尸忘，而其事则曰修心炼性。吾儒却从孩提时提出，故曰孩提知爱知敬，不学不虑，曰大人不失其赤子之心，而其事曰存心养性。以未生时看心，是佛氏顿超还虚之学，以出胎时看心，是道家炼精气神以求还虚之学。良知二字，范围三教之宗。良知之凝聚为精，流行为气，妙用为神，无三可住。良知即虚，无一可还。此所以为圣人之学。（卷七《南游会纪》）

此处龙溪言，三教同出一心。一未生时心，一出胎时心，一孩提时心，而此心又无三可住，无一可还，故厥后黄梨洲为《明儒学案》，其自序有曰：

> 盈天地皆心也。变化不测，不能不万殊。心无本体，工夫所至即其本体。故穷理者穷此心之万殊，非穷万物之万殊也。是以古之君子，宁凿五丁之间道，不假邯郸之野马，故其途亦不得不殊。奈何今之君子，必欲出于一途，使美厥灵根者，化为焦牙绝港。

是梨洲虽谓龙溪悬崖撒手，茫无把柄，其实梨洲此序，即承龙溪之意。虽两人论学，一主包容，一主别殊，一致广大，一尽精微，要之其为凿五丁之间道则一也。龙溪又曰：

> 或云：佛老之学有体无用，申韩之学有用无体，圣人之学体用兼全，此说似是而非。佛老自有佛老之体用，申韩自有申韩之体用，圣人自有圣人之体用。天下未有无用之体，无体之用，故曰体用一原。（卷七《南游会纪》）

阳明亦言,仪秦亦是窥见得良知妙用处。凡一切学莫非本于心,莫不有体。以此条之义会参,知上引梨洲语,实与龙溪相会通也。龙溪又曰:

> 君子之学,以尽性为宗,以无欲为要,以良知为决。(卷十四《松原晤语寿念庵罗丈》)

又曰:

> 后儒之学泥于外,二氏之学泥于内。既悟之后,则内外一矣。即一为万,即万为一,无万无一而一亦忘。(卷二《滁阳会语》)

又曰:

> 吾人学术不纯,大都是功利两字作祟。(卷十《答毛瑞泉》)

又曰:

> 良知是性之灵窍,本虚本寂。虚以适变,寂以通感,一毫无所假于外。此学未尝废见闻,但属第二义。(卷十一《与莫中江》)

又曰:

千古圣学,惟在理会心性。心性者,根于天,取诸固有,而盎然出之,无所假于外。外此而学者,谓之异学。高者蔽于意见,卑者溺于利欲。夫心性者,所谓自立之根,而读书则取其发育长养之助而已。不本于心性,而专务读书,虽日诵六经之文,亦不免于玩物丧志。夫子与论晦翁之论,虽有异同,要之均为发明圣贤之旨,不妨参互以尽其变,非如薰莸黑白之相反也。惟所志在于进取,未免涉猎记诵,离本逐末,而为学之志或为所夺,此则其可患耳。(卷十四《赠吴博诸元冈序》)

此处乃谓阳明与朱子,均为发明圣贤之旨,此为龙溪所少言。要之其主虚寂之体,主三教之会合则无殊也。

以上杂引《龙溪集》凡明白述及禅与二氏与三教之会合者,其意大率本诸阳明。主张事上磨练,而不许存功利之见。主张内本心性,而深忌作博文记诵之功。此即象山所谓心即理,乃及尧舜以前曾读何书之说也。集中屡引濂溪明道,此亦陆王学者所共同赞许。惟龙溪于禅与二氏不惮昌言,此则象山之所无,而阳明则固已启其端矣。

龙溪又曰:

天泉证道大意,原是先师之教本旨,随人根器上下,有悟有修。良知是彻上下真种子。智虽顿悟,行则渐修。譬如善才在文殊会下得根本知,所谓顿也。在普贤行门参德云五十三善知识,尽差别智,以表所悟之实际,所谓渐也。

此学全在悟，悟门不开，无以征学。然悟不可以言思期必而得。悟有顿渐，修亦有顿渐。着一渐字，固是放宽。着一顿字，亦是期必。放宽便近于忘，期必又近于助。要之皆任识神作用，有作有止，有任有灭。未离生死窠臼。若真信良知，从一念入微承当，不落拣择商量。一念万年，方是变识为智，方是师门真血脉。（卷十二《答程方峰》）

此之谓以禅证儒。苟非明得禅学，又如何通得王学。然在龙溪当时，尚亦有以儒证禅之言，而此下则直率改变路头，以禅证儒。而王学之流行，乃群推龙溪之为功最伟也。

此稿作于一九七七年

罗念庵年谱

三七年之冬,避居湖南南岳衡山,每周六,必下山至南岳市图书馆借阅宋明诸家集,既为《龙溪略历》,又为《念庵年谱》,时为十二月十八日。山风甚厉,又值迁室,草草成稿。今又稍稍重缀按语,适值七七年之一月十八日,前后相距四十年矣。

孝宗宏治十七年甲子,一岁。

十月十四日子时(《行状》)生于京师。(《亡妻曾氏墓志铭》)

武宗正德七年壬申,九岁。

始就塾。(《行状》)

武宗正德十一年丙子,十三岁。

始慕为古文，(胡直语)慨然慕罗一峰之为人。(《行状》)(《明史·儒林传》)

武宗正德十三年戊寅，十五岁。

闻阳明讲学虔台，心即向往。此《传习录》出，奔假手钞。玩读忘倦。(《行状》)

《别周龙冈》：予年十四，慨然有志圣贤之业，父母爱怜，不令出。

武宗正德十六年辛巳，十八岁。

曾夫人来归。(《亡妻曾夫人墓志铭》)

世宗嘉靖元年壬午，十九岁。

始就试，补邑庠弟子员。(《行状》)冬，季弟邃夫生。(《诗注》)

世宗嘉靖四年乙酉，二十二岁。

初就洪都乡试，(《游洪都记》)得举，辍会试归，侍父疾。遂偕王鲁直龟年，周钦之子恭，师事同邑李谷平。(《行状》)

《七泉遗稿序》：予弱冠。与周七泉子同师谷平李先生，闻濂、洛之学。七泉即子恭也。

按：谷平受学于杨玉斋。其学，自传注溯濂、洛。(《谷平李先生行状》)谷平有《朱学问答》，谓朱子之学，圣人之学也。故念庵论学，亦必上溯之宋儒。有曰：孔孟之后千余年而有濂、洛。(《东廓公六十序》)又曰：孔门相传脉络，至周子始相续。(《答门人刘鲁学》)又曰：后生小子，敢为高论，蔑视宋儒，窃虑贻祸斯世不小。(《与吴疏山》)此与当时王门，独尊其师之良知学，即以为直接孔孟者大异。

又《谷平李先生行述》称，自丙戌岁与王龟年周子恭辈始趋门墙，较《行状》迟一年。

又《祭周七泉文》，谓：七泉尝希陶，晚慕濂。是谷平同门，皆慕濂溪也。

又《祭谷平先生文》：虽聚散不一，而闻謦咳受箴诲者亦十有七年矣。

世宗嘉靖五年丙戌，二十三岁。

奉父命读家谱，自是收缉散亡，岁有所书。(《秀川撰述序》)
《冬游记》：是年，始致力于学，谓圣域举足可入。

世宗嘉靖七年戊子，二十五岁。

计偕至京师。(《沈紫江战功后序》)赴会试。(《行状》)途遇雩都何善山、秦黄洛村。遂定交。时阳明门评，江有何、黄，浙有钱、王。(《何公墓志铭》)

按：《墓志铭》又称，何君曰：吾恨不及白沙之门，先生今之白沙也。念庵论学，亦极重白沙，尝曰：某自幼读先生之书，(《告白沙先生祠文》）又曰：我朝理学，始推薛、胡，其后乃归白沙。又曰：白沙致虚之说，乃千古独见。致知续启，体用不遗。(《与吴疏山》）

又曰：白沙先生所谓致虚立本之说，真若再生我者。(《答湛甘泉公》）又曰：白沙有云：些儿若问天根处，亥子中间得最真。又云：吾儒自有中和在，谁会求之未发前。白沙信口拈来，自与道合。(《与钱绪山》，已在晚年）龙溪主先天，与白沙不合。阳明生平，亦绝无一语及白沙。后人以白沙、阳明并称，乃承念庵而云也。

又《洛村黄公墓铭》有云：宋儒穷理，理实心虚。虚与实合，匪学弗居。王门言心即理，不好言宋儒，又不尚学。念庵乃异帜也。

又《晴冈胡君墓铭》有曰：时时就何、黄究所传，且曰：性即理，与在物为理，皆宋儒语也。理在物，犹可言外。谓性为外可乎？性非在外，理非在外。吾之穷索宜何从？又《答刘汝周》云：自阳明公破除即物穷理一段，学者多率意任情以为良知。不知心感事而为物，感之之中，须要委曲尽道，乃是格物。理固在心，亦即在事。事不外心，理不外事，无二致也。近时执心即理一句，于事上全不委曲，既非所以致知，却与在格物一句正相反。此等处，皆征何、黄与钱、王相异，亦征江右与浙中有歧。

又按：是年冬，阳明卒。

世宗嘉靖八年己丑，二十六岁。

举进士第一，授修撰。(《明史·传》)谒见魏庄渠。庄渠曰：达夫有志，必不以一第为荣。(《书胡正甫扇》)

世宗嘉靖九年庚寅，二十七岁。

正月，请告南归。至仪真，病几殆。(《行状》)馆于同年项瓯东家。(《瓯东私录序》)留数月愈。(《行状》)见聂双江于苏州。(《双江公七十序》)念庵少双江十有八岁。(同上)今集中与双江书札最多，每自称生，称双江则曰公。谒李谷平于浙邸，订其所学。(《行状》)

世宗嘉靖十年辛卯，二十八岁。

有诏核诸告者过期除名。(《先大夫传》)

世宗嘉靖十一年壬辰，二十九岁。

假满入谒，补原职，与欧阳南野、徐阶共事馆中，每过从论学，归辄记之，久遂成帙。(《行状》)

《祭欧阳南野文》：洪先束发，快睹光仪。初入禁廷，朝夕相依。语必劄记，信如蓍龟。是年，始识王龙溪。

世宗嘉靖十二年癸巳，三十岁。

充经筵官。(《行状》)四月,父遵善公卒。(《先大夫传》)五月,得讣奔归。(《行状》)

世宗嘉靖十三年甲午,三十一岁。

邹东廓大会士友于青原,(《鹅溪彭君墓表》)念庵亦预焉。

又《答罗东川公责讲学书》谓,周子钦聚友切磋,某亦或侧坐,闻其绪论。其会,则诸友之长者主之,某亦不欲避嫌引去。非敢以开讲为也。晦翁曰:自古未尝有居丧不读书之文,但不歌诗耳。故不能绝交以居丧者,亦有不得已焉耳。若夫开讲则非也。又曰:诸儒之所宗者,濂溪也。濂溪学圣,主于无欲。而凡考古证今,亲师取友,皆所以为寡欲之事。(《答高白坪》)是念庵平日之论学制行,固是一本于濂溪与朱子。其言无欲,亦与龙溪不同。

世宗嘉靖十四年乙未,三十二岁。

赵弼子良来从学。

世宗嘉靖十五年丙申,三十三岁。

尹辙道舆来从学。(《文江两生墓志铭》)

世宗嘉靖十六年丁酉,三十四岁。

母李宜人卒。

父服既阙，二年，李宜人病痹，先生废寝食，衣不解带者数月。居丧痛慕，执礼弥殷。一日，读《楞严经》，得返闻之旨，遂觉此身在太虚，视听若寄世外。友人睹其颜貌，惊服。先生忽自省，曰：是将误入禅那矣，乃悔置前功，笃志求孔孟正脉。居常与同郡邹公守益及诸同志切劘无虚日。

按：念庵从事禅功，固因适居母丧，然亦见时代风气，其时禅学渐滋，故念庵有不免耳。念庵此下好用静坐工，亦与龙溪有异。

世宗嘉靖十七年戊戌，三十五岁。

迁厝遵善公李宜人，葬于庐陵之盘龙山。（《行状》）
冬，访聂双江于翠微庄。（《跋颜鲁公帖》）

世宗嘉靖十八年己亥，三十六岁。

召拜春坊右赞善。（《明史·传》）冬，如京师，以家随。（《曾夫人墓志铭》）

《冬游记》有云：十月抵镇江，王龙溪在南京，约相晤，念庵曰：别去七年，相对，各悲悼年岁迅速。龙溪告念庵曰：汝以学问凑泊知见，纵是十分真切，脱不得凑泊。又曰：学问识得真性，方是集义，不然，皆落义集矣。因请曰：兄观弟识性否？龙溪曰：全未。一夕夜半，请问善与人同之旨。龙溪曰：善与人同，是圣凡皆是平等。如今才说作圣,便觉与人异。若看圣人愚夫愚妇稍有不同,即非圣人之学矣。且曰:天性原自平满。今汝纵是十分回头用力,俱凑泊作平满。作平满,便是不平满矣。此皆机心不息,所以至此。余嘿领受。又一日,与龙溪谈及儒与老、佛之辨。龙溪曰:用儒书解二氏,不识二氏。用二氏解儒书,尤不是。此各有机窍。所谓毫厘千里,自混不得。已而问究竟学术归宿处,龙溪隐而不发。再三诘之,龙溪曰:此事难以口说,须是自悟。又一日,龙溪曰:汝学不脱知见。虚知见,有何益。又一夕,问如何是真为性命。龙溪曰:拼得性命,是为性命。如今总是拼世界不下。能真为性命,何暇陪奉他人。如此方是造化把柄在我。横斜曲直,好丑高低,无往不可。如今只是依阿世界,非是自由自在。

按:是年,距阳明卒十年矣。然念庵对龙溪尚多请益之意,其显持异见乃在后。《与唐荆川书》云:近日与龙溪商量何如。夫多学而识,圣门以为第二义,然博学又孔门之训也。此书在《冬游记》前,故龙溪讥念庵以凑泊,正指其不忘情于博学也。

又《答聂双江》有云:孔子博学,及其老也,不复梦见周公。孟子愿学孔子,皆所谓友天下之士为未足,而尚论古人一验也。由孔孟而后,濂溪《太极图》得之种、穆,伊川之《易》,取证成都。康节历多方,四十而后闭户。横渠遇二程,始撤皋比。朱、陆、吕、张之往复议论。古之人,不敢小其身,浅其学,而皇皇于旁求又如此。夫圣贤莫如孔孟,两传孔孟者莫如周、程数子。真实收敛四字,当书绅以报执事,执事亦勿白执所见,恃其力量,以为圣人之心止于如是,而必尽友天下之士以进于古人,又生所以报成我之恩也。

按:念庵于双江,推崇甚至。所谓双江公真是霹雳手段,千百年事,许多英雄瞒昧,被他一口道着,真如康庄大道,更无可疑。(《与尹道舆》)然犹惇惇戒以勿自执所见,勿以为圣人之心止如是。此其殷殷好学之诚也。故必以友天下士为未足,而尚论古之人。自龙溪言之,此皆所谓以学问凑泊知见,依阿世界,陪奉他人,而非造化把柄在手也。

念庵又有书与双江公,有曰:龙溪之学,久知其详。其谓工夫,谓之以良知致良知,如道家先天制后天之意,其说实出阳明公口授,大抵本之佛氏。七月霖雨中翻《传灯》诸书,其旨洞然。直是与吾儒兢兢业业必有事一段,绝不相蒙。分明二人属两家风气。今比而同之,是乱天下也。持此应世,安得不至荡肆乎?

按:念庵评龙溪,决绝至是,然于阳明,终谓属两家风气,其主要殆因有龙场一番经历也。

又《答王龙溪》有云:诸公诚为己矣,何地不可托宿,必欲近城市,劳官府,力犯人言,果取何益乎?问之必曰,吾能破除毁誉,不为曲谨小廉之学,然绝不闻破除酖酖,而求动心忍性之资,何也?

按:念庵亦有书与绪山,力戒其出外勿近官府,避应酬,(《阳明年谱》附录《念庵与绪山第二书》)此可见当时龙溪、绪山奔波四方勤于讲学之情况,热闹之一斑。与念庵之石莲洞幽居,双方相异。

又曰:子夏笃信圣人,曾子反求之己,以二子较之,笃信者宜近矣。然庄子恣肆,出于子方。而独得其宗,乃属质鲁战兢之人。故善学其师者师其心。阳明师有言曰:求之于此心而是也,虽其不出于孔子，吾不敢以为非也。今则疑子夏于夫子者，不止西河之人矣，然未闻有子夏者投杖而拜，是知流弊不待将来，而弊不止于恣肆，其亦可惧也。

念庵又有《良知辨》，乃记与龙溪相辨语，有曰：学任性而不知辨欲，失之妄。谈学而不真性，失之凿，言性而不务力学，失之荡。吾惧言之失于荡也。

按：念庵力诫龙溪讲学之流弊，曰肆曰荡，而念庵则自居为一质鲁战兢人。其引阳明言，求于心而是，虽不出孔子，不敢以为非。而龙溪诸人则谓求于心而非，虽出孔子，不敢以为是。于是肆而无所止，荡而无所归，瞿昙老聃，遂与孔子并列，而惟吾心之进退同异之。王学末流，其弊至此，念庵固已早言之。

十二月至安丰场，见王心斋。心斋作《大成学歌》见赠，曰：十年之前君病时，扶危相见为相知。

按：据是，念庵心斋初识面，当在嘉靖庚寅。

又《祭王心斋文》：维岁己亥，始获抠趋。子方卧疾，据榻见余。又曰：天若假年，日进曷已。则念庵于心斋，亦未尽首肯。然亦未见有显相批驳语。盖念庵之与龙溪持异，其事尚皆在后。龙溪以书来别，曰：吾人包裹障重，世情窠臼里，不易出头。以世界论之，是千百年习染。以人身论之，是半生依靠。若是超出世情汉子，必须从浑沌里立定根基。枝叶愈枯，灵根愈固。从此生天生地，生人生物，方是大生，方是生生不息真种子。此中须有一种万死一生真工夫，非聪明知解所能支持凑泊也。临别终宵之话，兄能不忘否？念庵谓：书旨痛切明白，可谓袖珠相示。又谓：自丙戌来，致力此学，十四年间，茫无所成。受此鞭策，更不进步,即恐日就沦逝,终成狂谬。诚大可悯。知念庵当年,奉龙溪为策励,尚未显持异议也。

世宗嘉靖十九年庚子,三十七岁。

抵京,入春坊进讲,与唐荆川、赵浚谷居相比,三人交好浸密,各上疏。(《行状》)请来岁朝正后,皇太子出御文华殿。受群臣朝贺。时帝数疾,不视朝,见疏大怒,手诏切责,遂除三人名。(《明史·传》)谪为民。(《行状》)先生与荆川各买小舟联发。(《行状》)

《祭唐荆川文》:联署载笔,共棹还山。肝胆毕露,骨肉相关。

世宗嘉靖二十年辛丑,三十八岁。

冬,县履亩。(《曾白塘公七十序》)

先生自归田,削迹城市。素悯通邑多虚粮,乃贻书上官,力请丈量,为毁言撼阻。先生复为书促郡县,竟成之。(《行状》)

世宗嘉靖二十一年壬寅,三十九岁。

既归二年,二弟(寿先、居先)请析居,尽推先世田宅,于宅外别建一宅居之,题曰芸馆。时郡中东廓、南野、双江咸家食。又有彭石屋、刘师泉时相往访。会者至数百人。(《行状》)

世宗嘉靖二十二年癸卯，四十岁。

始与黄洛村闻双江主寂之论。（《困辨录序》）

世宗二十三年甲辰，四十一岁。

与尹道舆有云：甲辰夏，因静坐十日，恍恍见得，又为龙溪诸君一句转了，总为自家用功不深，内虚易摇，友朋总难与力也。

世宗二十四年乙巳，四十二岁。

秋游衡岳。（《行状》）
谒罗整庵。（《谢罗整庵公》）
按：念庵主博学，远溯宋儒，乃承李谷平，其用意静坐，则受双江影响。龙溪、绪山乃本阳明之提揭良知，一意直参圣域，虽孔孟亦时所不顾。此其异。

世宗二十五年丙午，四十三岁。

季弟居先如南雍，送至金陵。（《行状》）春过湖口，（《石钟山记》）附何善山舟泊南康，（诗题）自白鹿入天池。（《游洪都记》）过毗陵，访荆川，夜语契心，遂达旦不寐。（《行状》）六月，自毗陵归，（《送王西石序》）十月，辟石莲洞，自是多洞居。（《行状》）
《夏游记》：余归田之六年，得石莲洞于敝庐之北，自是顿息山水之兴,如醉者遇芳醪,无复羡慕,诚不自知其何也。

世宗嘉靖二十六年丁未,四十四岁。

聂双江被逮,送之境上。(《困辨录序》)

世宗嘉靖二十七年戊申,四十五岁。

《南游记》:王龙溪期会匡庐天池,六月,晤于丰城,钱绪山、贡玄略、王济甫同舟。二十五日,会于青原,至者百六十人,龙溪、绪山、东廓诸人皆与。七月二十三日解会。龙溪仍约龙虎山为江浙会所。八月,至龙虎山。过冲玄观,登爱山楼。意甚悦之。

钱绪山以《阳明年谱》丁丑以后五年属之念庵。(《阳明先生年谱考订序》)

世宗嘉庆二十八年己酉,四十六岁。

《南游记》:九月,东廓诸人赴冲玄。以外父太仆曾公十月归窆,拟毕事而行。此束装,闻会解而止。

世宗嘉靖二十九年庚戌,四十七岁。

春二月,祝邹东廓六十寿。

《东廓公六十序》：圣贤于众庶，钧之为是人也。至其以一身为天下，以一日为万世，则固有大者存焉。大者何，以性而观，固有通乎天下万世者，是故能自得之，不能私之。不明者，师其所已明，不能者，师其所已能。天下万世，莫不惟彼之师，如是而曰钧之为是人也，可乎？此孔孟所以大也。

按：此即针对十一年前龙溪所面告，谓若看圣人与愚夫愚妇稍有不同，即非圣人之学之反面答复也。如念庵意，阳明成色分量之辨，亦复可商，十室之邑之忠信，不能如孔子之好学，即不仅分量有别，亦将成色有差。惟如伊尹、伯夷、柳下惠，同得居圣人之名，斯可谓只差分量，不差成色。至如罗近溪堂上之端茶童子，亦谓其与孔子不差成色，宁谁信之。若谓满街都是圣人，则唐代狂禅，亦复无此狂语。

又《南游记》，明年春寿，东廓出《会语》一册，此即指冲玄之会，而念庵未及与。东廓嘱其有言，念庵多所商榷，主要在对龙溪，而对绪山亦有非议。大意谓：谓良知为端绪之发见可也，未可即谓时时能为吾心之主宰。知此良知，思以致之可也，不容以言语解悟，遂谓之自得。又曰：以利欲之盘固，遏之犹恐弗止，而欲从其知之所发以为心体。以血气之浮扬，敛之犹恐弗定，而欲任其意之所行以为工夫。畏难苟安者，取便于易从。见小欲速者，坚主于自信。将无有以存心为拘迫，以改过为黏缀，以取善为比拟，以尽伦为矫饰者乎？

按：此即犹是十一年前龙溪面告所谓凑泊、依阿、陪奉，未能把柄在手，自由自在也。又曰：尝观《大学》言物与知，自有先后。盖有吾身之所接者，皆谓之物，天下国家是也，而身为之本，有其身,斯有天下国家,而本末形焉。吾身之所为者,皆谓之事,齐治平是也。而自修为之始,即其所修,推之为齐治平,而始终具焉。诚知天下国家本于吾身而自修之不懈,而天下国家之事皆自此而推之,则知所先后而能知本,知本则知至矣。《大学》之道,不即明辨矣乎!

按:王门论《大学》格物者,有王心斋之淮南格物义,有王龙溪《斗山会语》之格物义,(详《龙溪略历》)并此而三。其果孰为得《大学》之本旨乎。又孰为得阳明讲学之原意乎。治王学者,所当分别而观也。

念庵又论及绪山。绪山曰:知无体,以人情事物之感应为体。念庵则曰:人情事物感应之于知,犹色之于视,声之于听也。固有视于无形者,而曰色即为视之体可乎? 固有听于无声者,而曰声即为听之体可乎?

按:阳明《传习录》有云:目无体,以万物之色为体。耳无体,以万物之声为体。心无体,以天地万物感应之是非为体。此条正是绪山所录。念庵驳绪山,不啻驳阳明矣。念庵又曰:立言有不易者,不可以无慎。如曰物莫非己,虽无训释,至意盎然。从而易曰己莫非物,则窒碍而不可训矣。今夫手足之为一体,此感彼应,不言而喻。有号于人曰:吾之手以足为体,吾之足以手为体,闻者有不以为异乎? 阳明既言心无体,以天地万物感应之是非为体,而又言天地无人的良知亦不可为天地。盖天地万物与人原是一体,其发窍之最精处,是人心一点灵明。是阳明于此,又不啻易言之,乃以人心一点灵明为天地万物之体也。此等理论,皆念庵所万不肯言者。《答李中溪》有云:仆自己酉以后,幸亦稍觉。以为知识之与良知，感中有寂，与随物流转，皆似是而非。漫有所论。世之谈学者闻之，谓与良知之说不类。是念庵此年后，始多立说，而与王门流传宗旨多未合，即前引《南游记》可征。

冬，聂双江至石莲。（《跋颜鲁公帖》）（《奇石铭》）

世宗嘉靖三十年辛亥，四十八岁。

《答赵浚谷》：庚戌辛亥以来，贱体多病，须发更变，无复向时容貌。

五月，何善山卒。

《寄双江公》：别来冬至，弱体感寒，遂作飧泄，自是益坚闭关之誓。

数年简出，习静天王寺。（《行状》）

世宗嘉靖三十二年癸丑，五十岁。

移居阳田。秋游玉笥，登九仙台。（《行状》）

世宗嘉靖三十三年甲寅，五十一岁。

赵大洲期会天池，偕友人赴之。至九江，遂展濂溪墓。龙溪候先生会海天，遂同舟西归。谓龙溪曰：往年见谈学者，皆曰知善知恶是良知，依此行之即是致知。予尝从此用力，竟无所入，久而悔之。夫良知，言乎不学不虑自然之明觉。吾心之善，知之。吾心之恶，知之。善恶交杂，岂有为主于中者乎？中无所主，而谓主本常明，恐未可也。知有未明，依此行之，而谓无乖戾于既发之后，能顺应于事物之来，恐未可也。

又谓龙溪曰：阳明先生之学，其为圣学无疑。惜也速亡，未至究竟，是门下之责也。公等往来甚密，受锻炼最久，得证闻最明，今年已过矣，犹不能究竟此学，以求先生之所未至，是公等负先生矣。（《甲寅夏游记》）

按：念庵明谓阳明讲学未至究竟，乃此篇不载于其门人胡直所序，即四库所收之本，亦可怪也。

世宗三十四年乙卯，五十二岁。

春，将西游白沙旧庐，留滞楚之旅舍。王龙溪至自浙，遂共避暑山中。（《行状》）人迹罕到，初习静坐，昼夜不休。（《寄双江公》）如是者三月。恍然大觉，贻书蒋道林。有曰：当极静时，恍然觉吾此心，虚寂无物，贯通无穷，如气之行空，无有止极。无内外可指，动静可分。上下四方，往古来今，浑成一片，所谓无在而无不在，吾之一身，乃其发窍，固非形质所能限也。故曰：仁者浑然与物同体。诸儒辟二氏矣，猥琐于扫除防检之勤，而迷谬于体统该括之大，则亦何以服二氏之心也哉。

按：念庵自谓觅得此体，究为孔孟濂洛乎，抑犹之二氏乎？似仍应有辨。

又曰：《大学》言学之大，明德亲民是也。至善言其体。虚寂而又能贯通，何善如之。知止则自定静安虑，复其虚寂而能贯通者，是谓能得。格物以致知，知止矣，通天下与吾为一物。莫非物也，而身为本。有身，则天下国家兼之矣。莫非事也，而修身为始。身修则齐治平兼之矣。所谓识仁，所谓明善，所谓知性是也。致知而不于格物，则不足以开物成务，此圣学与二氏端绪同异所由辨也。白沙所谓见得体统该括后更有分殊处合当理会。义理尽无穷，工夫尽无穷，要皆于格物尽之，非必觑破时一齐便了，只须守之而已。

按：此又是念庵之格物说，与前引《南游记》所云无大异。阳明门下均不喜言白沙，正为良知之学一了百了，与白沙所谓见得体统该括后更有分殊处当理会，意趣大殊。而念庵深山静僻，每日块坐一榻，如是者三越月，此亦孔孟濂洛所未有也。念庵必求觅此虚寂而能贯通之体，此自以阳明良知与双江守寂会合言之，故双江、念庵皆终于要觅求此体，实受阳明影响，惟与龙溪、绪山取径不同而已。岂念庵以此山中静坐，所得谓非现成良知，而是至善之体乎？其所得，可谓近乎白沙，却终与孔孟濂洛有间。《行状》有云：先生自丁酉后凡数悟，然不能无少疑，至是洞然彻矣。是念庵之学，固以此番之静坐为究竟也。

七月，病几殆。（《诗注》）

八月，曾夫人卒于家，九月始归。（《亡妻曾氏墓志铭》）

是年，为《龙场阳明祀记》。

《记》有云：先生去龙场四十有三年而后有祠，又三年，而予始为记。今推定在此年。

按：此记四库本《念庵集》亦不收。

世宗嘉靖三十五年丙辰,五十三岁。

赣江川泛,阳田居漂没,因假宿田家。(《与马钟阳都宪书》)学宪王敬所来问学,少宰尹洞山与邑令咸为分俸,遂构正学堂。(《行状》)

有《双江公七十序》,谓:孔孟以其身立万世之命。孔孟之后,濂、洛明道。永丰双江聂先生,登进士,出为华亭,取濂洛诸书自随。比擢御史,闻阳明王先生讲学东南,折节下之。其后追称弟子,此于及门之士。及知苏州,以忧病归,考《易》《庸》之旨,喟然叹曰:所谓良知者,指不学不虑而言,则未发之中也。其感则爱与敬也。学者舍不学不虑之真,而惟执爱亲敬长之感应以求良知,不几于义袭而取乎?乃自为之说,曰:致良知者,致吾心之虚静而寂焉以书吾之是非,非逐感应以求其是非,使人扰扰外驰而无所于归以为学也。是说出,闻者莫不尽骇。会以诬逮,怡然就道。追而送者,始共嗟异。以为先生之学,非徒异同于言说也。予少先生十有八岁,自庚寅始见于苏州,称为莫逆骨肉。辨难亦尝反复数百千言,虽暂有合离,而卒不予弃。

按:双江、念庵,皆江右王门之魁杰,而两人皆未亲奉阳明之教。其为学皆由宋儒入。双江尤嗜《易》,念庵《寄双江公诗》,先生爱《周易》,三绝事不殊是也。又《答王龙溪》,谓弟不赴冲玄之会,兄恐弟或先入于双江公之言,是知龙溪于双江有隔阂。浙中江右,门径向往显各有异,亦可知。

又念庵《答陈明水》云:《传习录》有曰:无善无恶者理之静,有善有恶者气之动。今之言良知者,一切以知觉,欺弄终日,精神随知流转，无复有凝聚纯一之时，岂所谓不失赤子之心者乎？恐阳明公复出，不能不矫前言而易之以他辞也。是念庵固不尽契于阳明所言矣。无善无恶理之静，即龙溪四句教所本也。念庵又曰：自未闻良知以前诸公之学，颇多得力。自良知之说盛行，今二十余年矣。后之得力，较之先进，似或不勇，此岂无故耶？

又《与尹道舆》有云：双江公真是霹雳手段，千百年事，许多英雄瞒昧，被他一口道着。而阳明公门下，犹有云云，却是不善取益也。

又《答董蓉山》有云：主静玄极，濂溪尝有是言矣，此非濂溪之言也。戒惧于不睹不闻，子思尝言之矣。

按：此即双江会通《易》、《庸》之旨也。

又《寄王龙溪》有云：终日谈本体，不说工夫。才拈工夫，便指为外道。恐使阳明先生复生，亦当攒眉。千古圣贤，兢兢业业，所言何事。初学下手，便说了手事。欲似兄圆融活泼，信手拈来，无非本色，又似高禅路径，与千圣经纶，所谓坐以待旦，不敢暇逸者殊料。弟本是钝根下器，望此殊非易至。

又《寄谢高泉》，龙场之事，闻之童时。其惩创所得，近时稍窥其一二。良知固出于禀受之自然而未尝泯灭，然欲得流行发见，常如孩提之时，必有致之之功。学者舍龙场之惩创，而第谈晚年之熟化。譬之趋万里者，不能蹈险出幽，而欲从容于九达之逵。岂止病蹶等而已哉。

按：谢高泉亦是挽念庵为《龙场阳明祀记》者。

又《与谢高泉》有云：尝忆往年，喜书象山小心翼翼，昭事上帝，上帝临汝，毋贰尔心，战战兢兢，那有闲言时候一段。龙溪在旁,辄欲更书他语。心颇疑之。每观六经言学,必先兢业戒惧。乃知必有事焉,自是孔门家法。佛氏所谓当下具足,一得永得,断不可同。

按:龙溪不满象山,此处亦一证。

又《答云泉宗室》有云:生抱拙守陋,未能远规前哲,穷窗散帙,大率濂闽之余训。

按:此书亦在归田后。念庵多言濂、洛,少言濂、闽。濂、洛常言,即包朱子在内,非朱子亦不有濂、洛之称也。言濂、闽乃特铸辞。念庵论学,重濂溪,重《周易》,其学脉本之朱子。故曰:朱子之本义,其言理道,或不若程之委曲详尽。至其义意完备,恐诸家有所不及,盖彼折衷于前人而后为之耳。(《答靳两城太守》)其推朱子《易本义》如此。又曰:《易》赞知几为神,而以介石先之。朱子曰:介如石,理素定也。是素定者,非所谓寂然者乎?又曰:唯几也,故能成天下之务,而以惟深先之。朱子曰:极深者,至精也。研几者,至变也。是精深者,非寂然者乎。念庵喜言知几归寂,乃一一称举朱子注解为准,其重视于朱子者尤可知。则其特言濂、闽余训,固非偶尔之辞矣。

又按:阳明常言良知为心体,双江、念庵以静坐工夫求此心体,浙中王门乃从心体一语上发出许多理论,余已详举于衡评天泉桥证道篇,可参读。

世宗嘉靖三十六年丁巳,五十四岁。

秋,重至青原。(诗题)

世宗嘉靖三十七年戊午，五十五岁。

正月，荆川欲与先生共订出山。先生曰：天下事为之非甲则乙，某欲为未能者，得兄任之，即比自效可也，奚必我出。荆川乃寝。（《行状》）

世宗嘉靖三十八年己未，五十六岁。

复徙居松原，题其堂曰体仁堂。寻著《核丁记》。吉水籍多虚丁，先生核其数，自九万减为七万，言之当道，一邑称便。（《行状》）

入冬，以病谢客，屏层止止所中，不复窥户，又制为半榻，越冬春，默坐榻间。（《行状》）

世宗三十九年庚申，五十七岁。

著《异端论》三篇。（《行状》）

《答双江公》有云：周子曰：几者动之微，此千圣之命脉，至此始尽露其旨。无二几也，万动俱微，是谓知几。稍涉于动，便是失几。兢兢业业，吃紧在此。此几谓之为一亦可，谓之为万亦可。盖一即一切，一切即一，佛家已识此件。若训为万务，不见执中的意思。在众人视之为万物，在圣人视之为几。微与不微所由辨也。除却执中，更无兢业。以兢业与行所无事作二义看，似尚可论。来谕谓兢业盖有所在，不知更何在也。

按:《行状》云:是年有书答双江公,驳其专主寂静,盖即指此。

世宗四十一年壬戌,五十九岁。

春饥,先生移书郡县请赈,按篓差等,贫者必济,一邑赖之。

二月,闽、广寇突至吉地,先生遗书两台,得右辖王敬所及都司提兵捍临吉,先生密画赞佐,一境尽全。

邑当攒造黄册,请先生任之。终日酬应,往来纷挐,一室之中,环席杂语,倾心剖割,虽嫠妇篓儿,咸输其情,宿弊顿除。(均《行状》)

王龙溪来访,先生延之止止所,信宿语别,作《松原志晤》。有曰:余与龙溪兄别于楚中,垂今九年,书札往复,余以专提良知,不拈学问为学者忧。龙溪亦虑余专守枯静,不达当机顺应之妙。屡期面晤,究竟斯义。壬戌仲冬七日,忽自怀玉访余松原,余不出户者三年。于是连榻信宿,尽得倾倒。念庵告龙溪为闾里均平赋役事,从六月至今半年,终日纷纷,不觉身倦,一切杂念不入,亦不见动静二境,自谓此即是静定工夫。又问龙溪,君信得乍见孺子入井怵惕,与尧舜无差别否,信毫厘金即万镒金否?

按:此二问题,实治王学者所宜必答。惜王门中未有举此直诘之阳明也。阳明学之最值商讨者,在其言良知心体问题上,但若上举两问题不解答,则理一不见分殊,一切为学行事,终缺一具体向上之指示,良知只成一空名,故念庵谓拔本塞源之论,亦阳明有为言之也。念庵又曰:尧、舜功业不外乎孝弟。孝弟不待学而能,功业必待学而有。(《与夏太守》)此为性情与功业之辨。功业本于性情,却不尽于性情。此后东林学派起,始再注重到功业行事,而后龙溪绪山,即所谓水间林下,三三两两,相与讲求性命,切磨道义,而念头不在世道上者,即无所骋其辞。此一转变,实不得不谓自念庵启之。

念庵论现成良知后,又告龙溪曰:吾辈所以必须学问,皆缘习气作梗。盖自有知以来,各就气质偏重处积染成习,遂与良知混杂而出,如油入面,未易脱离。故虽杂念已除,而此习气消磨难尽。皋陶所言九德,皆自质之相近而言。但能不堕习气中,便是成德。诚不可以平日良知虚见,附和习气,顺其安便,以为得手。

按:此即宋儒气质之性与义理之性之辨,亦即变化气质说之由来也。

又有《书王龙溪卷》一篇,谓:龙溪君有丈夫子三人,壬戌之冬,至吉水,访予松原,将别,曰:何以诲吾子。念庵谓壬辰岁,与君处,君孳孳然惟道之求,遂托以身。今三十年,君益自信,以为无所事为学。于孔孟之教,不啻若浼己者,而惟老庄之是据。身教上,言教下,征人之言,又其下矣。君试思之。

按:念庵亲书龙溪之卷,其言若是,亦可征两人交谊之敦挚矣。

世宗嘉靖四十二年癸亥,六十岁。

《阳明年谱》编竣,念庵序之,曰:善学者,竭才为上,解悟次之,听言为下。洪先谈学三年而先生卒,未尝一日及门,然于三者之辨,今已审矣。

《阳明年谱》末附《念庵论年谱书》九首,绪山《答书》十首,其一云:兄于师谱,不称门人,而称后学。兄年十四,闻先生讲学,慨然有志就业,父母不令出户庭。未尝不愤愤。兄初疑吾党承领本体太易,并疑吾师之教。始之疑吾师,非疑吾师也,疑吾党之语也。今信吾师,非信吾师也,自信所得,而征师之先得也。今谱中称门人,以表兄信心,且从童时初志也,其无辞。

念庵复书云:故江公与仆两人,一则尝侍坐,一则未纳贽,事体自别,不得引以相例。惟兄听其言。

按:绪山主张念庵当于阳明称门人,距念庵卒仅半年,念庵在病中,复绪山书,固未明白应允。聂双江为念庵最所亲仰,然不欲引以相例,则其意之坚决可知。迹其生平论学,与龙溪绪山,时见龃龉,即于阳明,亦多献替。然念庵于阳明,始终尊视。一则与龙溪绪山交往已深,一则聂双江向所崇重,而双江固于阳明身后称弟子。此可征念庵性情之厚。抑且念庵于阳明,一则深敬其龙场之一番历练,一则致佩其治赣之一番功绩,此皆有符念庵论学大旨。后人乃认念庵学脉亦承阳明,则考之念庵毕生之言,显有未尽,故为择要摘述于上。邓定宇谓,阳明必为圣学无疑,然及门之士,概多矛盾。其私淑而有得者,莫如念庵,则王学不传于及门,而仅得于私淑,亦大可商寻也。

五月,以触寒病痰,六月愈。

九月间复病痰,右臂痛,遂废执笔。(《行状》)

世宗四十三年甲子,六十一岁。

二月十四日卒。

此稿刊载于一九四一年四月

《责善》半月刊第 1—3 期

读陈建《学蔀通辨》

陈建字廷肇,号清澜,广东东莞人。明嘉靖七年举人,知山东信阳县,著《皇明通纪辑要》及《皇明从信录》,尤著者为《学蔀通辨》。张夏《雒闽源流录》称,嘉靖壬寅,朝议进宋儒陆九渊于孔庙,清澜闻之,忧道统将移,学脉日紊,乃发愤著《学蔀通辨》,以破王氏所编《朱子晚年定论》。详著朱陆始终不同之迹,阅七年,戊申书成。清澜之自序有曰:

> 朱子晚年悔悟,与象山合,其说盖萌于赵东山之《对江右六君子策》,而成于程篁墩之《道一编》。至近日,王阳明因之,又集为《朱子晚年定论》,颠倒早晚,矫诬朱子,以弥缝陆学。建为此惧,究心通辨,前编明朱陆早同晚异之实,后编明象山阳儒阴释之实,续编明佛学近似惑人之实。岂敢自谓摧陷廓清,断数百年未了底大公案。而朱陆儒佛之辨,庶几无蔀障混淆之患。

其书刻于万历乙巳，顾宪成为之序。顾炎武《日知录》，又特钞其说入《朱子晚年定论》一条中。王懋竑为朱子年谱，亦颇引其说。谓：

> 程氏《闲辟录》，陈氏《学蔀通辨》，皆辨朱陆异同之说，有功于吾道。程氏说得其大概，陈氏说极为详尽。而始同终异，中年疑信参半之说，则亦有未然者。吾友朱湘涛辨陈说极详，见所著《正学考》中。

要之自有清澜之书，而篁墩阳明所定朱子晚年学同象山之说遂成过去。此亦元明两代间学术上一大公案也。清澜《明史》无传，明刊本《东莞县志》，亦不详其始末。可考见者仅如上述，而黄梨洲《明儒学案》亦不列。黄氏应见其书，亦门户之见蔀之也。此下当略引《通辨》中语，以见其梗概。张伯行《正谊堂全书》刊之，读者可自加详阅。

前编之上，著朱子早年尝出入禅学，与象山未会而同。余著《朱子新学案》详之。

前编之下，著朱、陆晚年冰炭之甚，而象山既殁之后，朱子所以排之者尤明。

编中辨篁墩《道一编》定朱、陆辨无极之年岁，有曰：

> 篁墩高才博学，名重一时，后学无不宗信。修《徽州志》者，称篁墩文学，以能考合朱陆为称首。按闽台者，称《道一编》有功于朱陆，为之翻刻以广传。近年各省试录，

每有策问朱陆者,皆全据《道一编》以对。近日搢绅,有著《学则》,著《讲学录》,序《中庸管窥》,无非尊陆同朱,群然一辞。席元山之《鸣冤录》,王阳明之《定论》,则效尤附和,尤其甚者。

又曰:

《道一编》刻本今有二。一徽州刻,程篁墩原本。一福州刻,王阳明门人所删节别本,节去《辨无极》七书不载。

据此,知《道一编》在当时流传之盛。又曰:

《道一编》犹并取二家言语,比较异同。阳明编《定论》,则单取朱子所自言,而不及象山一语。篁墩盖明以朱陆为同,而阳明则变为阳朱而阴陆耳。

此据阳明与门人书,阐说阳明编《定论》之用心,又高于篁墩。

后编之上,著象山师弟作弄精神,而假借儒书以遮掩。为勘破禅陆根本。有曰:

养生家有元精元气元神之说,象山论学,亦兼包此意,但含蓄不露,近日王阳明始发其蕴。阳明答人书云:精一之精以理言,精神之精以气言。理者,气之条理。气者,理之运用。原非有二事。后世儒家之说,与养生之说,各滞于一偏,是以不相为用。前日精一之论,虽为爱养精神而发。然而作圣之功,实亦不外是矣。又曰:养德养身,只是一事。果能戒慎不睹,恐惧不闻,而专志于是,则神住气住精住,而仙家所谓长生久视之说,亦在其中矣。清澜按:阳明此论,实发象山之蕴以诱人。然象山阳明俱未及六十而卒。养生之说亦虚妄矣。

今按:阳明会通神仙长生术与作圣之功合一言之,此亦阳明早年学养使然。清澜谓阳明此论,乃发象山之蕴,窃谓乃陆王同归,非王本于陆也。

清澜又曰:

胡敬斋曰:儒者养得一个道理,释老只养得一个精神。儒者养得一身之正气,释老养得一身之私气。按:此言见得极分明。近世学术真似是非同异之辨决于此。

今按:清澜此书屡引敬斋,可觇其学脉。

后编之中,明陆学下手工夫,在于遗物弃事,屏思黜虑,专务虚静,以完养精神,其为禅显然。

后编下,著象山师弟颠狂失心之禅病。有曰:

吴草庐谓学者曰:朱子于道问学之功居多,而陆子静以尊德性为主。问学不本于德性,其弊必偏于言语训释之末。赵东山赞陆子像曰:儒者曰其学似禅,佛者曰我法无是。超

然独契本心,以俟圣人百世。师山郑氏曰:朱陆二先生,同
是尧舜。同非桀纣,同尊孔孟,同排释老。同以天理为公,
同以人欲为私。大本达道,无有不同者。愚按:此三言,皆
近世尊陆赤帜。使三子早见愚此编,当痛悔其大被人谩,当
痛悔其诳人误人之罪不可胜赎。

今按:和会朱陆,其说始于元。而清澜此书,著意更在辨陆学之
近禅,不专在朱陆之早晚异同间。

续编上,著佛学变为禅学,所以近理乱真。

今按:清澜此书,前编重在著朱陆晚年之冰炭,后编在辨陆
学之为禅。续编在辨禅学之乱真。其书愈后愈深入,愈见精语
络绎错出。若专以辨正篁墩阳明之论视此书,亦失此书用力所
在矣。

清澜有曰:

或曰:佛氏与吾儒相近处,其详可得闻乎?曰:释氏行
住坐卧无不在道,与吾儒道不可须臾离相似。不解心即是
佛,真是骑驴觅驴,与吾儒圣贤无心外之学相似。赤肉团上
有一无位真人,与吾儒天然自有之中相似。不思善,不思
恶,认本来面目,与吾儒喜怒哀乐未发之中相似。青青翠
竹,莫匪真如。郁郁黄花,无非般若,与吾儒鸢飞鱼跃相似。
一月普现一切水,一切水月一月摄,与吾儒月映万川之喻相
似。有物先天地,无形本寂寥,与吾儒无极而太极相似。千
种言,万般解,只要教君长不昧,与吾儒明明德相似。主人

翁惺惺，与吾儒求放心相似。弃却甜桃树，沿山摘醋梨，与吾儒舍梧槚而养樲棘相似。一棒一条痕，一掴一掌血，与吾儒切实工夫相似。时时勤拂拭，莫遣有尘埃，与吾儒日新工夫相似。

朱子曰：弥近理而大乱真。伊川曰：本领不是，一齐差别。清澜此条，历举其近理处，逼出其本领处。

其引《草木子》曰：

达摩说出能作用即是佛性，禅宗一达此旨便以为了，只知能作用者便是，更不论义理。所以疏通者归于恣肆，固滞者归于枯槁。

清澜继之曰：

象山与曾祖道言，目能视，耳能听，鼻能知香臭，口能知味，心能思，手足能运动，如何更要甚存诚持敬。杨慈湖训语曰：吾目视、耳听、鼻嗅、口尝、手执、足运，无非大道之用。按：象山师弟，分明佛氏作用之旨。《传习录》阳明谓门人曰：所谓汝心，却是那能视听言动底，这个便是性，便是天理。有这个性才能生。这性之生理便谓之仁。这性之生理，发在目，便会视。发在耳，便会听。发在口，便会言。发在四肢，便会动。都只是那天理发生。以其主宰一身，故谓之心。按：阳明此言，发明佛氏作用之旨尤明。

又曰：

　　或曰：佛氏以空为性，又以作用为性，夫作用则有物而非空矣，不自枘凿乎？曰：此体用之说也。真空者，性之体也。作用者，性之用也。体用一原，故佛氏谓真空能摄众有而应变。又谓此即识情，便是真空妙智，明体用一原也。释神会《显宗记》谓，湛然常寂，应用无方。用而常空，空而常用。用而不有，即是真空。空而不无，即成妙有。妙有即摩诃般若，真空即清净涅槃。其言尤作弄得来精，与《中庸》大本达道之说相似矣。

　　《居业录》曰：释氏是认精魂为性，专一守此，以为超脱轮回。缘他当初只是去习静坐，屏思虑久了，精神光彩，其中了无一物，遂以为真空。这道理，只有这个极玄极妙。天地万物，都是这个做出来。得此，则天地万物虽坏，这物事不坏。幻身虽亡，此不亡。所以其妄愈甚。

　　《居业录》又曰：禅家只是默坐澄心，绝灭思虑，直求空寂。空寂之久，心能灵通。殊不知空寂之中，万理灭绝。那些灵通，只是自己精神意见，全不是道理。凡所动作，任意为之。以为此即神通妙用，不用检察，自然广大无边，其猖狂自恣者以此。按：禅学绝灭义理之故明矣。

又曰：

　　胡敬斋曰：释氏见道，只如汉武帝见李夫人，非真见者也。又曰：禅家在空虚中见出一个假物事，以为识心见性，以为不生不灭，其实未尝识心，未尝见性也。愚谓：敬斋直道禅家所见为假物非真，极是极是。自朱子没后，无人见得如此端的直截。

今按：清澜此编，多引朱子、二程辟禅语，而清澜己之所从入，则似由胡敬斋，观上引可知。又曰：

> 老子曰：道之为物，惟恍惟惚。忽兮恍兮，其中有象。恍兮忽兮，其中有物。窈兮冥兮，其中有精。释、老所见略同。

续编中著汉、唐、宋以来学者多淫于老佛。有曰：

> 自孔孟没，汉晋学者皆宗老庄，唐宋则宗禅佛，然皆不外养神一路。《鹤林玉露》记陶渊明《神释形影》诗云：大钧无私力，万理自森著。人为三才中，岂不以我故。我，神自谓也。人与天地并立为三才，以此心之神也。若块然血肉，岂足以并天地哉。末云：纵浪大化中，不喜亦不惧，应尽便须尽，无复独多虑。乃是不以死生祸福动其心，泰然委顺，养神之道也。渊明可谓知道之士。愚按：陆子尝谓陶渊明有志于吾道，正指此。

今按：清澜先引朱子语渊明所说者老庄，则朱陆两人之异见显矣。

朱子又曰:李翱云灭情以复性,情如何可灭,此乃释氏之说。清澜申之曰:

> 释氏谓六用不行,则本性自见。又云:但能莫存知见,泯绝外缘,离一切心,即汝真性。此灭情复性禅宗要旨也。象山云:人只是去些子凡情不得。又云:心不可泊一事,须要一切剥落净尽。即同此灭情之旨。《困知记》云:李习之虽尝辟佛,然《复性书》之言,陷于佛氏之说而不自知。《传灯录》李翱尝问药山禅师如何是道。师曰:云在天,水在瓶。翱作偈云:练得身形似鹤形,千株松下两函经。我来问道无余话,云在青天水在瓶。

又曰:

> 朱子未出以前,佛学盛行,虽经傅太史、韩文公、二程、张子之辩而不息。直至朱子出,而后邪说退伏,不敢与吾儒争衡,而后学者晓然知佛学心迹本末之皆邪,而儒佛异同之辩息,而后一切杂学,以佛旨释儒书者,不得以愚后学之耳目,而后士大夫无复参禅于丛林,问道于释子,甘为僧役而不耻者矣。是朱子未出以前,一禅佛世界。朱子出,而复吾儒世界也。魏鹤山谓朱子之功不在孟子下。不究辩至此,夫岂知斯言之不我欺。

今按：清澜此书续编三卷，备引朱子辟佛语而详阐之，并盛推朱子之功在此。从来研朱学而专一在此发挥，则当推清澜此书。

清澜又曰：

> 愚尝因此而通究之。达摩以前，中国文士，皆假庄列以文饰佛学。达摩慧能而后，中国文士，则假儒书以文饰佛学矣。水心叶适氏曰：佛学至慧能自为宗，此非佛之学然也。中国之学为佛者然也。愚按：假庄列，假儒书，阳儒阴佛三者，皆是以中国之人为非佛之学，以中国文字为非佛之书，诪张为幻也。问之则曰：吾学，心学也。吾之学，非破空而寂灭也。世衰道微，程朱世不常出，儒者知不能知，力不能救，坐视其伤伕纵恣，猖狂叫呶而不返也。愚故集程朱遗论，著为此编，以俟后之君子。

今按：清澜此之所指，实为中国学术思想史上一绝大问题，最近一般学者，又好言宋代理学实渊源于禅宗。则清澜此编之意义价值，实远过于其辩朱陆之早晚异同也。

续编下，著近年一种学术议论，类渊源于老佛，其失尤深而尤显。今按：清澜此编，多辩阳明。有曰：

> 《传习录》问：佛以出离生死诱人入道，仙以长生久视诱人入道，究其至极，亦是见得圣人上一截，后世儒者，又只得圣人下一截。阳明曰：所论上一截下一截，亦是人见偏了如此。若是圣人大中至正之道，彻上彻下，只是一贯，便有

甚上一截下一截。

清澜按:阳明讲学,通仙佛儒上下而兼包之,谓为圣人中正一贯之道。昔朱子辩吕舍人,谓左右采获,而兼儒佛之大成。今阳明又广为笼罩,而并仙佛儒三教之大成也。

又曰:

王阳明《答人问神仙》书云:吾儒亦自有神仙之道,颜子三十二而卒,至今未亡也。后世上阳子之流,盖方外技术之士,未可以为道。若达摩慧能之徒,则庶几近之矣。

阳明一生讲学,只是尊信达摩慧能,欲合三教为一。而颜子至今未亡,此语尤可骇。岂即佛氏所谓形有死生,真性常在者耶。

又曰:

王阳明《答人问道》诗云:饥来吃饭倦来眠,只此修行玄更玄。说与世人浑不信,却从身外觅神仙。

清澜按:《传灯录》,或问慧海禅师,修道如何用功。曰:饥来吃饭,困来即眠。考,阳明讲学,一切宗祖传灯。

又曰:

王阳明《示诸生》诗云:尔身各各自天真,不用求人更问人。但致良知成德业，谩从故纸费精神。乾坤是易原非画，心性何形得有尘。莫道先生学禅语，此言端的为君陈。

王阳明《送门人诗》云：簦笈连年愧远求，本来无物若为酬。又《书太极岩》诗云：须知太极原无极，始信心非明镜台。又《无题》诗云：同来问我安心法，还解将心与汝安。

清澜按：心非明镜、心性何形、本来无物等语，皆本《传灯录》慧能一偈。安心之说，本于《传灯录》达摩示二祖。故纸之说，本于《传灯录》古灵讥僧看经。朱子尝谓：试取《大慧语录》一观，则象山之来历可见。愚谓今学者试取《传灯录》一观，则阳明之来历不容掩矣。象山禅机深密，学者极难识得他破。若阳明则大段漏露，分明招认，端的为君陈矣。

又曰：

王阳明《示门人》诗云：无声无臭独知时，此是乾坤万有基。抛却自家无尽藏，沿门持钵效贫儿。

清澜按：阳明此诗，首句即说鉴象之悟也。第二句，心法起灭天地也。后二句，皆《传灯录》语。朱子尝谓陆子静却成一部禅，愚谓阳明亦成一部禅矣。

又曰：

王阳明《杂诗》云：至道不外得，一悟失群暗。又云：悟后六经无一字,静余孤月湛虚明。又云:谩道六经皆注脚,凭谁一语悟真机。又云:悟到鸢飞鱼跃处,工夫原不在陈编。

清澜按:朱子尝谓:以悟为则,乃释氏之法,吾儒所无有。又谓:才说悟,便不是学问。阳明撰《山阴学记》有曰:圣人既没,而心学晦。支离决裂,岁盛月新。间有略知其谬而反本求源者,则又闯然指为禅学。愚谓阳明既明宗禅,又讳人訾己为禅,何耶。

又曰:

王阳明《送门人归文》,或问:儒与释孰异乎?阳明子曰:子无求其异同于儒释,求其是者而学焉可矣。曰:是与非孰辩乎,曰:子无求其是非于讲说,求诸心而安焉者是矣。

清澜按:《朱子语类》云,项平父尝见陈君举门人说儒释,只论其是处,不问其同异,遂敬信其说。此是甚说话。原来无所有底人,见人胡说话,便惑将去。考阳明溺禅之弊,无一不经朱子之辟,真拾先贤所弃以自珍矣。

又按:阳明《答人书》云:夫学,贵得之心。求之于心而非也,虽其言之出于孔子,不敢以为是也。求之于心而是也,虽其言之出于庸人,不敢以为非也。愚惟求心一言,正阳明学术病根。自古众言淆乱折诸圣,未闻言之是非折诸心。其陷于师心自用,猖狂自恣,甚矣。自古圣贤,皆主义理,不任心。故不曰义之与比,惟义所在,则曰以礼制心,在正其心。惟释氏乃不说义理而只说心，自谓了心照心，应无所住以生其心。此儒释之所以分，而阳明之所以为阳明与。

又曰：

阳明《月夜与诸生歌》，处处中秋此月明，不知何处亦群英。须怜绝学经千载，莫负男儿过一生。影响尚疑朱仲晦，支离羞作郑康成。铿然舍瑟春风里，点也虽狂得我情。

清澜按：阳明视六经，犹为糟粕影响，故纸陈编，又何有于朱子。《传习录》云：吾心之良知，即所谓天理也。致吾心良知之天理于事事物物，则事事物物皆得其理矣。致吾心之良知者，致知也。事事物物皆得其理者，格物也。如此言，则是先致知而后格物，盖颠倒舛戾之甚矣。阳明乃以此议朱子，宁不颜汗。

又按：《程篁墩文集》有《对佛问》一篇，论辩数千言。谓佛为贤知之流，使生与孔子同时，当为孔子所与。昔韩绛吕惠卿代王安石执政，时号韩绛为传法沙门，吕惠卿为护法善神。愚谓近日继陆学而兴者，王阳明是传法沙门，程篁墩则护法善神也。

清澜本朱子说辨象山阳明，要旨略如前引。然象山阳明学亦有辨。象山自鹅湖之会迄其晚年，皆坚守己意，其学少变。阳明有意儒学，本求从朱子入门。其后转习长生仙术。及其龙场驿一悟，专提良知立教，始远离朱子，渐近象山。至其会通仙释，主张三教合一,乃晚年之说,始见于《传习录》之第三编。清澜所引阳明诗文集中语,查其年岁出处,亦应以晚年者为多。如清澜所辨,似阳明自始即援儒入释,专为禅门张皇,恐未得阳明之真相。

清澜《通辨》,于前后续三编外,又有终编上中下三卷。合之前三编,共得十二卷。清澜自谓:前后续三编辟异说,终一编明正学。其终编之上卷有云:

> 圣贤之学,心学也。禅学陆学,亦皆自谓心学。孔子曰:其心三月不违仁。孟子曰:仁义礼智根于心。曰岂无仁义之心。曰不忍人之心。曰仁,人心也。皆是以义理言心。禅学出,而后精神知觉之说兴。曰:知之一字,众妙之门。曰觉则无所不了。曰识心见性。曰净智妙圆。曰神通妙用。曰光明寂照。皆是以精神知觉言心。《孔丛子》曰:心之精神是谓圣。张子韶曰:觉之一字,众妙之门。陆象山曰:收拾精神,万物皆备。杨慈湖曰:鉴中万象。陈白沙曰:一点虚灵万象存。王阳明曰:心之良知是谓心。皆是以精神知觉言心也。

清澜此辨,即胡敬斋所谓儒者养得一个道理,释老只养得一个精神之说也。

清澜又曰:

> 孔子曰:非礼勿视,非礼勿听,非礼勿言,非礼勿动。孟子曰:非仁无为也,非礼无行也。周子曰:仁义礼智四者,动

静言貌视听无违之谓纯。此以义理为主也。《传灯录》曰：作用是性。在目曰见，在耳曰闻，在鼻嗅香，在口谈论，在手执捉，在足运奔。陆象山曰：吾目能视，耳能听，鼻能知香臭，口能知味，心能思，手足能运动，更要甚存诚持敬。杨慈湖曰：吾目视耳听鼻嗅口尝手执足运，无非大道之用。王阳明曰：那能视听言动底便是性，便是天理。此以知觉为主也。

仁义礼智，理之精也。所以主正乎知觉而使之不差者也。虚灵知觉，气之妙也。所以引翼乎仁义，而为之运用者也。

朱子曰：人心如卒徒，道心如将帅。

或曰：诚若子言，则胸中不如有二物相对耶？曰：不然。二者相为用，虽谓之一可也。所谓道心为主，而人心每听命也。学者其始未能一而欲求一之者也。圣人者，自然而一之者也。

周子《太极图说》：人得其秀而最灵，形既生矣，神发知矣，正是指虚灵知觉言。至圣人定之以中正仁义，便是以义理为知觉之主。

吾儒惟恐义理不明，不能为知觉之主，故必欲格物穷理以致其知。禅家惟恐事理纷扰，为精神知觉之累，故不敢心泊一事，思一理。

朱子曰：儒者以理为不生不灭，释氏以神识为不生不灭。胡敬斋曰：儒者养得一个道理，释老只养得一个精神。此言剖判极直截分明。

朱子谓人心犹船，道心犹舵。禅学则以人心灵觉为舵。

人与天不同。论天地之化，气为主，而理在其中。论圣贤之学，理为主，而气听其命。盈天地间皆一元之气，盖天地理气不相离，二之则不是。在人，精神作用皆气也，所以主宰其间而使之不差者理也。是理气在人不能无二，欲混之有不可。何也？盖天地无心而人有欲故也。

此条辨天人极有见解，所以宋儒既辨人心道心，又必辨气质之性与义理之性，皆为此也。

清澜又曰：

析而言之，则仁义礼智为性，虚灵知觉为心。统而言之，则二者皆心也，亦皆性也。然虽皆心，而有道心人心之别。虽皆性，而有义理之性气质之性之殊。君子以统同辩异，须析之极其精而不乱。

又曰：

孟子言心，陆子亦言心。孟子言陷溺，陆子亦言陷溺。然孟子惟恐人陷溺于利欲，而无以存其仁义之心。陆子惟恐人陷溺于文义知见，而无以存其精神之心。胡敬斋曰：吾儒之一一于理，而不为利欲所杂。佛老之一一于虚无，而不为事物所杂，思虑引牵。象山《语录》云：此道与溺于利欲之人言犹易，与溺于意见之人言却难。《草木子》曰：金溪之学,谓收敛精神,自作主宰。至于利欲未为病。才涉于思,即是害事。据此语,亦看破象山矣。

清澜评象山,颇引《草木子》。其剖析儒释,则似启发于胡敬斋。此等处,盖其学问得力所自。

其终编之中卷有云：

> 吾儒主于无欲而静,禅学主于无事而静。故曰:心不可泊一事,曰:无事安坐,瞑目澄心。此陆学之主于无事而静也。《太极图说》曰:无欲故静,《通书》曰:一者无欲也,无欲则静虚动直。此圣贤之主于无欲而静也。无欲而静,则即为敬为诚。无事而静,则入于空虚,流于寂灭。近世学者疏略,于此等处未尝看破。

又曰：

> 《中庸》止说喜怒哀乐未发谓之中,平铺示人,未尝教人静坐体认,以求见乎中也。静坐体认之说,起于佛氏。六祖所谓不思善,不思恶,认本来面目。宗杲所谓无事省缘,静坐体究。《居业录》曰:后世学者做存心工夫不得其真,多流于禅。
>
> 或曰:然则豫章延平二先生亦流于禅而同于陆学耶?曰:所见有似于禅,初非有心于禅也。即其平日,亦未尝恃此而废读书穷理之功也。非如陆学一派,以经书为糟粕注

脚，以读书穷理为逐外，为障蔽也。

又曰：

《中庸》发明中和之旨，内外兼该，动静毕举，未尝有所轻重。朱子亦以涵养省察交致并言，工夫不容少缺。近世陆学一派，惑于佛氏本来面目之说，谓合于《中庸》未发之中。于是只说未发，不说已发。只说涵养，不说省察。陷于一偏，流于空寂。

孔子教人，未尝言及于未发，皆是就已发处言之。诚以为未发工夫微妙无形而易差，已发工夫则明显有迹而易力。未发难以捉摸，而已发有可辨别据依。与其以无形示人，而启学者骛虚好高之弊，孰若有形易见处求之之为务实而无失也。子思中和之论，兼该并举，心学之秘，发泄尽矣。岂可复重彼轻此，舍孔门中正平实之道，而徇禅宗偏弊浮虚之说，乱道而误人哉。

其终编之下卷有云：

近岁胡敬斋罗整庵霍渭崖诸君子，皆心朱子之心而有意于明学术矣。然胡敬斋之《居业录》，详于辨禅，而辨陆则略，罗整庵霍渭崖目击阳明之事，故所论著，专攻陆学，其言切，其辨详矣。然于象山养神底蕴，与夫近日颠倒早晚之弊，亦未暇究竟。朱子尝谓读书如猛将用兵，直是鏖战一阵。如老吏断狱，直是推勘到底。愚谓此辩真是与象山篁墩阳明诸人鏖战一阵，直是推勘到底。昔严沧浪诗辩，自谓参诗精子，而引释妙喜自谓参禅精子以况。使沧浪见愚此编，得无有辩禅精子之戏耶？

又曰：

> 朱子一生，释群经以明圣道，辩异学以息邪说，二者皆有大功于世。然释经明道之功，天下莫不知之。至于辟异息邪，则近世学者未之尽知也。区区述为此编，然后朱子辟异息邪之功著矣。盖尝谓释经明道，朱子之功也显诸仁。辟异息邪，朱子之功也藏诸用。

此两条，清澜综述其著《通辩》之用意。盖辨朱陆早晚同异，仅是著此书之最先动机。继辨象山阳明之阳儒阴释，又继而辨佛学禅家之近似惑人，乃清澜此书最大用力所在。惟清澜此书，每一陈义，必先引朱子说为依据，或旁及于濂溪二程横渠诸家之说，实当为讨究宋代理学与禅宗异同之重要参考。从来学者发明朱子，多注重其释经明道之一面，而清澜此书，则专著意其辟异息邪之另一面。本文凡引用朱子语，多略去，而多掇取清澜之自为说者，以见清澜一家之成就。读者继此循诵清澜《通辩》之全书，庶于朱子平日持论，更有所深入也。

此稿刊载于一九七八年《文科学报》第十一期

记公安三袁论学

四十年前，曾撰《龙溪略历》及《念庵年谱》两篇，备著两家论学之异，并透露此下王学演变之消息。顷重阅旧稿，因念公安三袁之学，大可为之作证佐，而梨洲《学案》未及此三人，因加缀辑，以成斯篇，聊记当时之学术风气。义非表扬，读者审之。

袁宗道，字伯修，万历十四年会试第一，有《白苏斋集》二十二卷。其言曰：

> 三教圣人，门庭各异，本领是同，所谓学禅而后知儒，非虚语也。今之高明有志向者，腐朽吾鲁邹之书，而以诸宗语录为珍奇，率终身濡首其中而不知返。闲来与诸弟及数友讲论，稍稍借禅以诠儒，始欣然舍竺典，而寻求本业之妙义。
> （《说书类》）

是知当时已群然逃儒叛禅，伯修矫之，借禅诠儒，则其所以为儒者亦可知矣。又曰：

伯安以知善知恶为良知，为中下根人权说耳。王汝中
所悟无善无恶之知，则伯安本意也。汝中发伯安之奥，其犹
荷泽发达磨之秘乎？（《读大学》）

又曰：

阳明先生韬藏最上一著，许多话不露一点端倪。若非
龙溪自悟，当终身闭口矣。（《四句教》）

是证伯修论学实从龙溪来。又曰：

前辈为余言，阳明接人，每遇根性软弱者，则令其诣甘
泉受学。时龙溪妙年任侠，日日在酒肆博场中。阳明亟欲
一会，不来也。阳明却日令门弟子六博投壶，歌呼饮酒，密
瞰龙溪所至酒家，与共赌。龙溪笑曰：腐儒亦能博乎？曰：
吾师门下，日日如此。龙溪乃惊求见阳明，一睹眉宇，便称
弟子矣。

此等传说，固非儒门，亦异缁林，特当谓之江湖，而前辈述之，伯
修信之，岂不见当时之风气乎？又曰：

甚矣吾衰也，久矣吾不复梦见周公。张子韶诗曰：向也
与公隔一层，寻思常在梦魂中。如今已是心相识，你自西来
我自东。此妙语契圣人神髓矣。子韶与杲老游，透悟禅宗，

其发明吾孔子奥言甚多。张商英曰：吾学佛然后知儒。余于子韶亦云。(《读大学》)

大体伯修之借禅诠儒，率如此。又曰：

明德，考亭释为虚灵不昧，甚妙，即伯安先生所拈良知者是矣。德即是明，不可以明更求于明，后面释曰皆自明也。第玩自字，便见不落情量，全体显现，非假一毫功力。(《读大学》)

此即龙溪念庵本体工夫之辨。又曰：

孟子曰：中天下而立，定四海之民，君子乐之，所性不存焉。昔人又谓尧舜事业，如一点浮云过太虚。由斯以谈，虽唐虞定民之极功，毫不足为尧舜性天之加损。(《读大学》)

又曰：

哀公问政，而孔子论学。今世士人，歧政教为二端者曷省焉。先儒谓曾点漆雕开已见大意。得此大道，而政其绪余矣。(《读中庸》)

又曰：

> 治平事业，俱从第一念做出，与天命之性不相联续。盖性者，离念者也，故曰所性不存焉。（《读孟子》）

此又念庵功业与性情之所辨也。性情不待学，而功业必恃于学。明道当荆公新政之余，故有尧舜事业及点开识大意之言，戒来学者且勿急求仕进。今伯修既借禅诠儒，则宜无功业可重。而孔孟程朱皆归一冶，亦自无功力可用矣。又曰：

> 诚者自诚，而道自道。自者，全体现成，不假求索。有耳目口鼻而为人，此等皆因缘而合，缘尽而散。毕竟只同于龟毛兔角。诚之在人，如空在诸相中。春在花木里，搏之无形，觅之无踪。人所谓无，而不知其实有也。无诚则无物，譬如无空安能发挥诸相，非春岂能生育万物。（《读中庸》）

《老子》以无说道，《中庸》后起，转用诚字，此是儒家苦心处。今伯修以空诠诚，则三教可归一矣。春统四时，仁统四德，汉宋诸儒，皆以仁说春，以春说天，惟佛家不言天，故春亦归于空。伯修以空诠诚已足，何又牵涉到春字，则其未脱文人习气也。又曰：

> 万物皆备于我矣，此如释典所谓常乐我净之我，所谓色身外洎山河虚空大地，咸吾妙明真心中物也。人恨不能反身耳，若能还光返照，则根尘之虚妄俱消，本地之实相独露，所谓诚也。（《读孟子》）

万物皆归一空,事业无所加损,功力又不假毫毛,然则人之为人,既不剃发为僧,果当从何种行径,为何等人物乎?伯修乃最赏龙溪之论乡愿。其言曰:

> 龙溪论乡愿,极细极微,真能令学者赧然惭,又惕然惧也。其言曰:乡愿一生干当,分明要学圣人。忠信廉洁,是要学圣人之完行。同流合污,是要学圣人之包荒。谓之似者,无得于心,惟以求媚于世,全体精神,尽向世界陪奉。圣人在世,善者好之,不善者犹恶之。乡愿既足以媚君子,又足以媚小人,比之圣人,局面更觉完美,无渗漏。又曰:三代而下,鲜中行,得乡愿之一肢半节,皆足以成世。求其纯乎乡愿,且不易得,况圣人之道乎?

是谓要学圣人即是乡愿,求善处世亦是乡愿。乡愿之一肢半节皆足以成世,而求纯乎乡愿者不易得。是斯道即乡愿之道,而斯世亦乡愿之世也。然则如何而始为圣人之道,曰:你自西来我自东,孔子晚年不复梦见周公,此是孔子之晚而悟道,否则孔子常梦周公,即孔子仍亦乡愿也。故曰不学佛,不知儒。龙溪言,学问须求自得,天也不做他,地也不做他,圣人也不做他,如伯修,亦可谓真契龙溪之神髓也。

伯修于龙溪外又深推李卓吾。有曰:

> 李卓吾先生有《四书义》数十首,余最爱其某二股云云,看他彻的人,出语自别。

如卓吾可谓非乡愿,乃可谓真儒。由其看的彻,亦由其学佛然后知儒也。

袁中道,字小修,乃伯修幼弟。万历三十一年举于乡,又十四年成进士。伯修不寿,小修则一承其兄之学而言之益明豁。其次兄中郎称之,曰:弟喜读老子庄周列御寇诸家言,旁及西方之书,教外之语,欲与一世豪杰为友。其视妻子之相聚,如鹿豕之与群而不相属也。(《中郎集·叙小修诗》)是小修之为学,亦能三教同源,而不为乡愿之归者。有《珂雪斋前集》二十四卷与《近集》十卷,今略缀其语如次。

其述伯修之言曰:

> 至宝原在家内,何必向外寻求。吾试以禅诠儒,便知两家合一之旨。(《石浦先生传》)

又曰:

> 饶德操曰:欲为仲尼真弟子,须参答磨的儿孙。予则曰:欲为答磨的儿孙,须参仲尼真弟子。

是伯修以禅诠儒,而小修主由儒参禅,兄弟间似有小异,然其一宗阳明则同。故曰:

> 白沙、阳明,皆为妙悟本体。阳明良知,尤为扫踪绝迹。儿孙数传,尽翻巢穴。得直捷易简之宗。儒门之大宝藏,揭

诸日月矣。闲日衰为一集,使欲悟尧舜之道心者,从此路入,不必求顿悟于禅门也。(《传心篇序》)

又曰:

> 愿吾兄打并精神,觑破向上一路,王文成是兄师也。(《答钱受之》)

又曰:

> 阳明先生之良知二字,未见有人透过者。盖徒见宗门中麻三斤,青州布衫七斤,便作奇特想,而良知二字,多视以为寻常,不复究竟。(《寄周宪副海门》)

是小修亦犹伯修,其特提阳明,乃欲以纠一时之禅风也。

小修亦由阳明而提及龙溪,其言曰:

> 良知之学开于阳明,止以为善去恶教人,更不提着向上事。使非王汝中发之,几不欲显明之矣。(《书学人册》)

是谓阳明良知学之向上一路在龙溪,亦承其兄伯修。然谓阳明自不欲显明此一路,则似较伯修语有别。故曰:

> 阳明虽指四无为向上一脉,而亦未尝绝四有之说,是何

等稳密。近日论学者，专说本体，未免逗漏，大非阳明本旨。（《书学人册》）

又曰：

自本朝大儒，启人以良知之说，后来数传，偏重了悟，将为善去恶之旨，拨斥太过。（《心律》）

又曰：

宋儒多言工夫，阳明而后，多直指本体。然必先见本体而后有保任工夫。所谓顿悟渐修四字，千古真脉络也。（《示学人》）

又曰：

学问各有根器，不容相强。北秀不能强同南能，南能亦不能强北秀同。阳明天泉证道，不昂龙溪，不低绪山，所以能为人师。（《示学人》）

又曰：

自东越揭良知以开天下学者，若披云见日矣。而数传后，始有借解悟之说以恣其无町畦之行者。昔之专言修者，病在执糠粕，遗神理，不得千圣易简直捷之宗，同于冥行。而今之专言悟者，执其圆通无碍之理，以尽弃其检柙。即至空疏也，而目考亭为支离。至放逸也，而鄙正叔为木偶。敝亦甚矣。自非二三大儒持躬行实践以救之，将安所极。不肖谬谓天下有志于道者，多骛于知以遗其行，东越致良知之旨且日晦。（《寿裕吾邹公七十序》）

凡此，重知亦兼重行，言本体亦兼言工夫，实与其兄伯修所言有别。或两人性气自有异，或当时风气每下益况，故感触有不同。今勿可深论。然要之小修极尊龙溪，又尊近溪。有曰：

龙溪近溪，真学脉也。后之学者，又谓二老见地极明，特不修行，欲以修行救其弊，又何曾梦见二老。假令二老不留纤毫破缝，作模作样，只图外面好看，不图心中自得，则亦徇外为人之流而已。（《寄陶石篑》）

此则仍是其兄伯修力求向上一脉之意也。又曰：

阳明近溪诸老悟处，如百炼精金，未易窥测。（《答云浦》）

又曰：

昔之杨大年，今之罗近溪，吾辈之师也。（《答吴本如》）

小修尊罗近溪，亦尊李卓吾，有《李温陵传》。又极尊王塘南。其言曰：

> 东越良知之学，大行于江西，而庐陵尤得其精华。

又曰：

> 塘南先生之儒能该禅而不事禅，有合阳明先生不肯逗漏之旨。（《枝江大令赵凤白初度序》）

又曰：

> 阳明之学，惟塘南先生悟圆而行方，实为嫡系。（《郧水素言序》）

言悟必及行，此小修之终所以异于伯修也。又曰：

> 今之豫章，古之邹鲁。（《送吴生游豫章序》）（《二赵生文序》）

江右王门，犹多主修，故为小修所重。然小修之言悟与修，实亦一本于禅。故其论庄子有曰：

> 庄生内篇，为贝叶前茅。觉此老牙颊，自具禅髓。

又曰：

> 在庄则曰齐物，在华严则曰事事无碍。

又曰：

> 节义理学，天下之最善也，而汉宋以亡。何也？大混沌
> 凿也。为之弊至此矣。（《杂文》）

此其汇道归释可知。又曰：

> 论性者，必以夫子之言合佛氏之言，而后其说始明。吾
> 求其明而已，即天下万世我罪，亦不惜也。

又曰：

> 食色，习也，非性也。非一生之习也，多生之习也。若
> 属于性，性即成恶。若一生习，谁其教之？故曰多生之习
> 也。（《示学人》）

此其汇儒归释尤可知。言多生之习，即犹佛氏之所谓业。小修
以业诠习，较之伯修以空诠诚，尤为深挚矣。故曰：

> 自到山中，阅藏习静，看山听泉，不觉为乐亦至于斯。

（《寄祈年》）

又曰：

> 近日正在古佛堂中，随众僧粥饭念佛。（《与长孺》）

又曰：

> 惟在宝方粥饭堂中作念佛因缘。（《寄云浦》）

又曰：

> 予幸而厌弃世膻，少年豪习，扫除将尽。伊蒲可以送日，晏坐可以忘年。以法喜为资粮，以禅悦为伎侍。然后澹然自适之趣，与无情有致之山水，两相得而不厌。（《西山十记》之十）

又曰：

> 近日看《师地论》，方征慈氏之苦心，一字一滴血。论中警策绵密，未有过之者。若非在山中，安得遇此秘密法藏。（《寄宝方》）

凡此皆可证小修之所修。又曰：

> 于时,尘境乍离,心情甚适。山水之奇已相发挥,朋友
> 之缘亦既凑和,游览多暇,一以文字为佛事。(《解脱集序》)

此乃言其兄中郎。曰山水,曰朋友,曰文字,其实则皆佛事。故
又曰:

> 禅与诗,一理也。(《送虚白请经序》)

人生得此,亦洵是一大乐事,惜乎明祚已不终日,则小修之所悟
所修,岂不亦随苍生以俱空乎? 不知慈氏苦心,又将何以救之。

袁宏道字中郎,万历二十年进士。三袁中名最著,入《明
史·文苑传》,而以兄伯修弟小修附之。有《中郎集》四十卷,由
竟陵钟伯敬增订。其言亦最放。自言:

> 走弱冠,即留意禅宗。(《与曹鲁川》)

又曰:

> 学道不学禅,谈星不谈义,爱曲不爱音,读书不读字。
> (《寄石篑》)

又曰:

> 当代可掩前古者,惟阳明一派良知学问而已。(《答梅

容生》）

岂不以阳明近禅,故特加称许乎?

阳明以下,则推尊龙溪近溪。其言曰:

> 王龙溪书多说血脉,罗近溪书多说光景。但初学者不可但认光景,当寻血脉。(《德山麈谈》)

又曰:

> 始则阳明以儒而滥禅,既则豁渠诸人以禅而滥儒。禅者见诸儒汩没世情之中以为不碍,而禅遂为拨因果之禅。儒家借一切圆融之为发前贤所未发,而儒遂为无忌惮之儒。不惟禅不成禅,而儒亦不成儒矣。(《答陶石篑》)

观其言,虽亦禅儒同讥,然要之,其尊禅贬儒之意亦可见。然中郎尊禅而不逃俗,毕竟当为何种人,则有待论定也。其言曰:

> 世间学道有四种人,有玩世,有出世,有谐世,有适世。独适世一种,其人甚奇,亦甚可恨。以为禅,戒行不足。以为儒,口不道尧舜周孔之学,身不行羞恶辞让之事。于业不擅一能,于世不堪一务。最天下不紧要人。虽于世无所违忤,而贤人君子斥之惟恐不远。弟最喜此一种人,以为自适之极,心窃慕之。除此之外,有种浮泛不切,依凭古人之式

样,取润贤圣之余沫,妄自尊大,欺己欺人,弟以为此乃孔门之优孟,衣冠之盗贼,后世有述焉,吾弗为之矣。(《与徐汉明》)

又曰:

打倒自家身子,安心与世俗人一样,非上根宿学不能。此意自孔老后,惟阳明近溪庶几近之。(《德山麈谈》)

又曰:

罗近溪曰:圣人者,常人而肯安心者也。常人者,圣人而不肯安心者也。此语抉圣学之髓。(《答陶周望》)

又曰:

要知佛之圆,不在出家与不出家。我之圆,不在类佛与不类佛。人之圆,不在同我与不同我。通乎此,可以立地成佛,语事事无碍法界矣。(《与曹鲁川》)

曰适,曰安,曰圆,曰无碍,只怪世间多了一理字。故曰:

看来世间毕竟没有理,只是事。一件事是一个活阎罗。若事事无碍,便十方大地,处处无阎罗矣,又何法可修,何悟

可顿耶。（《与陈志寰》）

然则依中道之意，不仅可以无修，亦复可以无悟。无悟可顿，乃直跻悟之最源头处也。

三袁皆以文学称，当时称为公安派，中郎尤其魁杰。兹姑拈其论文之两则为例。一曰：

> 《金瓶梅》从何得来？伏枕略观，云霞满纸，胜于枚生《七发》多矣。（《与董思白》）

又一曰：

> 少年又谐谑，颇溺《滑稽传》。后来读《水浒》，文字益奇变。六经非至文，马迁失组练。（《听朱生说水浒传》）

民元以来，新文化运动跃起，高呼礼教吃人，打倒孔家店，无忌惮之风，有过于万历。倘言儒，必喜龙溪近溪乃如李卓吾之徒。倘言禅，则无修无悟，惟可有惊叹。惟当时新文学家亦遂称道及于公安，然惮窥其全书，因亦不知其学之出于龙溪近溪，又直跻于禅而超之，否则或可为三袁更张声气也。

此稿作于一九七七年

顾泾阳高景逸学述

上　顾泾阳

明代自阳明崛兴，提倡良知，天下风靡，遂绝少言及朱子。及其流弊襮著，学术界乃有由王返朱之倾向，而顾泾阳高景逸之东林讲学，实为之唱。阳明弟子如王龙溪钱绪山王心斋，皆不入仕途，惟以在野讲学为务。泾阳则曰：官辇毂，念头不在君父上。官封疆，念头不在百姓上。至于水间林下，三三两两，相与讲求性命，切磨德义，念头不在世道上，即有他美，君子不齿。故讲会中每多裁量人物，訾议国政。其《柬景逸》有曰：持濂洛关闽之清议，不持顾厨俊及之清议。然由此激起党祸，与国运同终。明末诸遗老顾亭林王船山黄梨洲又转而潜伏田野间，唱为经史实学，或多或少，胥受东林影响。然而清政权高压在上，诸遗老经史实学，本不忘淑世善治，乃复一变为乾嘉考据训诂逃避故纸堆中，而美其名曰朴学，此实与东林顾高讲学精神如南北极之相背，如冰炭之不相容。观于此两百年间之学术转变，亦诚大可慨叹矣。兹篇专就顾高两人关于理学上由王返朱一转捩观点，略加引述。

泾阳《小心斋札记》有曰：

> 孔子表章六经，以推明羲尧诸大圣之道，而万世不能易也。朱子表章《太极图》等书，以推明周程诸大儒之道，而万世莫能易也。此之谓名世。

此犹谓孔子乃上古集大成之圣，而朱子乃中古集大成之圣也。高景逸为泾阳作《行状》有曰：

> 自孟子以来得文公，千四百年间一大折衷，自文公以来得先生，又四百年间一大折衷。

亦即此旨。是东林顾高讲学，其崇奉朱子之心情具可见。

泾阳尊朱，亦尊濂溪。《札记》又曰：

> 朱子之最有功于天下万世者三，一是表章周元公《太极图说》，一是作《通鉴纲目》，一是作《小学》。至《集注》当别论。

此处表章朱子三大贡献，其作《小学》书，乃欲在从事《大学》心性诚正工夫以前先安排一番小学工夫，有下学乃可有上达也。吴康斋极重朱子《小学》，泾阳固亦极重康斋。此其一。又其一作《通鉴纲目》,此属史学。理学家中惟朱子最重史学,泾阳讲学不忘世务,故特称及此。明末诸遗老经史实学,亦皆从朱学流出。章实斋谓亭林经学出朱子,梨洲史学出阳明,其实梨洲《学案》中以王学治史学者惟唐荆川,而荆川固不得目之为王学。实斋故意为浙东史学标榜,争立门户,其语不可信据。

又其一乃表章濂溪《太极图说》。泾阳极尊濂溪,《札记》有曰:

> 卓哉其元公乎,宛然一孔子也。

又曰:

> 周子之《太极图说》《通书》,朱子之《小学》,窃以为可羽翼《论》《孟》,配为四书。

高景逸为泾阳《行状》有曰:

> 远宗孔圣,不参二氏。近契元公,确尊洛闽。

又曰:

> 微元公,孰为之开厥始。微晦翁,孰为之持厥终。

《文集·朱子节要序》亦曰:

论造诣，颜孟犹有歉。论血脉，朱子依然孔子也。

又曰：

世之言朱子者鲜矣。世好奇，朱子以平，平则一毫播弄不得。世好圆，朱子以方，方则一毫假借不得。吾以为平，彼以为凡为陋。吾以为方，彼以为矫为亢。宜乎世之言朱子者鲜矣。

又《柬高景逸》有曰：

薛玄台为弟语及明道晦庵两先生，弟曰：毕竟朱先生假不得。

又其《札记》有曰：

象山兄弟不肯濂溪之无极，又不肯横渠之《西铭》，伊川不肯康节之《易》，独朱子一一信而好之，且为之考订厘正，推明其说以遗来学。至以此取讥蒙讪，不容于世，曾不为悔。试看此老是何等心胸，何等眼界，又何等手段。

凡泾阳之称重朱子，率具如上引。兹再述其辨朱陆异同之意见。

《文集·刻学蔀通辨序》有曰：

朱陆之辨，凡几变矣。左朱右陆，既以禅为讳，右朱左陆，又以支离为讳。宜乎竞相持而不下。然而尝读朱子之书矣，其于所谓支离，辄认为己过，悔艾刻责，时见乎辞，曾不一少恕。尝读陆子之书矣，其于所谓禅，藐焉如不闻也，夷然而安之，终其身曾不一置疑焉。在朱子岂必尽非，而常自见其非。在陆子岂必尽是，而常自见其是。此有我无我之证也。朱子又曰：子静所说，专是尊德性事，而其平日所论，却是道问学上多。今当反身用力，去短集长，庶几不堕一边。盖情语，六逊语，其接引之机微矣。而象山遽折之曰：既不知尊德性，焉有所谓道问学。将朱子于此，果有所不知欤？抑亦陆子之长处短处，朱子悉知之，而朱子之吃紧处，陆子未之知欤。

此辨极深微，亦极平允。然《札记》又谓朱子独于象山似乎交一臂而失之，以至纷纷之疑迄今未已，因为之扼腕三叹。是泾阳辨朱陆异同，用心甚平，绝不存丝毫门户入主出奴之见。而其辨朱王异同，则心益宽而语益和。

《文集》卷四《复方本庵》有曰：

不肖，下里之鄙人耳。无所闻知。少尝受阳明先生《传习录》而悦之，朝夕佩习不敢忘。

是泾阳自承，其学自阳明入门，不为讳，惟《札记》评骘明儒有曰：

> 吴康斋先生一团元气,可追太古之朴。罗整庵先生一
> 团正气,可挽末俗之颓。

此两人皆朱学巨擘也。然泾阳又亦盛推阳明。《札记》又曰:

> 五宗昌而虚无寂灭之教炽,所以使天下知有吾儒之道
> 之当来而归者,周元公也。程朱没而记诵辞章之习炽,所以
> 使天下知有自心自性之当反而求者,王文成也。

斯其称许阳明,亦可谓甚至,《札记》又曰:

> 朱子揭格物,不善用者流而拘矣,阳明以良知破之,所
> 以虚其实也。阳明揭致知,不善用者流而荡矣。见罗以修
> 身收之,所以实其虚也。皆大有功于世教。然而三言原并
> 列于《大学》一篇之中。故以之相发明则可,以之相弁髦则
> 不可。以之相补救则可,以之相排摈则不可。

**此言学术思想史之先后发展,各家相异,皆有其应占之地位,可
谓平实明通,绝非陷入门户之见者所能比拟。**

泾阳又常以朱子阳明相比,《札记》有曰:

> 阳明之所谓知,即朱子之所谓物。朱子之所以格物者,
> 即阳明之所以致知。

又曰:

> 朱子平,阳明高。朱子精实,阳明开大。朱子即修即悟,阳明即悟即修。

此即朱子自谓与象山异同,各占一边,各有短长,当求兼采折衷之意。若如此为怀,则何分门户壁垒。然泾阳于诸家异同,亦非漫无轩轾。《札记》又曰:

> 阳明先生开发有余,收束不足。当士人桎梏于训诂辞章间,骤而闻良知之说,一时心目俱醒,恍若拨云雾而见白日,岂不大快。然而此窍一凿,混沌几亡,往往凭虚见而弄精魂,任自然而藐兢业。陵夷至今,议论益玄,习尚益下。高之放诞而不经,卑之顽钝而无耻。仁人君子又相顾徘徊,喟然太息,以为倡始者殆亦不能无遗虑焉而追惜之,此其所以逊元公也。然则朱子何如? 曰:以考亭为宗,其弊也拘。以姚江为宗,其弊也荡,拘者有所不为,荡者无所不为。拘者人情所厌,顺而决之为易。荡者人情所便,逆而挽之为难。昔孔子论礼之弊,曰:与其奢也宁俭。论学之弊,亦应曰与其荡也宁拘。此其所以逊朱子。

是泾阳于阳明不如濂溪朱子处,固亦明白指出。而于阳明晚年天泉桥四句教无善无恶心之体一语,尤致深斥。《札记》有曰:

至善者性也，性原无一毫之恶，故曰至善，阳明先生此说极平正。不知晚年何故却主无善无恶。

高景逸为泾阳作《行状》，引其语曰：

无善无恶，辨四字于佛氏易，辨四字于阳明难。在佛氏自立空宗，在吾儒则阴坏实教。

泾阳弟泾凡，编为《朱子二大辨》一书，泾阳《文集》有序曰：

江西顿悟，永康事功，无善无恶四字，是其窠巢。

盖泾阳论学，极重有关性之体认。《札记》有曰：

吾侪要识性，须从主宰处认取，方有下落。性不离于气，亦必知其有不堕于气者存，而后性之真面目始见。若向气上认取他，这个纷纷纭纭，清浊纯驳，千态万状，将指何者为性。

《札记》又曰：

性，天道也。学，人道也。性原于天，本自有定，在昔圣贤之语性，亦自有定。后人却见谓无定，辄以众说混之而性晦。学系于人，随其所入，千蹊万径，本自无定，在昔圣贤之语学，亦自无定。后人却见谓有定，辄以一说格之而学晦。

亦可谓此处性即是本体，学即是工夫。认识本体，始有工夫可下。实下工夫，始有本体可达。从前人认本体有定，只各人所下工夫可以无定。后人争本体无定，而各人所下工夫，必欲归于一定。泾阳此段辨析，极具见地。高景逸《泾阳行状》引其语曰：

> 孔子所谓工夫，恰是本体。世之所谓本体，高者只一段光景，次者只一副意见，下者只一场议论而已。

又综述泾阳自所体悟，曰：

> 语本体，只是性善二字。语工夫，只是小心二字。

《札记》亦曰：

> 孟子言，人之所以异于禽兽者几希。从源头上看，便知人绝无可自恃处。从念头上看，便知人略无可自肆处。

此所以主性善，而又斤斤于小心工夫，绝不敢自恃自肆也。

泾阳本此意而评当时之学风，《札记》有曰：

> 程子《识仁说》曰：仁者浑然与物同体，义礼智信皆仁也，此是全提。今于仁者浑然与物同体则悉意举扬，于义礼

智信皆仁也则草草放过。识得仁体，以诚敬存之而已，不须防检，不须穷索，此是全提。今于不须防检，不须穷索，则悉意举扬。于诚敬存之，则草草放过。若是者，非半提而何。只是多从便宜处走了。

《札记》又曰：

> 吾读《论语》二十篇，而知孔子之教，大都主于养人性地。吾读《孟子》七篇，而知孟子之教，大都主于发人性光。吾师方师山先生言，朱子之言，孔子教人之法也。陆子之言，孟子教人之法也。此两语庶几足以折纷纷之论。

观此条，泾阳特重朱子《小学》书之观点亦可知。盖朱子《小学》，亦在养人性地上着意也。泾阳又于此而特别看重中庸之庸字。《札记》有曰：

> 春秋以来二千余年，诸子百家纷纷竞起，都有一种可喜可谔处，能鼓舞人搜求病根。只是无奈何许多聪明才辨不肯庸。乃知这一字真是照见天下后世学术之弊，预为点破。万两千斤，十分郑重，不可草草看。

泾阳常称朱学曰平曰实曰拘，其实此等都是接近庸字处，正是泾阳所自己小心有意处也。

《札记》又有评韩愈辟佛有曰：

　　始读韩昌黎《原道》，以为粗之乎其辟佛。年来体验，乃知其妙。佛氏说心说性，仅自精微，几与吾圣人不异，即欲辟他，何处下口。吾圣人以人伦为实际，所谓心性，即在君臣父子兄弟夫妇之中。佛氏以人伦为幻迹，所谓心性，乃在君臣父子兄弟夫妇之外。在君臣父子兄弟夫妇之中，是谓体用一原，显微无间。在君臣父子兄弟夫妇之外，体用显微打成两截。辟佛者只应如是而止。

又曰：

　　昔邵尧夫与赵商州论牡丹，谓洛人以见根拨而知花者为上。见枝叶而知者次之，见蓓蕾而知者下也。如待有君臣而后知有君臣，待有父子而后知有父子，待有夫妇而后知有夫妇，曾不异枝叶蓓蕾之见，而可以语无极乎！程子曰：冲漠无朕，万象森然。予谓万象森然，依旧冲漠无朕。必弃而君臣，绝而父子，离而夫妇然后可，无极其一偏枯之物而已。高存之曰：体则寂无朕兆，所以易混。用则全体具呈，所以易别。今迹其所易别，核其所易混，信乎心性之说不攻自破矣。此《原道》之作似乎平平无奇，而上下二千年间辟佛家，竟未有尚之者也。

心性即在君臣父子夫妇中，不在君臣父子夫妇外，此辨易知。心性乃在君臣父子夫妇前，不在君臣父子夫妇后，此辨难知。此即朱子谓定要为理气分别一先后，则理应在先，气应在后，亦即濂溪无极而太极之意也。佛家教人寻父母未生以前本来面目，不知此本来面目仍应存在于父母既生之后。理在气先，亦在气中。今必欲离弃父母以寻此本来面目，是谓理在气外也。而世俗又认为必待父母既生以后乃始有此面目，是则只能在枝叶蓓蕾上见花，不能在根拨上见花也。阳明言良知，必曰见父自然知孝，见兄自然知弟，此亦只重发人性光，不免于养人性地一面忽了。性地疏于培养，性光亦将晦失。故泾阳极重濂溪之《太极图说》，而又重朱子之《小学》，此是其用心深微处。

《札记》又曰：

> 自古未有关门闭户独自做成的圣贤。自古圣贤，未有离群绝类孤立无与的学问。这道理是个极精极细的物事，须用大家商量，方可下手。这学问是个极重极大的勾当，须用大家帮扶，方可得手。然后知非朋友无以成其君臣父子夫妇兄弟，非讲习亦无以成其朋友。

此乃泾阳景逸诸人东林讲学一番精神所在。孔子曰：以文会友，以友辅仁。孟子曰：以友天下之士为未足；乃上友古之人。故自泾阳尚友一义，自可有东林讲会，又自必转入晚明诸遗老经史实学之一途。显微无间，体用一源，当不以只求反身自得为满足。而陆王心学之终不免其流弊，亦自可见。至清代之文字狱，乃使经史实学转入故纸堆中，东林既无救于明代之亡，而乾嘉儒之经史考据，亦终使宋明理学关心世道人心一番大道理大学问精神堕地以尽。后人正当深求其故，不当只在门户意见中辨是非，论得失也。

<h1 style="text-align:center">下　高　景　逸</h1>

顾泾阳高景逸同主东林书院之讲会,提倡由王返朱,惟泾阳颇不树门户,而景逸务于辨是非,两家立言多相同。而亦微有异。

景逸曾仿《近思录》例,编钞朱子语为《朱子节要》,《高子遗书》有其序,曰:

> 不有孟子朱子,孔子之道不著。昌黎韩氏曰:孟子功不在禹下,而河汾薛氏曰:朱子功不在孟子下,可谓知言。

又《遗书》卷五《会语》有曰:

> 若知孟子之言,便知孔子句句精妙。若知得朱子之言,便知周程语语着实。

又《遗书》卷一《语》有曰:

> 朱子传注六经,折衷群言,是天生斯人以为万世。即天之生圣贤,可以知天命矣。

又《遗书》卷五《会语》有曰:

> 周程张朱，是为天地干蛊之人。白沙康节，是享现成家当者。若其间最苦心竭力者，又莫过朱夫子，于世上无一事不理会过。

又曰：

> 自古圣贤成就，俱有一个脉络。濂溪明道与颜子一脉。阳明子静与孟子一脉。横渠伊川朱子与曾子一脉。

又曰：

> 程子曰：孟子才高，学之未可依据，且学颜子。余则曰颜子才高难学，学者且学曾子，有依据。

凡景逸之所以推尊朱子，其意俱如上引。

《会语》又曰：

> 学问俱有一个脉络。朱陆亦然。陆子之学，直截从本心入，未免道理有疏略处。朱子却确守定孔子家法，只以文行忠信为教，使人以渐而入。然而朱子大，能包得陆子。陆子粗，便包不得朱子。陆子将《太极图》《通书》及《西铭》俱不信，便得他心粗处。

此处分论朱陆极平实。又《遗书》有《崇文会语序》，略曰：

　　崇文者,崇文公朱子也。自良知之教兴,世之弁髦朱学也久矣。孔子之教四,曰文行忠信。惟朱子之学得其宗,传之万世无弊。即有泥文窒悟者,其敦行忠信自若也。姚江妙悟良知,其功甚伟,岂可不谓孔子之学,然而非孔子之教也。今其弊略见矣。盖至于以四无教者,而后知以四教者,圣人忧患后世之远也。

此处分论孔子之学与孔子之教大有意思。而朱王异同亦由此见矣。

　　又《遗书》卷四《讲义》有曰:

　　除却圣人全知,以下便分两路,一者在人伦庶物实知实践去,一者在灵明知觉默识默成去。此两者之分,孟子于夫子微见朕兆,陆子于朱子遂成异同。本朝文清文成,便是两样。宇内之学,百年前是前一路,百年来是后一路。两者递传之后,各有所弊。毕竟实病易消,虚病难补。今日虚证见矣。

此条论学脉,而谓孟子于孔子已微见朕兆,前引泾阳语已有《论语》培人性地《孟子》发人性光之辨,此一层实亦承朱子,而前人尚少发挥,大可注意。

　　又《遗书·答方本庵》有曰:

　　阳明于朱子格物,若未尝涉其藩焉,其致良知,乃明德也。然而不本于格物，遂认明德为无善无恶。故明德一也，由格物而入者，其学实。其明也，即心即性。不由格物而入者，其学虚。其明也，是心非性。心性岂有二哉，所从入者有毫厘之辨也。

此条辨即心即性与是心非性，谓一从格物入，一则否，乃一实一虚之辨。

又《遗书·评敬庵先生语要序》有曰：

> 谓无恶可矣，谓无善何也。善者性也，无善是无性也。吾以善为性，彼以善为外。吾以性为即人伦，即庶物，彼以人伦庶物是善而非性，是岐体用，岐本末，岐内外，岐精粗，岐心迹而二之也。

此条与泾阳辨佛用意相似。若必待见父始知孝，则未见父前，此心亦复有孝否。孝即是此心，善即是此性，体用本末内外精粗合一，故必格物，乃得致知。重视朱子《小学》，即所以纠王学之末弊也。

又《遗书·方本庵性善绎序》有曰：

> 阳明先生所谓善，非性善之善也。何也？彼所谓有善有恶者意之动，则是以善属之意也。其所谓善，善念云尔。所谓无善，第曰无念云尔。吾以善为性，彼以善为念。吾以善自人生而静以上，彼以善自吾性感动而后也，故曰非吾所

谓性善之善也。吾所谓善,元也。万物之所资始而资生也,乌得而无之。故无善之说,不只以乱性,而足以乱教。善,一而已矣。一之而一元,万之而万行,为物不二者也。天下无无念之心。患其不一于善耳,一于性即善也。今不念于善而念于无,无一念也。若曰患其着焉,着于善着于无,一也。着善则拘,着无则荡。拘与荡之患,倍蓰无算。故圣人之教,必使人格物。物格而善明,则有善而无着。今惧其着,至夷于恶而无之,人遂将视善如恶而去之,大乱之道也。故曰足以乱教。古之圣贤,曰止善,曰明善,曰择善,曰积善,盖恳恳焉,今以无之一字扫而空之。非不教为善也,既无之矣,又使为之,是无食而使食也。

此处有数义当略加分释。一则景逸特别重视教,前引有曰:姚江妙悟良知,岂可不谓孔子之学,然而非孔子之教。此处又曰:无善之说,不足以乱性,而足以乱教。景逸此意,亦屡见于他处。《遗书》有《答方本庵书》有曰:

　　立教不可不慎。读《论语》,便见圣人小心,其周物之知,曲成之仁,正在于此。故附会失真者,其真自在。快意下语者,语即流祸耳。

此犹谓无善之说不足乱性,而足乱教也。孔子既曰学不厌,又必曰教不倦。古代如庄老道家,后代如乾嘉清儒,皆有学而无教。理学中如陆王,则语即流祸,教而有弊也?《遗书》又有《答张鸡山书》有曰：

> 龙每谓姚江之学兴，而濂洛之脉绝。有宋大儒，诚明之
> 性，明道先生是矣。明诚之教，晦庵先生备矣。

《遗书》卷一《语》有曰：

> 文公圣贤而豪杰者也。故虽以豪杰之气概，终是圣贤
> 本色。文成豪杰而圣贤者也。故虽以圣贤学问，终是豪杰
> 真色。

景逸之特重朱子，亦重在其立教之无弊，而阳明终自有快意下语
处，故谓其是豪杰真色也。又《遗书》有《重刊诸儒语要序》
有曰：

> 圣人之忧患天下后世远矣。故不难于自尽其心，而难
> 于尽众人之心。不难于开一世人之心，而难于稽万世人之
> 心。圣人知不学之害小，而学术之害尤大。不学之害，害其
> 身。而学术之害，害万世。

学求自尽其心，教则求尽众人之心。如学朱者泥文窒悟，阳明提
倡良知，是亦开一世人之心也。然快意下语流祸，是未能稽万世
人之心也。所谓学术之害，即指其立教失当之害言。
　　二则景逸解释阳明无善无恶心之体一语乃指念，非指性，此

诚一语破的。所以然者，阳明盖认善之起在吾性感动以后，不认善在人生而静以上。朱子论理在气中，然复言理先于气。此一分辨，极关重要。前引顾泾阳评韩愈辟佛一篇，所论与景逸此条大义相通。梨洲《学案》于泾阳传后附辨阳明四句教，谓所谓无善无恶，无善念恶念耳，非谓性无善无恶也。有善有恶之意，以念为意也。知善知恶，非意动于善恶，从而分别之为知。好善恶恶，天命自然，炯然不昧者，知也，即性也。阳明于此加一良字，正言性善也。为善去恶，所谓有不善未尝不知，知之未尝复行也。良知是本体，天之道也。格物是工夫，人之道也。上二句浅言之，下二句深言之。心意知物，只是一事。盖景逸攻击阳明语，极属明显，无可否认。梨洲乃借景逸语转为阳明作回护。谓阳明之意，本是说无善念无恶念。然阳明本意，若果如梨洲所解，则只下二语深言之已足，何必再增上二语之浅言之。又何以于心意则浅言之，于知与物则深言之。其为曲解，不辨自明。抑且若果阳明原意如梨洲所说，又何以于龙溪四无之说，更予认可，不加修正，此实百辨而莫可解者。盖梨洲亦自受东林讲学影响，于泾阳景逸两人剖击阳明语亦皆认可不复反诘，而于阳明所语犹必委曲回护，乃独归罪于龙溪，是真何为其然矣。

三则景逸此条提出拘与荡二字，亦见前引泾阳篇，两人意见相同，正可证上引泾阳论朋友讲习之益。

景逸复有明斥阳明为学本末者。《遗书·三时记》有曰：

余观文成之学，盖有所从得。其初从铁柱宫道士得养生之说，又闻地藏洞异人言，周濂溪程明道是儒家两个好秀才。及娄一斋与言格物之学，求之不得其说，乃因一草一木之言，格及官舍之竹而致病。旋即弃去。则其格致之旨未尝求之，而于先儒之言，亦未尝得其言之意也。后归阳明洞习静导引，自谓有前知之异，其心已静而明。及谪龙场，万里孤游，深山夷境，静专澄默，功倍寻常。故胸中益洒洒，而一旦恍然有悟，是其旧学之益精，非于致知之有悟也。特以文成不甘自处于二氏，必欲篡位于儒宗，故据其所得，拍合致知，又妆上格物，极费工力，所以左笼右罩，颠倒重复。定眼一觑，破绽百出也。后人不得文成之金针，而欲强绣其鸳鸯，其亦误矣。

景逸《三时记》，记其谪揭阳往返经过，此一段乃在赴揭阳途中读文成年谱而作。景逸之赴揭阳，略似文成之谪龙场驿，《遗书》中《困学记》自序为学次第，有在赴揭阳途中汀州旅舍小楼一悟，其事极似禅家言。景逸又极重视静坐，常以朱子语半日静坐半日读书教人。景逸学脉入处在此，故于阳明铁柱宫阳明洞龙场驿几段生活经过，了解亲切，较之他人仅于文字言说中求阳明者大不同。而景逸与阳明两人之学术异同，所以尤当为有心治理学者作精详之参寻也。在阳明当时，与阳明持异见者有罗整庵。在阳明身后，与阳明持异见者有高景逸。整庵景逸两人皆言悟。而两人所悟，亦皆与阳明不同。辨心性亦惟整庵景逸两人为精。然景逸言明儒，乃特提薛敬轩，少及罗整庵，此层与泾阳稍异，亦值细参。

　　《遗书》卷二《劄记》有曰：

> 朱子一派,有本体不彻者,多是缺主敬之功。陆子一
> 派,有工夫不密者,多是缺穷理之学。

此见景逸于朱学,最重敬字工夫,泾阳之言小心,亦敬也。景逸
之主静坐,自言自幼无小学之教,缺此一段工夫,终不可无端居
静定之力,故泾阳与景逸皆重朱子《小学》,亦是此意。又曰:

> 儒者之学,只天理二字最微,可以自诣,而难于名言。
> 明道津津言之,伊川晦庵皆体到至处。

又曰:

> 朱子曰:天地间有一定不易之理,不容毫发意想安排,
> 不容毫发意见夹杂。自然先圣后圣若合符节,此究竟处也,
> 所谓天理者如此。

又曰:

> 一念反躬,便是天理。故曰:不能反躬,天理灭矣。问:
> 知觉之心与义理之心何如,朱子曰:才知觉,义理便在此,才
> 昏便不见了。又曰:提醒处便是天理,更别无天理。由此观
> 之,人心明即是天理,不可骑驴觅驴。

以上诸条皆言天理,而曰一念反躬便是天理,此言天理重在此心

之存主，而此心之存主则即是敬字工夫也。又曰：

> 朱子谓人之所以为学，心与理而已。学者必默识此心之灵，而端庄静一以存之。知有万物之理，而学问思辨以穷之。此圣学之全也。论者以为分心与理为二，不知学者病痛，皆缘分心与理为二，朱子正欲一之，反谓其二之，惑之不可解久矣。

此条明白说出朱子正欲合心与理为一，而所以合之之方，则尤要在端庄静一之敬。又曰：

> 朱子曰：致知格物只是一事。格物以理言也，致知以心言也。由此观之，可见物之格即知之至，而心与理一矣。今人说着物，便以为外物，不知不穷其理，物是外物。物穷其理，理即是心。故魏庄渠曰：物格则无物矣，此语可味也。

此条以格物致知合一言之，谓此即心与理一。与阳明言致良知即格物，其义大异。

观于以上诸条，知景逸于朱子，居敬穷理，两面用功，格物与致知，心与理，皆一非二。而重要在有一段工夫。阳明学之流弊，则正为忽视此一段工夫而来。故曰：

> 物格知至，实见得天人一，古今一，圣凡一，内外一，主一功夫自妙矣。

敬即主一功夫,主一功夫之最高境界,达于天人,古今圣凡内外之一,则无以复加矣。然此亦只是理之穷到极处也。景逸此诸条,本只引申朱子之说,非有自己创见,而针对王学流弊,则此诸条皆备见深意。乃梨洲《学案》辨景逸又曰:

> 先生曰:人心明即是天理,深有助乎阳明致良知之说。而谓谈良知者,致知不在格物,故虚灵之用,多为情识,而非天则之自然。先生必以外穷事物之理为格物,则可言阳明之致知不在于格物。若言人心明即是天理,则阳明之致知即是格物明矣。先生之格物,本无可疑,特欲自别于阳明,反觉多所扞格耳。

此又是梨洲强生曲解。景逸只谓人心明即是天理,非谓此心无时无处而不明。若谓见父自然知孝是良知,然此中亦有曲折。如大杖走,小杖受,乃是格物。大杖之所以必走,小杖之所以可受,其间有物理。固是同出于孝心,而尽当分走与受之别。故谓物格即是致知则可,谓致知即是格物,则其语终烦分释。谓穷格物理可以圆满达成吾心之良知则可,谓在吾良知中即具一切物理,此亦难于成立。《遗书》卷三有《阳明说辨》四篇,极辨朱王两家言致知格物异处,今梨洲既言景逸论格物无可疑,而必谓其不当自别于阳明,盖梨洲本已逐步走上由王返朱之路,而不能自觉,故乃多生回护,时见扞格耳。

　　景逸于阐释《大学》格物致知义,一本程朱,然于程朱之改易《大学》古本而又为之作补传,则终不信守。《遗书·古本大学题词》有曰：

> 明道先生易《大学》古本，伊川先生再易之，晦庵先生
> 三易之，未定也。以三先生之信古而卒不能信于斯简，以天
> 下后世之信三先生，而卒不能信其所易，则心之同然者不可
> 强也。愚盖往来胸中，结疑不化有年矣。一日读崔后渠先
> 生集，有曰：《大学》当挈古本引《淇澳》以下置之诚意章前，
> 格物致知之义明矣。乃始沛然如江河之决，不觉手舞足蹈
> 而不能已。吾何以决之，决之于此谓知本，此谓知至之二语
> 也。夫以三先生不能定，敢谓定于今日乎。然而天下万世
> 之心目，固有渐推而愈明，论久而后定。自三先生表章《大
> 学》之后，越三百年，而崔先生之说益近自然，故敢申明之，
> 以俟后之君子，观夫同然之心果何如也。

又曰：

> 《大学》一篇本六段文字。首段三纲八目之下即释格
> 致，而格物即在格知本末，本末即是明德新民，知本即是知
> 至，知至即是知止，原与三纲通为一义，故通为一段。其次
> 即历释诚意以下，初无传经之别。

又曰：

> 朱子自言：某一生只看得《大学》透，见得前贤所未到。

子之愿学朱子笃矣,于《大学》反异其指,何也。曰:朱子格
物,规模极大,条理极密,无所不有。知本之义已在其中。
若实做朱子格物工夫,自与知本无二。实做知本工夫,自与
朱子格物无二。非今日之古本与朱子无异指,乃朱子格物
原与古本无二指也。

《遗书》于《古本大学题词》外,尚有《大学首章约义》一篇,《广
义》十二条,附录《先儒复大学古本》及《论格致未尝阙传》等多
条,此处只约引数语以见梗概。景逸极尊朱子,而论《大学》版
本则不惮有异同,明儒辨《大学》古本者多矣,故特附详景逸之
意于此。以待后人之续定。至景逸之谓知本者,窃推其意,外则
本之天理,内则本之人心。而人心天理实一非二。由于天地大
自然而生出人心良知,此所谓天降天命。故孟子曰:尽心可以知
性,尽性可以知天。此处乃是知至知止。阳明单提良知,未见尽
心尽性工夫,景逸则谓之为不格物之致知。阳明嗣又谓良知生
天生地,是天地转在良知后,犹谓子女生出父母,何其倒置之甚。
及晚年又曰无善无恶心之体,苟言理,则必及善恶,今乃一扫而
空之,无怪龙溪倡四无之论,而阳明不得不首肯。此终堕入了释
老境界。故王学流衍,终必归于三教合一,亦是一种至为自然之
趋势也。景逸则举天人一,古今一,圣凡一,内外一,以为格物知
止之主一功夫之最后最高境界,夫岂谓知本知至知止之仅止于
各人当下现前之良知而已乎。景逸极称薛敬轩诗:七十六年无
一事,此心始觉性天通。性天通,即是天人古今圣凡内外之合一
也。梨洲《学案》亦曰:河东之学,恫愊无华,恪守宋人矩矱,故

数传之后，其议论设施，不问而可知其出于河东。若阳明门下亲
炙弟子，已往往背其师说，亦以其言之过高也。此即景逸所称本
朝文清文成便是两样，梨洲亦不得不采其说。惟东林顾高讲学，
因其牵涉政事，党论与国运同灭，故后起晚明遗老如顾亭林，虽
昆山无锡同在百里之内，人地相稔，其为《日知录》亦极反阳明，
而颇不多称引顾高。东林遗响，其在清初，虽不骤沉，亦不久延，
是岂讲学之与论政，必当判分两途，而终不能合一而并盛乎？此
亦治学术史者一深值注意之问题。而景逸之止水自沉，则尤足
倍增后人之追悼于无已也。

此稿刊载于一九七五年五、六月
《东方杂志》复刊第八卷第十一、十二期

读《刘蕺山集》

　　余少年读黄梨洲《明儒学案》，爱其网罗详备，条理明晰，认为有明一代之学术史，无过此矣。中年以后，颇亦涉猎各家原集，乃时憾黄氏取舍之未当，并于每一家之学术渊源，及其独特精神所在，指点未臻确切。乃复时参以门户之见，意气之争。刘蕺山乃梨洲亲所受业，亦不免此病。爰缀斯篇为例。

　　《蕺山集》卷三三《申皇极之要疏》有云：

　　　　古之帝皇，道统与治统合而为一。及其衰也，孔孟分道统之任，有宋诸儒继之。洪维我太祖，表章朱熹之学，以上溯孔孟，直接尧舜以来相传之统，人心之正，几于三代。

又卷九《方逊志先生正学录序》，谓：

　　　　先生蚤师宋潜溪氏，接考亭之正传。予少知学问，辄向慕先生，私心谓国朝理学之传，必以先生为称首。

是蕺山于明儒首尊方正学，实亦即以尊朱子也。并兼举治统道统，则受东林影响。王学末流，龙溪泰州，变成一种社会运动，置上层政治于不问，则决无当于儒学之正统也。

卷六《答陈生》一有云：

> 千秋绝学，朱夫子其至矣。后人鲜有能发明之者。

又卷六《答胡生》二有云：

> 薛文清学程朱，朱子言孟子道性善一段，真是为学者指出真血脉与人看。

又卷七《答王金如》有云：

> 仆生也晚，于吾乡得陶先生，学有渊源，一时闻者兴起，新建微传，庶几有托。

此蕺山尊朱子，而同时亦尊阳明。惟谓新建微传，则与人之尊阳明者有别。故同书又曰：

> 后之学圣人者，由阳明子而朱子，及于明道濂溪，溯之孔孟，如是而已矣。

卷七《告胡嵩高诸生》亦曰：

> 古之为儒者,孔孟一传而为程朱,再传而为阳明子。

又曰:

> 孔孟言之而不足,则程朱言之。程朱言之而不足,则阳明子言之。
>
> 道阳明之道,言阳明之言,因而参考异同于朱子之言,以发明朱子之蕴,善继朱子之心,求不得罪于孔孟焉止耳。

是蕺山论学,乃谓由程朱而阳明,故主以阳明上参程朱,而达于孔孟,与王门后学,必以陆王程朱分宗,谓惟阳明乃始直得圣传,而反使阳明良知之学陷入于禅学窠臼者大不同。故蕺山实亦主由王返朱者,故又极推东林,卷一《修正学疏》有云:

> 东林云者,先臣顾宪成倡道于其乡以淑四方之学者也。宪成学朱子者也。

又卷二《极陈救世要义疏》有曰:

> 太祖高皇帝远接二帝三王之治统,独表章紫阳氏。其学焉而最著者,则有薛胡陈王四君子。驯至万历之季有高攀龙。即宋儒杨时遗址,讲紫阳之学,而世遂以东林名。

是蕺山论有明一代儒统,不废薛胡,其论有明一代道统治统之合一，则尤拳拳于东林之顾高，此乃其论治论学之最大着眼处，而以学朱子讲紫阳为终极，固并不有丝毫朱王门户流俗之见存其心中也。

其论王学末流之陷于禅，则举龙溪近溪，卷七《答王金如》有曰：

> 读龙溪近溪之书，时时不满其师说，而益启瞿昙之秘，举而归之师，渐挤阳明而禅矣，不亦冤哉。

其《答胡嵩高诸生》有云：

> 今之言佛氏学者，既莫不言阳明子，吾亦与之言阳明子而已矣。

又曰：

> 今之言佛氏之学者，拈之以孔孟而不得，拈之以程朱而又不得，即请以阳明子拈之。此仆所以姑与之言阳明子也。
>
> 君子反经，仆亦与二三子共学阳明子以臻于圣人之域而已矣。

此见蕺山之讲王学，乃别具一番苦心，治佛学者多言王，乃即以王学拈之，并不如王门后学只认王学为圣学之唯一途径也。卷八《答史子复》三有曰：

仆不敏，不足以窥王门宗旨，抑聊以存所疑，窃附于整庵东桥二君子之后。

则蕺山于王学，自谓多所疑，而窃自附于罗整庵之与顾东桥。凡其自立说，皆当于此窥之，自不当目蕺山为王门之嫡系传宗也。

卷九有《重刻传习录序》有曰：

孔孟既没，心学不传，虽经程朱诸大儒讲明救正，而其后束于训诂，转入支离，往往析心与理而二之。先生特本程朱之说而求之，以直接孔孟之传曰致良知。先生所病于宋人者，以其求理于心之外也。故先生一则曰天理，再则曰存天理而遏人欲。先生盖曰，吾学以存天理而遏人欲云尔。故又曰良知即天理。先生之言，固孔孟之言，程朱之言也。而一时株守旧闻者，骤诋之曰禅。后人因其禅也而禅之，转借先生立帜，分门别户，反成燕越。

是当时禅学，乃承王学而起。不入虎穴，不得虎子。蕺山之讲阳明，乃求由此返之程朱，返之孔孟，而即以辟禅，而又直称孔孟程朱曰心学，尤为特出之见。王门后人，必欲标揭其师之学曰心学，以树异于程朱，乃以独立于儒学传统之外，而反以通于禅，蕺山意见，大率如是。

卷九又有《明儒四先生语录序》，四先生指薛胡陈王，其言曰：

道之不明，智者过之，愚者不及。学一先生之言而求所谓道，高之荡于元虚，卑之滞于形器，皆过不及之见也。

是蕺山于阳明，乃以接薛胡之后，则梨洲之《明儒学案》，真所谓株株惟一先生之言是守矣。

卷六《答秦履思》一又云：

学者专取良知以为捷径，于古人用功处，一切废置，仍欲别开径窦，以认取良知之面目，只觉愈求而愈远，终自堕于恍惚之阱。

则凡治王学，以自别于其他儒统之外而奉之为独尊者，其弊必至此。而其病乃自认良知为捷径始。

故卷十有《张含宇先生遗稿序》有曰：

张氏有浮峰先生，文成高弟子也。文成倡良知之学，天下遂不复言朱氏学，独浮峰先生惓惓于戒惧谨独之说。至含宇先生，则全以紫阳之家法，格王门之异同。虽犹是浮峰遗旨而语加峻，切劘益加严，其自许为文成功臣亦逾甚。

是蕺山于当时学人之能反朱以矫王者，固心所向往，情见乎辞，即诵斯篇而可知。

又卷十三有《张浮峰墓志铭》，其铭曰：

> 浮峰高高不可极,合下良知独为则。渊源紫阳相羽翼,
> 终古灵光且不蚀。

是蕺山并非无取于阳明良知之说,惟必渊源紫阳相为羽翼,乃可无弊也。又卷十有《重修绍兴府儒学记》有曰:

> 为伊洛发蒙,为姚江救敝。

又卷九有《陶庸斋愌愌集序》,谓

> 章枫山先生曰,程朱后,学术又大坏。吾越有陶庸斋先
> 生,学宗紫阳,服膺枫山,因不满于良知之说,吾是以知学术
> 之终归于一也。紫阳之后有文成可也,文成之后有先生可
> 也。请以质之枫山。

是蕺山未尝反阳明言良知,然不喜言良知者之反朱子,故于阳明后又有取庸斋,蕺山之学,则正闻庸斋而起也。

卷十一《读书说示汋儿》有曰:

> 生于孔孟程朱之后者,舍孔孟程朱之书不读,又何以自
> 达于道。

又曰:

> 予尝从阳明子之学，至拔本塞源论，乃以博古今事变为乱天下之本性，充其说，必束书不观而后可。

拔本塞源论，见阳明《答顾东桥书》，可谓阳明晚年之见，而蕺山非之。故蕺山又谓窃附于整庵东桥二君子之后也。东桥原书有曰：《论语》曰：生而知之者，义理耳。若夫礼乐名物，古今事变，亦必待学。而阳明以拔本塞源之论答之。蕺山则曰：充其说，必束书不观而后可。而蕺山此论，乃以告其子者，尤可见蕺山论学之要旨矣。又曰：

> 偶阅一书，为江陵欲夺情，尽指言者为宋人烂头巾语，此事惟王新建足以知之。夫江陵欲夺情，与新建无涉，何至以新建之贤而动为乱臣贼子所藉口，则亦良知之说有以启之。故君子立教不可不慎。予因有感而著《读书说》。

此其言，蕺山乃苦无以告于世，而特以告其子，亦可见当时之学风，与蕺山之苦心矣。

卷十一又别有《读书说》，其言曰：

> 阳明先生不喜人读书，令学者直证本心，正为不善读书者，舍吾心而求圣贤之心，一似沿门持钵，无益贫儿，非谓读书果可废也。先生谓博学只是学此理，审问只是问此理，慎思只是思此理，明辨只是辨此理，笃行只是行此理。而曰心即理也。若是乎此心此理之难明而必假途于学问思辨。则

又将何以学之问之思之辨之而且行之乎？曰：古人诏我矣。读书一事，非其导师乎？即世有不善读书者，舍吾心而求圣贤之心，一似沿门持钵。苟持钵而有得也，亦何惜不为贫儿。惟为举业而读书，不免病道。然吾更恶夫业举子而不读书者。此亦可谓慨乎言之矣。蕺山论学之主张由王返朱，其最简易明白者，在主张教人读书。故此篇之首，即举朱子教人读书谓当取以为法。惟其引朱子以半日静坐半日读书为教人法，则实误承之高忠宪，而蕺山论学之多承忠宪，亦据此可知。

又卷九《张慎甫四书解序》有曰：

> 夫子以天纵之圣，为万世师，而其自道也，一则曰好古，再则曰好古。后儒之言曰：古人往矣，六经注我耳，吾将反而求之吾心。夫吾之心未始非圣人之心也，而未尝学问之心，容有不合于圣人之心者。求心之过，未有不流为猖狂而贼道者也。

六经皆我注脚，乃象山语，阳明不喜人读书，即承象山来。象山欲问人，尧舜以前曾读何书来，然尧舜以下之圣人，则未有不读书。象山必曰，使我不识一字，亦将堂堂地做个人。循此以往，则流为猖狂，有不免矣。

又卷六《与陆以建年友书》有曰：

言致知不言格物，不免离相以求心，以空指道，以扫除一切为学，以不立文字，当下即是性宗，何怪异学之纷纷。

言致知不言格物，即斥王学。以上皆专据《蕺山集》，而蕺山论学宗旨，亦昭然可睹矣。梨洲亲受业于蕺山之门，《南雷集》有《子刘子行状》，篇末叙蕺山论学，谓：

先生始从敬入门，中年专用慎独工夫。慎则敬，敬则诚。

是梨洲亦谓蕺山之学，乃从程朱入，并终其生未变也。《行状》又曰：

先生发先儒所未发者，大端有四：一、静存之外无动察。二、意为心之所存，非所发。三、已发未发以表里对待言，不以前后际言。四、太极为万物之总名。

此其言静存动察，言已发未发，言太极，皆直承濂溪二程朱子来。其谓意为心之所存，则又承静存动察已发未发诸辨来。然如梨洲所举蕺山论学，终不免偏在陆王心学之一边。与余此篇所引，兼治统道统，上自方正学，下及东林高顾之旨，终自有辨。

《行状》又引蕺山语，谓：

新建之流弊，亦新建之择焉而不精，语焉而不详，有以启之。

是梨洲亦言蕺山有意矫王学之流弊也。

《行状》又曰：

> 先生于新建之学，凡三变。始而疑，中而信，终而辨难
> 不遗余力。而新建之旨复显。

是梨洲亦言，蕺山之学，其先固不自阳明入，终亦于阳明多辨难。
而乃谓新建之旨复显。是不啻谓矫王学，即以显王学。梨洲之
言非误解即曲说，可知矣。

《行状》又记蕺山著书，

> 聚孔孟言仁者类之曰合璧，周张程朱五子言仁者益之
> 曰连珠。

则蕺山之学，岂不明白主自周张程朱而上达之于孔孟乎。

《行状》又曰：

> 择五子书之醇者解之为《圣学宗要》。

此五子书指濂溪明道横渠朱子阳明。又有《阳明传信录》，是蕺山
于阳明，固未全斥，主要则在能由阳明而上反之朱子明道而已。

《行状》又曰：

先生常语羲，阳明之后，不失其传者，邹东廓罗念庵耳。

梨洲晚年为《明儒学案》，时主江右王门，即承此旨而来。然其持论，殊不免仍陷于程朱陆王宗派门户之争论中而未能自拔，因奉阳明为有明一代理学之中心，而尊蕺山，则若为王学之殿军焉，其言曰：

识者谓五星聚奎，濂洛关闽出焉。五星聚室，阳明子之说昌。五星聚张，子刘子之道通。岂非天哉，岂非天哉。

其言固未斥濂洛关闽于儒统之外，其推尊蕺山不为不至。然实于蕺山论学之纠矫王学以欲上反之于濂洛关闽之精神，则湮没而未彰。其同门恽日初，并以高刘两人为正学，而梨洲力辨之，必谓高忠宪未脱禅门路径，蕺山则醇乎其醇。然蕺山固极推景逸，此两人同为当时学风有自王返朱之倾向中之特出人物，故治晚明学术史，于此两人当特加注意。梨洲知恶讲堂锢习，而转治经史实学，亦从此学风转变而来，惜乎梨洲不自知，必于高刘两人分高下，似不如恽日初之转得师门宗旨。故其晚年所为《学案》，亦仅可为治明代儒学者一必要之参考书而止。其于明代儒学之始终流变，乃及各家学术之大趋向，及其于儒学大统中轻重得失离合是非之所在，则颇少窥入，而仍以宣扬王学为其书之最大宗旨，则恐决不可谓其有合于师门蕺山之精神也。

宋明理学之总评骘

近人多称宋明理学为新儒学，其实宋明儒与先秦儒新旧之间，自有一番区别。先秦儒乃当时新兴之平民学，其针对者，乃当时之贵族阶级即世袭的国君与卿大夫之流。而宋明儒则承接南北朝隋唐社会佛学余波，其针对者在方外。近人疑先秦儒仍多不脱贵族色彩，宋明儒仍多不脱佛家色彩，其实是生世不同，那时社会自有那种色彩。何况是在思想上，何能摆脱净尽乎。因此先秦儒大率自负欲为当时政治社会上一改造者，而宋明儒意中则多带宗教气氛。他们大体上有些处像似承接竺道生乃至慧能，专要当一传道师，却不屑为授业与解惑师。书院山斋似佛门法堂，非庠序教室。来学者亦多中年以上声名已就之人，并非家庭青年子弟。他们虽亦讲究到治国平天下，但他们的主要精神，则以修身齐家为主。虽非出世主义，终亦不免以摆脱此身种种罪过及牵扰为目标。总像带有几分消极气氛，轻事业，轻成就。对政治生活，并不宣告绝缘，却多抱着一种难进易退的态度。只有北宋初期，对政治味甚浓郁，较近先秦儒，惟夹带有唐代文人气息。中期以下，唐代文人气息洗涤净尽，换上严肃的面孔。若说先秦儒偏向上层政治，则宋明儒是偏向下层教育，并带些宗教师的气氛。这是历史时代不同，社会情况不同。宋明儒乃沿接隋唐佛学盛行以来期求挽回所应有之偏向。

惟宋明儒究与隋唐宗教师相异，一则宗教师偏在出世，而宋明儒则求重回到先秦，来讲治国平天下。二则宗教师偏重信，偏重外在之教，宋明儒则由信转悟，由教转理。不重外在之教，而要转回头到心悟其理，唐代禅宗则为此两者间之过渡。禅宗主张本分为人，已扭转了许多佛家的出世倾向，又主张自性自悟，自心自佛，早已从信外在之教转向到明内在之理。宋明儒则由此更进一步，乃由佛转回儒，此乃宋明儒真血脉。故谓其直接孔孟，固未全是，谓其仍是禅学，则亦非真相。

宋明儒讲理，还有两个歧向。一是濂溪明道以至象山阳明，比较偏从内心体会。一是康节横渠伊川晦翁，比较偏从外物条理去探究。亦可谓乃由濂溪明道，而衍分出程朱与陆王之两歧。若通论宋明学全部精神，却像前者是正统，后者只是旁趋。但到宗教意味逐渐脱尽，学术界真是全部转回到人文现实，则程朱转居正统，而陆王反若旁门，晚明以及清儒多抱此意见。故通论宋明儒成绩，仍是心性玩索处多，而事物考究处少。

宋明儒玩索心性工夫，不得不说其大体还从佛家禅宗来。他们亦主张把一切尘世习染从内心深处洗涤净尽，所欲洗涤者，他们称之为人欲。只禅宗以洗涤净尽为究竟，而宋明儒则在人欲洗净后，还要有一个天理炯然。此所谓天理，则从先秦儒来，与佛法不同。但在先秦儒，却没有像宋明儒一般内心洗涤的工夫。因此宋明儒最后境界，固不与禅宗合，亦往往与先秦儒不尽合。姑举一故事说之。相传张思叔家微，年长，未知读书，为人佣作。一日，见县官出入，传呼道路。思叔颇羡之，问人何以得如此。或曰：此读书所致。思叔始发愤从人学，后颇能文，入县学府学，被荐。嗣以科举之学不足为，因至僧寺，见道楷禅师。悦其道，有祝发从之之意。时周行己恭叔官洛中，告思叔曰：且待他日程先生归，子可从之学，无为空祝发也。伊川归自涪陵，思叔往从学。遂为程门弟子。此一事，可说明宋明儒在中国思想史上的地位。张思叔羡县官发愤为学，此乃唐代文人意境。一旦悟科举学不足为，因至僧寺欲祝发，此乃由唐代文人转入唐代高僧的普通道路。其实唐代纵为高官，纵不祝发，信崇佛门讲法者何限，只张思叔及见伊川，更不欲祝发为僧，此则宋明儒贡献，正在其能把人才从佛寺禅堂中挽出。因他们毕竟也是先下了内心洗涤工夫，比高僧们更高明了。但先秦儒则开始便积极，没有受过此种宗教洗礼。

兹试再举一事，明末东林高攀龙景逸自序为学次第，有一节云：

> 癸巳以言事谪官，……甲午，赴揭阳，自省胸中理欲交战，殊不宁帖。……遂大发愤，曰：此行不彻此事，此生真负此心矣。……于舟中原设蓐席，严立规程，以半日静坐，半日读书。静坐中不帖处，只将程朱所示法门参求。于凡诚敬主静观喜怒哀乐未发，默坐澄心，体认天理等，一一行之。立坐食息，念念不舍。夜不解衣，倦极而睡，睡觉复坐。于

前诸法，反复更互，心气清澄时，便有塞乎天地气象，第不能常。在路二月，幸无人事，而山水清美，主仆相依，寂寂静静。晚间命酒数行，停舟青山，徘徊碧涧，时坐磐石，溪声鸟韵，茂树修篁，种种悦心。而心不著境。过汀州，陆行至一旅舍，舍有小楼，前对山，后临涧，登楼甚乐。偶见明道先生曰，百官万务，兵革百万之众，饮水曲肱，乐在其中，万变俱在人，其实无一事。猛省曰，原来如此，实无一事也。一念缠绵，斩然遂绝。忽如一百斤担子，顿尔落地。又如电光一闪，透体通明。遂与大化融合无际，更无天人内外之隔。至此见六合皆心，腔子是其区宇，方寸亦其本位。神而明之，总无方所可言也。平日深鄙学者张皇说悟，此时只看作平常，自知从此方好下工夫耳。

此一等话，虽为高忠宪一人之自述，但可代表宋明学实际精神之大体面相。此事在宋明理学结束时期，正可指出宋明理学家始末一贯之终极趋向。此种工夫，即为上述内心洗涤工夫之具体一例。固非谓凡属内心洗涤工夫皆如此做，要之可见其一斑。若论此等内心洗涤工夫之渊源，则实自禅宗来，先秦儒固绝无此意境。禅宗教人重在不染不著，但人心却偏要依靠，黏著。在此用工夫，须把己心逐渐收敛，逐渐凝聚，使其只依靠黏著在一点上，不走作，不散漫。久而久之，只要此一点依靠黏著，忽尔洒脱，则此心便落入空荡荡底境界，便可面对无著真相矣。禅宗心理状态之经过都如此，更明显的，可举宋代禅宗之参话头为例。他们一心一意只参一句话，如"佛在庭前柏树子"，"麻三斤"之类,对此一句话,更不思量,更不揣度。只系心在此一句话上,一旦此心脱落了这句话,便是大彻大悟,便觉此心通体透亮。此何故,正因一意参话头。此心凝敛,无时无刻不在此一话头上。久之此一话头忽然失掉,则如千钧之重系于一发,一发遽断,此千钧重石自然坠地。那时此心空荡荡地更无一物,不染不著,是即禅宗理想要到达之境界。而参话头则不用智慧,但用工夫,积久便可到达。只要你一次实证亲验到此境界,则便是大彻大悟。以后自然能不断仍寻到此境界作人生究竟归宿。净土念佛与禅合流,其理亦在此。念佛只是出声的参话头,参话头则是不出声的念佛。要之是把心收在一处,真能收在一处,则其他处全洒脱了。将来此一处再洒脱,则成无处不洒脱矣。宋明儒洗心工夫还是此路脉。高忠宪所谓一念缠绵,斩然遂绝,忽如百斤担子,顿尔落地,又如电光一闪,透体通明,遂与大化融合无际,实亦此工夫与此一境界之最明白最具体的描述也。故宋明儒常教人静坐,常说心要在腔子里,又说此心与万物一体,又说此心不容一物,种种说话,其实皆是教人体认此境界。惟宋明儒谓认得此境界后方好下工夫,从此与禅宗不同。禅宗认此境界已属到家,更不要继此再别有工夫也。

今再深一层分析之,则佛家禅宗只认内心洗涤为人生究竟工夫,一切洗涤净尽,常使此心不染不著,空荡荡地,便是人生最高境界,亦即人生最后归宿。而宋明儒则认人欲洗涤后尚须有天理存在,人生不即以内心洗涤工夫为究竟。惟有的则在洗涤内心后再去认天理,有的则认只人欲净尽后天理便自见,此二者,共用功的先后轻重又不同。如明道识仁,阳明致良知,都主张从正面下工夫去认识天理，但亦不反对从旁面洗涤人欲以为助。因此他们不反对静坐，正因静坐乃心理洗涤之必要步骤也。但他们并未只主张静坐，并非要你专做洗心工夫。但两家门人则多不免走入后一路。此因和佛家理论接近，易受其影响。然只重洗涤，则其真实境界，易流于轻松洒脱，却未必即是笃实辉光。此乃宋明儒易犯之通病。

现在再说宋明儒之两途，一重内心洗涤，一则以内心洗涤为助缘。但此二者，同有一最高理想人格为所向往。惟此种理想人格则完全以个人内心境界为衡量。此处不妨借用近代西方之心理分析术以为说明。据近代西方精神分析学者之意见，人生日常活动，多数受下意识或称潜意识之支配，此种下意识或潜意识，乃由人生幼年以来，有种种心理活动未获畅遂发泄，自由呈露，转向内部压抑，积久所成。此种下意识或潜意识，平日支配人生种种活动，细微难见。若遇某种事，此种下意识压抑过甚，或剧烈震动，则不免要冲决横溃，引起人格分裂等种种变态的精神病。此一说可分两方面探求。一是消极的人格分裂，另一是积极的人格完整。所谓人格完整，并非指日常人生言。缘日常人生虽外面见其为统一之人格，然一究其内里，则殊不尽然。在彼心底深处，依然有种种潜意识存在，或蠢蠢思动，乘机窃发。或改头换面，偷关漏税。其上层意识虽若光明健全，其下意识则仍是漆黑一团，不可爬梳。若专从其下意识言，一样病痛百出，无颜对人。只由社会习俗法律制裁种种另外的条件，维持其日常之姿态。此种人生，依然是一种内心对立的人生，只可说其幸免于疯狂或破裂，却不能说其全部人格之完整。此种对立状态，宋明儒则以天理人欲称之。宋明儒之心理洗涤，只在把近代西方精神分析学者之分析工作更深一层，用在日常人生方面，不只用在精神病者之一面。他们用静坐来自我治疗，待其人一入静境，则其日常内心种种隐藏黑暗污秽不可对人的下意识，自然逐层曝露，逐层显现。照近代西方精神分析学者之实验，凡属久久积压的潜意识，一经曝露显现，自可解消融释，此即程明道所谓渣滓浑化也。人心内部一切渣滓全融化，则此人心中更无所谓下意识或潜意识之存在。此心直直落落，只是一个心，宋明儒则称此为道心，又称此为天理。所谓天理浑然，正是说他人格之完整。若其人心中尚留有若干渣滓未尽融化，此则依然有些潜意识，躲藏在心底深处。虽不致乘机窃发，或蒙面活动，更不致有精神分裂、人格崩溃之病。但到底如太空有纤云点缀，较之青天白日霁月光风终是有间。周濂溪教二程寻孔颜乐处，所乐何事。其实乐处即在此，更无其他事。其他事正从此乐处展出。

故用近代西方心理学术语解说宋明儒内心工夫，则他们乃是运用一种析心术，由自我疗治而到达其积极的理想中人格完整之境界者。此所谓人格完整，乃指一切潜意识全部融化，内心浑成一片，意识上更无显潜上下之分别。一心浑融，更不存隐显分阈，以宋明儒术语言，则所谓渣滓浑化也。最先在濂溪，则谓之无欲之静，最后到阳明，则谓之良知，伊川所谓显微无间，体用一源的理想心理境界，正该如此，此处则宋明儒仍与唐代禅宗不同。禅宗的理想心境，一样要没有渣滓，一样要浑化。但禅宗却不主张别有一个积极人格，此在佛家谓之无我。大乘空宗不必说，即在有宗，他们亦谓第七识误认第八识为我相，到底非真有一我。而宋明儒所谓无我，则只是一种不自私，并非无人格。故在禅宗则一切意识，如风流云化，过而不留，此所谓无念无著。在宋明儒则一切意识全部存在，形成一完整的人格，不使有丝毫其他的隐藏与夹杂。此乃所谓正念。孟子言"所存者神，所过者化"，佛家所要是过化，宋明儒则在过化之上又要存神。

宋明儒之所谓天理，若如上述，其实只是一种心理境界。明道象山所谓心即理，应从此处去看。但说到此处，则不得不承认孟子之性善论。因必承认性善，始可许人心以绝对的自由，始可教人向各自内心深处去求自己的准则与规律。否则把各人的准则与规律安放在外面，苟非依赖社会习俗法律制裁，便须依赖宗教圣言。既主依赖外在的俗与法与教，则人心自不能有绝对自由。既不许人心有绝对自由，又何贵亦何能有绝对完整之人格。纵使其内心人格绝对完整，依然要依赖外在的俗与法与教，则依然是一对立。如是理论，不问其主张性恶与否，而实已迹近性恶论。既主性恶，又主人格完整，则苟非取消自我，便无异要彻底恶化。大体上，西方学者绝少主张性善论，耶教更是明白主张原始罪恶，因此他们的精神分析术只在消极方面用，不能转向积极。而佛家则颇有取消自我之倾向，彼之所谓佛性，本非先秦儒之所谓性。佛家对人生既抱一种消极态度，故主张取消自我。不承认在刹那间变灭之心态外，还有一个人格之存在。故彼辈之理想心态，极于无染无著而止。宋明儒中绝少主张性恶论，但亦仍不免受佛家影响，乃将释氏之所谓佛性移来说天理，则天理亦终不免要安放在外面。而认人性作气质，如是则变成横渠伊川晦翁。他们毋宁是更看重向外去认识天理,但他们又主张内外合一,物与心,自然与人生,融合为一,即是先秦以来所传之天人合一。因此程朱一派之内心工夫,所谓居敬,即是一种内心洗涤工夫。这方面他们一样受有禅学影响,但另一方面,他们又有一种格物穷理工夫,这像是转向外,其实是一种积极工夫,把修身齐家治国平天下都包在内。陆王一派比较更多专意在内心洗涤工夫上,看像是积极,而不免反带有消极倾向,因其把人生圈子,似乎比程朱一派缩紧了。但他们都主张要有一个积极完整的理想人格,完全以内心境界为衡量。则两派并无不同。

上述已把宋明儒在中国思想史上之主要地位指出。他们已开始从佛学悲观消极的氛围中脱出,开始回复到先秦儒,重新面对人生现实。他们运用先秦儒之性善观念,要由人类自身内在光明来自寻大道。只有偏近于向外寻理与只限于向内寻求之一区别。但总之双方似均不免有克伐制约胜过了发扬生长,静退胜过了动进之流弊。

再从另一面讲,宋明儒虽亦如先秦儒般要积极面对人生现实,但他们因受佛家影响,总爱把人生现实之价值,安放在整个宇宙里去衡量。如此则常觉人生之渺小与浮弱,他们总想在现实人生外来寻找宇宙万物一个共通的本体。换言之,他们虽要面对人生现实,而他们所要寻找的人生现实之本体,则多属超乎人生现实之外。如此则人生现实依然渺小浮弱,因此他们的意境,多少总带有几分悲观消极,绝不如先秦儒般只就人生平面活动之活泼与壮往。

再浅显言之,依照《大学》八条目,宋明儒似乎是对诚意正心工夫多用了，以修身齐家为极，而对上面治国平天下工夫，终嫌少用了。汉唐儒乃及北宋初期，可谓对治国平天下工夫多用些，而对诚意正心工夫，较不如濂溪明道以下之更注重，更深入。汉赋唐诗，都带有文学气味。宋明儒除朱子阳明外，几乎对文学气味都力避，康节白沙则是例外。而此两人，又对治平事业太过淡漠了。如此言之，先秦儒以下，终是向外工夫胜过了向内，而到宋明理学诸儒则终是向内工夫胜过了向外。这可谓是此两时代儒学一区别。

此稿刊载于一九四六年七月南京
《中央周刊》第八卷第二十八期

朱子学流衍韩国考

自余为《朱子新学案》成,即续草《研朱余沈》,略述朱学流衍。起于黄东发王深宁宋元之际,下迄清代之钱竹汀,所得不逾二十人。稿垂成,适今秋赴汉城,得获韩国李朝先贤研讨朱学诸集,归后雒诵整理,撰《朱学流衍韩国考》,以附《余沈》之后。

韩国先贤治朱学,首出大师当推李滉退溪。肩随者为李珥栗谷。踵后者为宋时烈尤庵、韩元震南塘。举此四人,可概其余。兹分篇略述如次。惟所述限于研朱一端。余于韩史未有寻究,如诸贤出处,以及当时诸贤所极重视之议礼诸端,有关韩国史迹者,皆不敢及。

(一)李退溪学述

李滉字退溪,生于明孝宗弘治十四年辛酉,卒于明穆宗隆庆四年庚午,年七十。今汉城成均馆大学所印行之《退溪全书》,有文集四十九卷,又别集外集各一卷,续集八卷。《自省录》一卷,《四书释义》,《启蒙传疑》外,又有《宋季元明理学通录》本集十一卷,外集一卷。

退溪著述极丰,复有《朱子书节要》一种,其序见于文集卷四十二。有曰:

> 晦庵朱子,挺亚圣之资,承河洛之统。就其全书而论之,地负海涵,虽无所不有,而求之难得其要。至于书札,则各随其人才禀之高下,学问之浅深。审证而用药石,应物而施炉锤。或抑或扬,或导或救。或激而进之,或斥而警之。心术隐微之间,无所容其纤恶。义理穷索之际,独先照于毫差。规模广大,心法严密。其所勉勉循循而不已者,无间于人与己。故其告人也,能使人感发而兴起焉,不独于当时及门之士为然。虽百世之远,苟得闻教者,无异于提耳而面命也。窃不自揆,就求其尤关于学问而切于受用者,表而书之,凡得十四卷。视其本书,所减者殆三之二。夫人之为学,必有所发端兴起之处,乃可因是而进。书札之言,其一时师友之间,讲明旨诀,责勉工程,非同于泛论。何莫非发人意而作人心也。昔圣人之教,程朱称述,乃以《论语》为最切于学问,其意亦犹是。今人之于此,但务诵说,而不以求道为心,为利所诱夺也。此书有《论语》之旨,而无诱夺之害,将使学者感发兴起,而从事于真知实践者,舍此书何以哉。

退溪纂辑此书,在明嘉靖三十七年戊午,退溪年五十八。读其序文,可知退溪为学,重要主于心术隐微与夫躬修实践之际,而不喜为泛论,其意亦端可见矣。

其翌年,嘉靖己未,退溪年五十九,始编《宋季元明理学通录》,序见续集卷八。略曰:

> 愚窃以为孔孟门人之于斯道,其浅深高下,有得有失,或只因师门教诲之言,抑扬进退之间而得之。考亭倡道,门弟子甚盛。今于诸子,亦当以是为法。大抵为是录者,非但欲知其人,欲因以明夫道学之要。

可见退溪辑此书之用意实与辑《朱子书节要》者相似。要皆不尚泛论,而求于当时师弟子间之一问一答,有关其人之切身事迹之所以为教导与下工夫处研寻。其先着眼于宋季朱门诸子,后遂推广及于明诸儒。惟明儒一编,并未完书。

退溪既为《理学通录》,于朱子以下诸儒,时有评骘,散见杂出。汇而集之,亦可见退溪论学之大要。取以与此后中国黄梨洲所为《明儒学案》中评骘诸家语相比,亦可见两人取舍从违之所在矣。

欲述退溪评朱子以后诸儒,当首先推及于退溪之评李延平。文集卷四十三,有《延平答问跋》,略曰:

> 晦庵夫子未见先生之前,犹出入老释之间。及后见先生,为学始就平实,而卒得夫千载道统之传。是则晦庵之折衷群书,大明斯道于天下者,皆自先生发之。而其授受心法

之妙，备载此书。今骤读其言，平淡质悫，若无甚异，而其旨意精深浩博，不可涯津。而其用功亲切之处，常不离于日用酬酢，动静语默之际。此先生静坐求中之说，不沦于禅学，而大本达道，靡不该贯者也。

此跋作于嘉靖三十三年甲寅，退溪年五十四。跋中于李延平推崇备至。而屡言平实平淡，又谓用功亲切处不离于日用酬酢，动静语默之际，而归其要于授受心法之妙。与此后《朱子书节要》《理学通录》两书之纂辑，皆用意一致。其不尚泛论之意，亦于此可见。

退溪于朱子以后理学诸书，尤重真西山之《心经》，与程篁墩之《附注》。篁墩《心经注》未为中国明代理学诸儒所重视。今在中国流传者，亦是朝鲜刻本，盖始自退溪所提倡也。文集卷四十一有《心经后论》。谓：

> 滉少年游学汉中，始见此书于逆旅而求得之。感发兴起，此书之力。故平生尊信此书，亦不在四子《近思录》之后。

此文成于嘉靖四十五年丙寅。退溪年六十六岁。其他处退溪称述《心经》，不一而足。文集卷二十六《答郑子中》有曰：

> 见喻近将《近思录》朱子书读之，其悦味甚旧，甚善其善。更宜以一部《心经》为早晚诵习夹辅用功之地，则所谓障川之柱，指南之车，烛幽之鉴，皆可于吾身亲见其实矣。

此书在嘉靖乙丑,在《后论》前一年。又文集卷二十八《答金惇叙》有云:

> 《心经》君既寓目,若有意,不须问人,其求之于此经,默默加工向前,久久淹熟,则其必有欢喜不容已处。

此书在嘉靖己酉,退溪年四十九,尚在作《后论》前十七年。
又《退溪先生言行通录》卷二有云:

> 先生自言,吾得《心经》,而后始知心学之渊源,心法之精微。故吾平生信此书如神明,敬此书如严父。

此条亦见《退溪先生言行录》卷一。又曰:

> 问《小学》《近思录》《心经》中,何书最切于学者。先生曰:初学下手用功之地,莫切于《心经》。

又曰:

> 尝侍宿树谷,先生鸡鸣而起,诵《心经》,因讲《论语》,其自强不息有如此。

又曰:

先生教人,先之以《小学》,次及《大学》,次及《心经》,次及《语》《孟》,次及朱书,而后及诸经。

又文集卷二十三《答赵士敬别纸》有云:

《心学图》未敢必以为西山作,然其规模位置甚精审的当,不可轻看,恨不得作者姓名耳。

又曰:

更按:《图》乃新安程林隐复心所作,见林隐《四书章图》中卷。

又文集卷二十一《答李刚而别纸》有云:

林隐《心图》,若篁墩所取入,宜略自表说其附入之意,而无一语及之,亦恐后人之为之,然无所考知矣。

是退溪于真西山《心经》一书,真可谓崇重尊信之至矣。然同时友生,于此书颇致疑辨,而退溪又一一答之,不稍减其崇信之心。文集卷二十《答黄仲举问目》。黄氏谓《心经》所引诸书漫无统纪,与《庸》《学》等书不同。退溪则谓:

《大学》《中庸》等书,固有纲条脉络之齐整分明,此自作一书,其体当然。若《论语》虽有类记处,而率多杂揉。《孟子》则尤多散漫,随手拈掇,何尝必以《庸》《学》为法。

黄氏又谓:篁墩程氏捃摭先贤切身之奥旨,因类附见,诚治心之药石。然见处不明,择焉不精。如真西山华而不实,范兰溪蔓而不切,黄慈溪所见比二子尤下,而三子之说皆列为之大注。程朱格言,反置之注释。退溪则谓:

真西山议论,虽时有文章气质,然其人品甚高,见理明而造诣深,朱门以后一人而已。范兰溪是朱门所许,盖非独一心箴。慈溪黄氏《心经》二条,发明程朱遗意,其言意蔼然,忠厚恳恻,救世之药石也。篁墩以三子之言置之大注,程朱之言或在小注,非择之不精,只以言有宾主,意有深浅而然。

黄氏又谓篁墩窃附之言,亦无所发明。退溪则谓:

篁墩非欲于此自为论道,但略见其所以去取诸说以为此注之意,故轻轻地说过,正得其附说之体。

此书在嘉靖四十二年癸亥,退溪年六十三,尚在作《心经后论》前三年。

又文集卷二十三《答赵士敬》诸书,有关辨论《心经》者益详。其言略曰:

滉鄙钝无闻,幸于此经此注中略似有窥寻路脉处。年来随分用工,多在这里。只默念声诵其经文,已觉一生知得不能尽,行得不可穷。矧乎《附注》实濂洛关闽之渊海,每入其中,不自胜其望洋向若之叹也。愿公且勿以抉摘文字上瑕痕为务,须虚心逊志,一向尊尚其书,如许鲁斋之于《小学》然,则其中一言一句,师法奉持之且不暇,更安有工夫点检其他耶。

真西山《心经》一书,其在中国理学中所应占之地位与价值究如何,此乃另一事。而退溪之学,得力此书,其所自认,盖无可疑。盖退溪以内本一心,真知实践为学,不喜作泛论,更不喜为考据,其学风则然,而其从入处则在此书也。

又其《与赵士敬》有曰:

篁墩先生,吾昔日尊仰,不啻如山斗,如神明。自见考示,不胜悼心失图,且疑且怪,无以自释也。然《道一编》及《学蔀通辨》、《编年考订》等书,得见未易,亦可恨耳。然《心经》一部书所萃,皆孔孟濂洛闽湖群哲之绪言,又未可缘此而略萌慢易之心也。

以上《答赵士敬》诸书在乙丑,翌年丙寅,退溪乃有《心学后论》,略口:

草庐之为陆学,当时已有其议。后世公论,亦多云云。

未知篁墩之为人与为学，毕竟何如。顷者，横城赵士敬，因读《皇明通纪》，录示其中篁墩公事实数三条，然后略知篁墩之为人与为学乃如此，于是慨然而叹，怃焉而伤者，累月而犹不释也。

此下辨篁墩卖题事，又辨汪循谓篁墩于势利二字未能摆脱得去，最后辨陈建论篁墩之《道一编》。退溪曰：

> 盖尝思之，朱陆二氏之不同，非故有意于不同也。此儒而彼释，如是安得而相同耶。孔子曰：博学于文，约之以礼。子思曰：尊德性而道问学。孟子曰：博学而详说之，将以反说约也。二者之相须，如车两轮，如鸟两翼，未有废一而可行可飞者。朱子一生，从事于斯二者，才觉言一边偏重，即猛省而痛改之。故其见于书尺往复之间者，互有抑扬，此乃自用吾法，而自相资相救，以趋于大中至正之道耳。岂初年全迷于文义之末，及见象山，然后始悟收归本原乎哉。余未见《道一编》，未知其为说如何，然执书名，其必谓道一而无二，陆氏顿悟而有一，朱子早二而晚一，则是陆无资于朱，而朱反有资于陆矣。由是观之，赂卖之狱，虽曰诬陷，而势利之诮，恐或有以自召之也。或曰如子之言，《心经》其不足尊信乎？曰：是则不然。吾观是书，其经则自《诗》《书》《易》以及于程朱说，皆圣贤大训也。其注则由濂洛关闽，兼取于后来诸贤之说，无非至论也。何可以篁墩之失，而并大训至论不为之尊信乎？曰：其他固然矣，至于末章之注，

既以朱子说分初晚之异，以草庐之说终焉，此正与《道一
编》同一规模议论也。曰：徒务博文而少缓于约礼，其弊必
至于口耳之习。故朱子于当时，其忧之戒之之切，诚有如此
注所引十二条之说。尊德性以救文义之弊，非篁墩之说也，
乃朱子之意固然也。篁墩于此，但不当区区于初晚之分耳。
若其遵朱子之意，赞西山之经，注此于篇终，欲以救末学之
误，实亦至当而不可易也。况只引朱说而补以诸儒发明朱
说之条，未尝一言及于陆氏之学，以为朱子晚悔而与此合，
如《道一编》之所谓乎。故滉窃以谓今之学者，当知博约两
至，朱子之成功。二功相益，吾儒之本法。以此读此经此
注，而不以篁墩《道一编》之缪参乱于其间，则所以为圣为
贤之功，端在于此矣。其尊之信之，当如何哉？许鲁斋尝
曰：吾于《小学》敬之如神明，尊之如父母。愚于《心经》
亦云。

且退溪于程篁墩之为人与其为学，经同时友生之指摘，虽未能有
所解辨，然其尊信篁墩所注之《心经》，则仍毫不减退也。

退溪自谓于《心经》知心学之渊源，与心法之精微。然于朱
陆之辨则持之甚坚。盖退溪之所谓心学，非即陆王之心学也。
文集卷四十一有《传习录论辨》，谓：

> 阳明徒患外物之为心累，不知民彝物则真至之理，即吾
> 心本具之理，讲学穷理，正所以明本心之体，达本心之用，顾
> 乃欲事事物物一切扫除，皆揽入本心衮说了，此与释氏之见

何异。

又曰:

> 阳明信以为人之见善而好之,果能如见好色自能好之
> 之诚乎? 人之见不善而恶之,果能如闻恶臭自能恶之之实
> 乎? 孔子曰:我未见好德如好色者。又曰:我未见恶不仁
> 者? 人心之发于形气者,则不学而自知,不勉而自能。好恶
> 所在,表里如一。好好色,恶恶臭,虽曰行寓于知,犹之可
> 也。至于义理则不然。不学则不知,不勉则不能。其行于
> 外者未必诚于内。《大学》借彼表里如一之好恶以劝学者
> 之毋自欺则可,阳明乃欲引彼形气之所为,以明此义理知行
> 之说,则大不可。圣贤之学,本诸心而贯事物。阳明之见,
> 专事本心而不涉事物。知疾痛而处得其道,方可谓疾痛之
> 知行。知饥寒而处得其道,方可谓饥寒之知行。若但疾痛
> 而谓之行,则所行者血气耳,非义理也。若但饥寒而谓之
> 行,则所行者人心耳,非道心也。夫以知痛痒识饥饱为性,
> 此本出于告子生之谓性之说,阳明所见,正惯于此。

《言行录》有云:

> 先生尝谓中原学者,皆带葱岭气味,为跋白沙《诗教》,
> 辨阳明《传习录》以辟之。

文集卷四十一有此篇，在作《心经后论》之后。其文有云：

> 陈白沙王阳明之学，皆出于象山，而以本心为宗，盖皆禅学也。然白沙犹未纯为禅，不尽废书训，但其悟入处，终是禅家伎俩，罗整庵已言之。

退溪于整庵亦有评。文集卷十七《答友人论学书》有曰：

> 罗氏《困知记》谓道心性也，人心情也，至静之体不可见，故曰微。至变之用不可测，故曰危。此其为说颇近似，非湛氏甘泉之比。然其为害则尤甚。限道心于未发之前，则是道心无与于叙秩命讨，而性为有体无用矣。判人心于已发之后，则是人心不资于本原性命，而情为有恶无善矣。其视朱子说，为何如哉。

此辨整庵道心人心之别，甚为深挚。又文集卷十六《答奇明彦》有曰：

> 近世罗整庵倡为理气非异物之说，至以朱子说为非是，滉寻常未达其指。

又文集卷十七《重寄奇明彦别纸》有云：

> 整庵于道非不窥一斑，只是大源处错认了，其余小小议

论,虽多有合理解,皆不足贵。

《言行录》有云:

> 整庵之学,自谓辟异端,而阳排阴助,左遮右拦,实程朱
> 之罪人。

退溪不仅于罗整庵有若是严峻之批评,即如朱子及门大弟子黄
勉斋,亦复不免。退溪文续集卷三答朴泽之别纸有云:

> 勉斋黄氏,于朱门所得尤邃,后学固不敢妄议。然人之
> 生也,得是气以为形,具是理以为性,勉斋之说,不可易也。
> 而其所以能虚灵知觉而为心者,即此理气之合而能然尔。
> 非理气之外,别有所谓虚灵知觉者存乎其间也。今于体性
> 之下,曰:又必有虚灵知觉者存乎其间以为心,则是疑若使
> 人舍理气而索虚灵知觉也。是其语意之间,不无差失,与朱
> 子训明德训心等语,迥然不同矣。

此辨勉斋亦极精卓。据上引诸条,知退溪为学,一本朱子,而能
极谨思慎辨之功,故其进退诸家,辞意敦笃,固非泛泛为寻瑕摘
疵者。而所长尤在其论心。文集卷十九《答黄仲举》有云:

> 腔子外是甚底,亦只是这个物事。这个物事是甚底,即
> 满腔子底物事。自这一个腔子,通天地万物,只此一理。理

一，气亦非二。腔子外更别有甚，只是这个。无方体可言，无内外可分。故仁者以天地万物为一体。恻隐之心，足以普四海，弥六合也。然这也不是悬空底物事。人有腔子，乃为其枢纽总脑处。故这个物事充塞在这里，为天下之大本。由其无方体，无内外，故充塞即这里底心，即是体万物普四海底心，非外腔子而别有个体万物普四海底心也。朱子语黄毅然曰，天命之性，不只是这处有，处处皆有，只是寻讨先从自家寻起云云，若人不于自家身上求，却去腔子外寻觅，是舍枢纽大本之所在，而向别处驰走求索，与吾性分有何交涉也。

此处发挥此心，无方体，无内外。腔子内是此心，腔子外还只是此心。但更不能离却腔子觅此心。故理一分殊，正该从自家身上求之。为说极恢宏，亦极亲切。大意乃由上引一条来。此心之虚灵知觉，只在理气中，只是此理气之合。非可外于理气而别寻此心，其所陈义，固是一承程朱本旨，然亦不失为退溪之自出见地也。

又文集卷十八《答奇明彦论改心统性情图》有曰：

人之生也，同得天地之气以为体，同得天地之理以为性。理气之合则为心。故一人之心，即天地之心。一己之心，即千万人之心。初无内外彼此之有异。故自昔圣贤之论心学，不必皆引而附之于己，作己心说。牵多通指人心，而论其名理之如何，体用之如何，操舍之如何。所见既彻，为说既明,以是自为,则吾心之理已如此。以是教人,则人心之理亦如此。如群饮于河,各充其量而无不得矣。岂规规然有分于人己之间,必据己为说,而惟恐一涉于他人之心乎?

此条又承上一条而反复言之,乃言之尤明白。在各人腔子内,固若各是一心。当知超出各人腔子外,有一共同和合之心。此之谓天地心,此之谓大人之心。此固儒家之恒言,然亦不失为退溪之自出见地也。

又文集卷二十八《答金惇叙》有云:

人徒见夫心为物渍之害,遂谓事物为心害,故厌事而求忘,恶动而炪静。不唯老佛之徒由是而陷溺其心,虽为吾儒之学者,所见少有毫发之差,鲜不沦入于此。以上蔡之贤犹不免。明道引孟子养气之说,转作存心之法以教之,此敬义夹持,直上达天德最紧切用功处。苟能从事于此而真积力久,一朝而有得焉,则心之于事物,未来而不迎,方来而毕照,既应而不留。本体湛然,如明镜止水,虽接万事,而心中未有一物,尚安有为心害哉。

此最为退溪论心要旨。理气合而为心,决不能外事物而自为一心。故心既不外于腔子,又不贵其引而附之己。而退溪于程朱学,又最守一敬字,奉为心法。其于朱子前,独尊李延平,其于朱子后,明儒中首重曹月川。《理学通录·附录》有云:

曹月川学行犹在吴康斋与弼之右。座下足着两砖皆穿，专静之功居多。其言曰：佛氏以空为性非天命之性，人受之中。老氏以虚为道非率性之道，人由之路。其言甚精。

又重薛敬轩。文集卷二十一《答李刚而》有曰：

> 薛公《读书录》，非《困知》《传习》之比，其言皆亲切有味，最多唤醒人处。

虽退溪之自道其为学，乃一本之《心经》。然喜观者果能由延平月川敬轩三人以进窥退溪之学脉，亦可谓虽不中不远也。

退溪文续集卷一《寄奇明彦》有曰：

> 心为万事之本，性是众善之原，故先儒于学，必以收放心养德性为最初下手处。乃所以成就本原之地，以为凝道广业之基。而其下功之要，何俟于他求哉。亦曰主一无适也，曰戒慎恐惧也。主一之为通乎动静，戒惧之境专在未发，二者不可阙一，而制于外以养其中，尤为紧切。故三省三贵四勿之类，皆就应接处言之。是亦涵养本原之意也。苟不如是，而一以心地功夫为主，则鲜不堕于释氏之见矣。

心既不外乎事物，故贵能于三省三贵四勿等处涵养本源。心地工夫，实亦即在事物上也。

又《陶山及门诸贤录》卷一李湛仲久条有退溪与之讨论《朱

子节要》一书有云：

> 义理固有精深处,其独无粗浅处乎? 事为固有紧酬酢,
> 其独无闲酬酢乎? 其关于吾身与吾心者,固切而当先矣。
> 若在人与在物者,其以为不初而可遗之乎? 吾儒之学与异
> 端不同正在此处。孔门诸子识得此意,故《论语》所记,有
> 精深处,有粗浅处。有紧酬酢处,有闲酬酢处。有切于吾身
> 心者,有在人在物而似不切于身心者。然何莫非道之一端。
> 是书所取,如来谕所当先者,固已不胜其多矣。其或彼此往
> 复之际,亦有道寒暄,叙情素,玩山游水,伤时闵俗等酬酢,
> 似不切之语,间取而兼存之,使玩而味之者,如亲见先生于
> 燕闲优逸之际,亲聆音旨于謦咳谈笑之余,则其得有道者气
> 象于风范神采之间者,未必不更深于专务精深不屑不紧者
> 之德孤而无得也。非独此耳。师友之义,如此其至重。惟
> 其义重故情深,情深故有许多相周旋款叙之言,若以为非论
> 义理,不切身心,而尽去之,则何以见古人师友之道若是其
> 重且大乎。

此条言义理上之粗浅处,乃及事为上闲酬酢,亦皆切身心而助
涵养。

上引两条,可见退溪之于心学心法,谨密践行于日常人生之
间者,其体段与其意境之所在。故其一尊朱学,而尤上推延平,
下契月川敬轩,非偶然也。

文集卷四十一《心无体用辨》有云：

滉为学浅陋，惟知谨守先儒定本之说，白直加工，而犹未通解。此外幽深玄远之论，实未暇及。

又文集卷十九《答黄仲举论白鹿洞规集解》有云：

古之圣贤教人为学，岂不欲人人知道，而立谈之顷，尽举以传付耶？然而不能者，非靳道之传，而画人于卑近也。势有所不可也。三千之徒，日游圣门，而所讲者惟孝弟忠信诗书执礼。其论仁也，亦止于为仁之事而已。及其久也，随材成就，各有所得，而一贯之妙，惟曾子子贡可以与闻焉。故至于是而后乃告之。先王教人之法，今可见者，《小学》《大学》也。《小学》之教，固所以尽人事之纤微曲折。至于《大学》，虽有以极其规模之大，然以言乎其知，则就事物而言穷格。以言乎其行，则由诚意正心修身者，而后推之于家国，而达之于天下。其教之有序而学之务实也如此。其论治也，犹不过存心出治之本而已。未及乎制度文章之际，如夫子之告颜渊。何也。损益四代为百王大法，惟颜渊可以得闻之尔。至于《大学》，乃为天下立通法，圣人岂可诬天下之英才，而概于为学之初躐等而告之哉？大抵儒者之学，若升高必自下，若陟遐必自迩。自下自迩，固若迂缓，然舍此又何自而为高且遐哉。著力渐进之余，所谓高且遐者，不离于卑且迩者而得之，所以异于释老之学也。今未一举足。而遽责以穷高之升，未尝发轫，而亟期以极遐之陟，天下安有此理哉？又不能致详，徒恃其一言半句而欲有得焉，则是使人妄意悬想，大言诳吓，而卒陷于欺天罔圣之罪矣。其为害岂小小文义之差而已哉。

观于上引之两条，退庵之所以学，与其所以教，所谓教之有序而学之务实，已明白如揭，不烦多有所指证矣。

又文集卷十九《重答黄仲举》有云：

> 至善与一贯，虽非二理；然至善乃指事事物物各有恰好底道理，一贯是从大原大本至千差万别处一齐贯串。圣人之心浑然一理，而泛应曲当各不同。所指之处不同，立言之旨亦异，不可以理同而衮同为一说也。况至善加以止字，则正是曾子于其用处随事精察而力行之事耳，岂可以众理之会于一而与一贯同其旨乎？絜矩之用虽至广，只是就因心度物得其均齐方正处言，固非制度文章之谓。当时颜渊所问，乃问治天下之法，非论学也。若《大学》方教人以修己治人之学，舍存心出治之本而递及于此，则不几于倒置而不切于受用乎？

此条辨至善与一贯非一义，《大学》一书，未及乎制度文章，与颜渊为邦章不同。大抵退溪之自为学与其所以教人，必先知注重前一项，以渐企及于第二项，此退溪于此必加以分析之要旨所在也。

退溪又曰：

　　大抵通天下万物，只此一理，故义理语言，若侊侗合说，则无不可同。牵引指说，则无不近似。终无奈当初圣贤立言本意不如此，不足以发明经训，适足以晦真理，乱实见。此学者之通患也。古人所以终身讲学，惟日不足者，岂不以义理微密处，易差难明如此，及至下手著脚，又忒不易，而又不容休罢故耶？

此仍见退溪论学，重在对圣贤经训，先儒遗言，慎密体会，笃实践行，至于广为牵引，侊侗立说，骛空谈，骋高论，最所切戒。其平日与朋辈释理气，辨心性，凡所阐发，率多类此。惟晚年与奇明彦讨论七情四端异同，往复数四，引起此下对此问题之不断诤议，本篇不拟详述，当于此下栗谷篇中连带附及。要之此等辨论，似非退溪为学精神所系。偶有未照，亦未足以病退溪也。

　　韩国先儒深研朱子，退溪后有李珥栗谷，又后有宋时烈尤庵。尤庵之言曰：李滉之于珥，其爱重奖许，考其文集可见。又曰，李滉论学多从珥说，如《圣学十图》《中庸小注》可见。（见《宋子大全》一百六十二、《浦渚赵公神道碑铭序》）退溪卒，栗谷为请谥，曰：李滉沉潜性理，虽古名贤，亦无过是。（见《宋子大全拾遗》卷八《栗谷墓志铭》）又为请从祀，（见宋尤庵《浦渚赵公神道碑》）则栗谷之于退溪，固是精神一贯，学脉相续，虽在几许名字义解上有所诤议，固不减栗谷对退溪之崇重心情也。

（二）李栗谷学述

李珥字叔献，号栗谷，生明世宗嘉靖十五年丙申十二月，时退溪年三十六。栗谷年十九染禅学，越年知其非。二十三岁谒退溪，时为退溪之五十八岁。栗谷作诗有"溪分洙泗派，峰秀武夷山"之句。宋尤庵《紫云书院庙庭碑铭序》，有"栗谷尝南游，访退溪李先生，辨论义理，退溪多从其说"语。退溪之卒，栗谷年三十五。栗谷不寿，卒在万历十二年甲申之正月，年四十九，实则仅四十七年又不足两月也。

栗谷有集十一卷，又有《圣学辑要》，《击蒙要诀》，《箕子实记》诸书，余见之于台北中央图书馆所藏，系明万历辛亥刻本。最近韩国成均馆大学新刊《栗谷全书》，共分二十三卷，《圣学辑要》得五卷。余此篇所引，则仍据万历本。

退溪生前，栗谷屡与通函，质疑问难，详《栗谷集》卷五。退溪答书，详《退溪集》卷十四。今举其两则如次。

栗谷《上退溪先生问目》有云：

> 以性情言之，则谓之中和。以德行言之，则谓之中庸。游氏之说当矣。然而致中和云者，以性情包德行而为言也。中庸之中实兼中和之义云者，以德行兼性情而为言也。非若饶氏之说，以致中和践中庸分内外工夫，如是之支离也。夫大本达道者，性情也。立大本行大道者，德行也。子思子明言致中和则天地位焉万物育焉，岂其无养外工夫，而便致

位育之极工耶?

退溪答书曰:

> 饶氏中和中庸分内外之说,再承镌诲,犹恐公之诃叱人
> 或太过也。饶氏只云内外交相养之道,若隔截内外,各作一
> 边工夫,何有于交相养义耶?来谕既曰以此包彼,又曰以彼
> 兼此,亦岂非内外交相养意思乎。以愚言之,来说与饶说无
> 甚相远,而于饶独加苛斥,无乃饶不心服也耶?

窃参双方往复,亦可窥退溪栗谷两人性情与其为学所重之相歧
处。大抵栗谷好明辨,退溪主笃行。栗谷不主张分性情德行为
内外,故仅用彼此字,避用内外字。退溪则谓栗谷说与饶说内外
交相养无大相远。其在他书中告栗谷有曰:

> 虽见于身心性情而或不能真切体验,实味膏腴。

又曰:

> 此理非知难而行难,非行难而能真积力久为尤难。此
> 衰拙所深惧,亦不能不为高明惧。

此乃前辈先生对后进学人一种敦切告诫之心情与语气。然而双
方性格之不无相异,因此而其为学之路脉与精神亦有不同,亦由

此可见矣。

栗谷《问目》第二则有云：

> 林隐程氏《心学图》，可疑处甚多。大人心乃圣人之心，是不动心从心之类也。何以置之道心之前？本心则虽愚者亦有此心。若大人心则乃尽其工夫，极其功效，能全本心者也，岂可不用功而自有？

又曰：

> 圣贤之言，有精有粗。孟子求放心之说，泛为学者言，是粗底。孔子克己复礼之说，专为颜子而言，是精底。今于其精底，必抑而卑之使为粗。于其粗底，必引而高之使为精。虽说得行，岂是平正底道理。

退溪答书曰：

> 《心学图》所论诸说，尤未敢闻命。程氏心圈上下左右六个心，只谓圣贤说心，各有所指有如此者。未尝及于工夫功效先后之说。岂谓必由于此一层而至于彼一层，又以彼一层为梯级而又上至第几层耶？其从上排下，亦以其作图之势有不得不然者，非谓其有工程先后也。其求放心之说在第四，此中学者亦有诋訾之者。非但今时之论如此，前贤之论亦有如此者。然孟子曰：学问之道无他云云，明道又

曰：圣贤千言万语，只是欲人将已放之心约之使反复入身来。今若将此句只作泛泛粗粗为学者始初路头，则是孟子明道皆为孟浪诳人底说矣。然则程氏叙次之意，亦不当遽加贬驳也。滉窃以谓前贤著述之类，如或有义理大段乖谬误后人底，不得不论辨而归于正。若今所论，彼本不谬，而我见未到，固不宜强作议论，且当从其现成底，毋为动著，仍须把来点检得此件事于自家这里有无能否如何而日加策励，是为要切。必欲为洗垢索瘢，而为之移易去取，恐非急务。叔献前后议论，每把先儒说，先寻其不是处，务加贬斥，使不得容喙而后已。至于寻究得个是处，要从这明白平实正当底道理朴实头做将去意思，殊未有见得。或恐久远，深有碍于正知见，实践履，故妄言及此。

此处栗谷指出程林隐《心学图》先后层次，实是有可疑处。孟子求放心工夫，亦引起前人不少论辨。即朱子于孟子此章及明道云云，亦复煞费分释。退溪心切卫道，而栗谷则志在求道明道。双方仍是各站一边。考此番问答当在庚午明穆宗隆庆四年，即退溪七十卒岁，而栗谷年三十五，既已卓然有见。退溪不为作是非分辨，而徒戒其勿贬斥前人，虽言辞恳切，恐亦终不足以服栗谷之心也。

退溪卒，栗谷为祭文有曰：

　　著龟既失，父母既没，赤子嗷嗷，孰援其溺。

又曰：

> 小子失学，贸贸迷方。悍马横驰，荆棘路荒。回车改辙，公实启发。有初鲜克，哀我灭裂。自拟负笈，庶几卒业。天下慭遗，哲人遽萎。公之易箦，余在西陲。

是栗谷于退溪，固向往甚至矣。栗谷《答成浩原书》有曰：

> 退溪多依样之味，故其言拘而谨。花潭多自得之味，故其言乐而放。谨故少失，放故多失。宁为退溪之依样，不必效花潭之自得。

栗谷又自注依样下曰：一依朱子之说。其实如上引，退溪回护饶双峰，回护程林隐，凡属朱子后学，退溪皆所回护，故栗谷称其有依样之味也。然栗谷又曰：宁为退溪之依样，不必效花潭之自得。自得乃孟子教人之旨，然不能善学，则所失更多，则栗谷之于退溪，固不能谓其无甚深之体会矣。惟两人持论终多不同。尤其是退溪晚年与奇明彦辨四端七情之说，栗谷颇不以退溪说为然。其《答成浩原》有曰：

> 退溪与奇明彦论四七之说，无虑万余言。明彦之论，分明直捷，势如破竹。退溪则辨说虽详，而义理不明，反复咀嚼，卒无的实之滋味。明彦学识，岂敢冀于退溪。只是偶于此处见得到耳。

论学有就大体言，有就一节言。栗谷之是明彦而非退溪，乃专就四七之辨一节而言也。

辨四端七情，又牵连而及于理气之辨，栗谷《答成浩原》有曰：

> 四端是七情之善一边，七情是四端之总会。朱子理发于气之说，亦不过曰四端专言理，七情兼言气云尔。非曰四端则理先发，七情则气先发也。退溪因此而立论，曰：四端理发而气随之，七情气发而理乘之。非特七情为然，四端亦是气发而理乘之也。窃详退溪之意，以四端为由中而发，七情为感外而发，以此为先入之见，而以朱子发于理发于气之说主张而伸长之，做出许多葛藤。《易》曰：寂然不动，感而遂通。虽圣人之心，未尝有无感而自动者也。必有感而动，而所感皆外物也。天下岂有无感自发之情乎？特所感有正有邪，其动有过有不及，斯有善恶之分耳。罗整庵以高明超卓之见，亦微有理气一物之病。退溪之精详谨密，近代所无，而理发气随之说，亦微有理先气后之病。老先生未捐馆舍时，珥闻此言，心知其非，第以年少学浅，未敢问难归一，每念及此，未尝不痛恨也。

此函所论，心必感于物而动，理必乘于气而发，此无可疑者。而退溪分别四端七情，乃谓四端由中而发，七情感外而发。乃又以由中而发者曰理发，感外而发者曰气发，则大背于朱子之所论于理气矣。故栗谷又一书有云：

退溪之病,专在于互发二字。

盖栗谷分辨理气,一本朱子,实甚的当,故于退溪之说,不得不加以分辨也。其《答成浩原书》第三又曰:

理通气局四字,自谓见得。

理学家于前儒所创诸名词,首当勿误其本旨,然后始能自创新义,如栗谷之言理通气局是也。栗谷又曰:

理无形而气有形,故理通而气局。理无为而气有为,故气发而理乘。

理既无为,故不能离于气而自发,必待气而乘之也。又曰:

理上不可加一字,不可加一毫修为之力。理本善也,何可修为乎?圣贤之千言万语,只使人检束其气,使复其气之本然而已。气之本然者,浩然之气也。浩然之气,充塞天地,则本善之理无少掩蔽,此孟子养气之论,所以有功于圣门也。

既凡心之所发皆在气,故一切工夫亦全在气上用。又曰:

气之偏则理亦偏,而所偏非理也。

凡上所引，皆发挥朱子理气不离亦不杂之意。辨释精审，亦栗谷为学之特长处。退溪尚笃行，于理气名词之辨微有失，不为病。栗谷长明辨，而于心性涵养工夫极知尊退溪。亦可谓善自得师矣。

若误释一名词，其他名词，亦相牵连辗转生误。故栗谷由于理气之辨，又连带而及于气质之性与本然之性之辨。其《答成浩原书》又曰：

> 朱子不云乎，气质之性，只是此性堕在气质之中，故随气质而自为一性。程子曰，性即气，气即性，生之谓也。以此观之，气质之性本然之性决非二性。特就气质上单指其理曰本然之性，合理气而命之曰气质之性耳。

此辨亦极明晰。又因本然之性与气质之性之辨，牵连而及于善恶之辨。栗谷《又答成浩原长书》有曰：

> 性本善，而气质之拘或流而为恶，以恶为非性之本然则可，谓之不本于性不可也。

恶亦本于性，然不可谓性本恶。故言气质之性，又必连带言及本然之性也。又曰：

> 水之就下，理也。激之则在手者，此亦理也。水若一于就下，虽激而不上，则为无理。

理可如此,亦可如彼。惟性亦然。此亦如水之亦可激而在上,然不可谓水之本然如是。此皆理气不相离亦不相杂中一义。明于此,斯明于彼矣。故栗谷又言之,曰:

> 理一分殊四字,最宜体究。徒知理之一,而不知分之殊,则释氏之以作用为性而猖狂自恣是也。徒知分之殊,而不知理之一,则荀扬以性为恶,或以为善恶混者是也。

栗谷理通气局之说,应即从理一分殊之说来。一故通,分斯局。善养浩然之气,则由局得通,由殊得一矣。

栗谷有《圣学辑要》一书,著于万历三年,两越岁而成,共五卷。其中有曰:

> 四端,犹性之言本然之性也。七情,犹性之合理气而言也。气质之性,实是本性之在气质者,非二性。故七情实包四端,非二情也。须是有二性,方能有二情。

此条又绾合性情而言之。非有二性,故亦未有二情。四端即包在七情之内,非七情之外别有四端,犹之浩然之气即天地之气,非天地之气以外,别有一种浩然之气也。退溪失在过为两边作分别,求其不杂,而忘其不离,故来栗谷之辨。

栗谷《与浩原书》又曰:

> 理通气局,人之性非物之性者,气之局也。人之理即物

之理者,理之通也。气之一本者,理之通故也。理之万殊者,气之局故也。本体之中,流行具焉。流行之中,本体存焉。

此处又辨到本体与流行。凡栗谷之辨理气与性情者,其大意率俱是。《圣学辑要》有曰:

> 无形无为,而为有形有为之主者,理也。有形有为,而为无形无为之器者,气也。

又曰:

> 性,理也。心,气也。情,心之动也。先贤于心性有合而言之者,孟子曰仁人心是也。有分而言之者,朱子曰性者心之理是也。析之得其义,合之得其旨,然后知理气矣。

又曰:

> 人之容貌,不可变丑为妍,膂力不可变弱为强,身体不可变短为长,惟有心灵,可以变愚为智,变不肖为贤。此则心之虚灵,不拘于禀受故也。

此处特别提到心字。栗谷言理通气局,而心属气,然因其虚灵,故能不拘不局而通于理。然则通天人之际者,其关键正在心。

就本原大处论,栗谷与退溪之论学精神,固可谓本无二致也。

其《圣学辑要》又曰:

> 性发为情,非无心也。心发为意,非无性也。只是心能
> 尽性,性不能检心。意能运情,情不能运意。故主情而言则
> 属乎性,主意而言则属乎心。其实则性是心之未发,情意则
> 心之已发者也。

栗谷认情意皆为心之已发。又曰:心能尽性,意能运情。则其主
张致力用工之端,不能舍已发而专言未发,亦端可知矣。此亦与
退溪论学要旨无大违异。则退溪理发气发之说,其为不可不辨
亦益显矣。

其《答安应休书》则曰:

> 情非和也,情之德乃和也。情之德,乃理之在情者也。
> 若以情为和,则将放情纵欲,无所不至矣。朱子曰:爱是情,
> 爱之理是仁。以情为理,则是以爱为理也。朱子常以人情
> 天理并言,若以情为理,则是朱子以两理并言也。

以上栗谷分别解释心性情意四项,大体皆承朱子来。皆言简意
深,大可玩味。而栗谷所辨之尤主要者,则在人心道心之辨。其
《答成浩原书》有曰:

> 心一也,而谓之道,谓之人者,性命形气之别也。情一

也，而或曰四，或曰七者，专言理兼言气之不同也。是故，人心道心不能相兼，而相为终始焉。四端不能兼七情，而七情则兼四端。今人之心，直出于性命之正，而不能顺而遂之，间之以私意，则是以道心始而终以人心也。或出于形气，而不怫乎正理，则固不违于道心矣。或怫乎正理而知非制伏，不从其欲，则是始以人心而终以道心也。盖人心道心，兼情意而言也，不但指情也。七情则统言人心之动有此七者。四端就七情中择其善一边而言也。

此处言人心道心，四端七情之与善与恶，皆非可以各别对立，视为绝然相异之二者。四端包在七情中，专就理一边言，则为纯乎善者。七情兼气而言，则有善有恶，可善可恶；道心人心亦然。此与退溪所言复不同。其《答成浩原书》第三有云：

> 退溪以内出为道心，以外感为人心。珥则以为人心道心皆内出，而其动也皆由于外感。

其所分辨，亦甚明析矣。盖退溪以人心道心分内外，犹其以四端七情分理出与气出也。皆失之分别过甚。栗谷则认为内外，不能作各别对立看，犹如四端七情以及人心道心乃至于善之与恶，皆不能作各别对立看。退溪之病，自把理与气作各别对立看来。欲见其不杂而忘乎其不离，有失朱子言理气之本意矣。故栗谷《答成浩原长书》又曰：

罗整庵识见高明，近代杰然之儒也。有见于大本，而反疑朱子有二歧之见。此则虽不识朱子，而却于大本上有见矣。但以人心道心为体用，失其名义，亦可惜也。然整庵之失，在于名目上。退溪之失，在于性理上，退溪之失较重矣。

盖整庵以理气为一物，得乎其不离，故栗谷谓其于本原上有见。惟理气犹当明其不杂，而整庵无之，故误以人心道心为一心之体用，故栗谷谓其于名义上有失也。退溪则若以理气为二物，则本原之性气质之性亦成为二物，而人心道心亦成为二心。斯其所失，实较整庵为大也。

栗谷《答朴思庵书》有曰：

> 阴阳，无始也，无终也，无外也。未尝有不动不静之时。一动一静，一阴一阳，而理无不在。故圣贤极本穷源之论，不过以太极为阴阳之本，而其实本无阴阳未生太极独立之时也。

太极不在阴阳之外，亦不在阴阳之先，此明理气之不相离也。惟此乃为大本原处，若认阴阳与太极为二物，继此乃莫不有误矣。

以上略述栗谷辨理气，连带而及其辨心性情意与善恶，以及辨人心道心，此皆约略可当于本体论方面。以下当略述栗谷之为学工夫论。其《答成浩原书》有曰：

> 自天而观事物，则人心亦一事物。自人而观事物，则吾

　　心自吾心,事物自事物,不成只言事物而吾心亦在其中矣。

此即天人内外之辨也。栗谷之学,擅于明辨。其为辨,尤擅于各从其所言之异以为辨。栗谷言,人心之动皆由外感,凡外感皆属事物,然非谓只言事物而吾心即在其中,故栗谷之言为学工夫,虽不能离事物,而主要尤在于一心。其《答成浩原书》又曰:

　　　　位天地,育万物,许大神妙不测,是圣人之能事,其实不过学问之极功耳。岂可舍学问之功而别求一种圣人道理耶?足下以格致诚正断然为学者事,以其尽头归之于颜子,而求圣人于格致诚正之外,此正释教拂迹超凡圣之机权,非吾儒之的论也。低看圣人固不可,求圣人于高远恍惚之境,尤不可也。

此辨极重要。圣人亦从学问工夫来,舍却学问工夫,即无以求圣人。圣人一若纯理纯善,然其学问工夫,则仍不脱气一边事。舍却气,即无以见理。栗谷之论,宋儒所谓体用一源,显微无间,栗谷可谓深得其旨。若必别求圣人境界于格致诚正工夫之外,则是略用求体,略显求微,不自免于高远恍惚之境矣。

　　栗谷《与奇明彦书》又曰:

　　　　夫至善者,只是事物当然之则也。其则非他,只是十分恰好处耳。统而言之,则知行俱到,一疵不存,万理明尽之后,方可谓之止至善。分而言之,则于知亦有个至善,于行

亦有个至善。知到十分恰好处,更无移易,则谓之知之止于
至善。行到十分恰好处,更无迁动,则谓之行之止于至善。
何害哉。先生只取统言之止至善,而不取分言之止至善,
何耶?

统言之与分言之,亦所言之各异也。有统言知与行之止至善,有
分言知与行之止至善。一知一行,亦有至善可止。有统言事事
物物之止至善,亦有分言事事物物之止至善,苟无一知一行一事
一物止至善,何来知行事物统言之止至善。仅取其一,不取其
二,又教人如何下手作工夫乎?

栗谷《与成浩原书》有曰:

> 不先《大学》从事于格物致知,而径学《中庸》,欲上达
> 天理,吾未保其善学圣道也。

格物致知,正是从事事物物一知一行处下学,天理则是其上达
处。若尽从我之知与行与外面之事与物而统言之,则惟圣人能
达于至善而止,其他人皆所不能。若于我之知与行与外面之事
与物而分言之,则人之于一知一行一事一物之能达至善而止之
者,固非全不可能。此亦理一分殊之义,知此乃可由下学而上
达也。

栗谷乃又继此而提出其善与中,大本与达道之辨。栗谷
《答成浩原》又曰:

至善是专指正理,不兼人事而言。惟止于至善,乃人事德行。

又曰:

中庸之道,至微至妙,初学者骤闻之,力量不能承当,或有流而为无近名无近刑之学者矣。是以圣人之教,必先立至善以为标的,使学者晓然以事理当然之极为至善,然后进之于中庸,使知至善乃所以不偏不倚无过不及之道,则不陷于执中,不流于过不及,而真能止乎至善耳。

又曰:

先儒曰:中体难识,善端易扩。是故《中庸》论下学工夫,必曰择善,而不曰择中。必曰明善,而不曰明中,岂不以中体难识乎?

又曰:

大本者,中之在心者也。达道者,中之在事物者也。先儒多说中无定体,若只以在心者谓之中,则未发之中,实体一定,乌可谓之无定体也。自古圣贤之言中者,多言其用。或曰执中,或曰时中,皆指达道。而未发则子思始著于《中庸》,故先儒以为扩先圣所未发。

此处之辨,主要在指出中体难识,善端易扩之一义。中为大本,善则是达道。中属未发,善属已发。学者用心于外面之物,而后中之体乃可渐臻认识。故为学工夫,当以《大学》之格物致知为先,而中庸之道,初学骤难把捉。朱子早发此意在前,惟栗谷自加阐释,乃殊不见其多引先儒之陈言。虽若一出己见,然非于先儒所言深有体会,则诚未足以跻此境也。

栗谷《与成浩原书》又曰:

> 未发之中,只是吾心之统体一太极也,不可便唤做理之一本处,《易》有太极之太极也。以《易》有太极之太极观之,则吾心之一太极,亦是各具中之统体也。《易》有太极之太极,乃统体中之统体也。《易》有太极之太极,水之本源也。至善与至中之所从出。吾心之一太极,水之在井者也。至善之体,即中之体。事物之太极,水之分乎器者也。至善之用,即中之用。

此辨益深微,然即统言之与分言之之异耳。善与中,有自天地言之者,有自吾心言之者,有自事物言之者。分言之,可以相差万殊,然亦可以共通一本。学者骤难知其统体之一本,惟在吾心与事物间逐一下工夫,此即孟子所谓尽心知性,尽性知天之意。栗谷此条亦是不引陈言,自发己意,然洵乎其为有见之言也。

栗谷《圣学辑要》中有一条云:

> 世间众技,孰有生知者哉?试以习乐一事言之,人家童

男稚女，初业琴瑟，必运指发声，令人欲掩耳不听。用功不已，渐至成音。及其至矣，或有清和圆转，妙不可言者。彼童男稚女，岂性于乐者乎？惟其实用其功，积习纯熟而已。凡百技艺，莫不皆然。学问之能变化气质者，何异于此。

孔子曰：学而时习之。七十子后学编《论语》，奉为二十篇之首章。孔子又曰：性相近，习相远。为学而至于变化气质，斯亦可谓赞天地之化育矣。然亦端在一习字。治理学者，往往纵其思辨，而忘乎学习，忽不自知其达于高远恍惚之境，而令人无所适从。栗谷此条所言，又何其平实而易喻耶？果实用其功，学而时习，如栗谷此条之所指陈，则与退溪之言躬修实践，实亦无大相异也。

《圣学辑要》又曰：

> 君子于彝伦之行，与俗大同，而其中有异。爱亲同，而喻父母于道，不以从令为孝。敬君同，而引君当道，不合则去。宜妻同，而相敬如宾，不溺于情欲。顺兄同，而怡怡相勉，磨以学行。交游同，而久而敬之，相观而善。

孔子曰：我非斯人之徒与而谁与。儒家言彝伦，即人道。人道尽于彝伦之中，世俗亦不出彝伦之外，君子岂能异俗以为高。自栗谷言之，则君子之制行为学，亦仅于与俗大同中有其小异而已。至善之与中，亦皆于与俗大同中之有小异耳。栗谷此条，言近旨远，学者知此，则自一归于平实矣。

《圣学辑要》又曰:

> 量之小者其病有三。一曰偏曲,二曰自矜,三曰好胜。三者都是一个私。治私之术,惟学而已。

人之处世,不能尽伦,不能尽道,其病首在己之有私而量小,故为学首在去私,亦惟学乃得去私。孔子曰:克己复礼为仁,栗谷所言,亦此旨也。

《圣学辑要》又曰:

> 心之本体,湛然虚明,感物而动,七情应焉,是心之用也。惟其气拘而欲蔽,本体不能立,故其用或失其正,其病在于昏与乱。昏之病有二,一曰智昏,谓不能穷理,昧乎是非也。二曰气昏,谓怠惰放倒,每有睡思也。乱之病有二,一曰恶念,谓诱于外物,计较私欲也。二曰浮念,谓掉举散乱,相续不断也。君子以是为忧,故穷理以明善,笃志以帅气,涵养以存诚,省察以去伪,以治其昏乱。学者之用力,最难得效者,在于浮念。恶念虽实,治之亦易。浮念则无事之时倏起倏灭,有不得自由者。学者须自恒主于敬,顷刻不忘。遇事主一,各止于当止。无事静坐时,若有念头之发,则必即省觉所念何事。若是恶念,则即勇猛断绝,不留毫末苗脉。若是善念,而事当思维者,则穷究其理,使此理豫明。若不管利害之念,或虽善念而非其时者,此是浮念。浮念之发,若有意厌恶,则尤见扰乱。只有轻轻放退,提掇此心,勿

与之俱往,则才发复息矣。如是用功日久,日夕乾乾,不求速成,不生懈意。如未得力,或有闷郁无聊之时,亦须抖擞精神,洗濯心地,使无一念,以来清和气象。久久纯熟,至于凝定,则常觉此心卓然有立,不为事物所牵累。由我所使,无不如志。而本体之明,无所掩蔽。睿智所照,权度不差矣。最不可遽冀朝夕之效,不效则辄生退堕之念也。

综观栗谷言论,凡属有关理气心性义理本原方面者,多能根据儒先旧典陈言,深研明辨,力求精辟,以归一是。至于论及工夫方面,转多自抒胸臆,以所心得平实出之。上条所引,可为一例。

《圣学辑要》又一条云:

> 或问:意果是缘情计较矣,但人未与物接而无所感时,亦有念虑之发,岂必缘情乎? 曰:此亦绅绎旧日所发之情也。当其时,虽未接物,实是思念旧日所感之物,则岂非所谓缘情者乎?

意必缘情,此亦栗谷亲所经验之谈,自述其平日工夫中所省觉也。变化气质,其功在习,积习纯熟,始见其效,治念之功亦如此。实即犹宋儒之言主敬工夫也。栗谷于四十岁成《圣学辑要》,四十二岁又著《击蒙要诀》。其注重日常亲切用功实地之意,亦可见矣。

栗谷《与奇明彦书》有曰:

能得固有浅深。就其浅者言之,则不惑亦可谓之能得。就其深处言之,则非不思而得,不勉而中,则不可谓之能得之极功。

栗谷言义理,皆力窥深微,而其言工夫,则一臻平实。此条可以想见栗谷心中由平实达深微之一番想像,与其所向往之终极境界之所在。本篇最先所引栗谷与退溪书,辨孟子求放心与孔子告颜渊克己复礼工夫之精粗,意亦犹此。惜乎栗谷年寿不永,果使更能获得一二十年久久纯熟之功,诚不知其最后所到达之果如何也。

栗谷身后,宋尤庵有《紫云书院庙碑铭》(见《宋子大全》一百七十一),于栗谷推崇备至,有曰:

> 诸老先生尝论之,曰:不由师传,默契道体似濂溪。一变至道,潜思实践似横渠。发明极致,通透洒落似明道。博约齐头,集而大成,又似乎晦翁夫子。后之君子,夷考于遗编,则知斯言之不诬也。

又尤庵《栗谷先生墓志铭》(见《宋书拾遗》卷八)亦曰:

> 明道之资,考亭之学。

诵此两文,可知韩国后贤之尊奉栗谷,洵可谓无以复加矣。

（三）宋尤庵学述

宋时烈，字英甫，号尤庵，生于明万历三十五年丁未。十二岁，父睡翁常责励以圣贤事业，曰：朱子后孔子，栗谷后朱子，学孔子当自栗谷始。遂教以栗谷之《击蒙要诀》。睡翁卒，受业于金沙溪，为栗谷再传。厥后教授后进，必曰：读书当以栗谷先生所定次第为主。卒于明毅宗崇祯六十二年己巳，年八十三。崇祯十七年甲申明亡，此已在明亡后四十五年，为清康熙之二十八年。《尤庵语录》（见《宋子大全附录》卷十八）论复仇有曰：彼虏夺取中国之地，左衽中国之民，非仇而何！后人承其志，故为年谱，仍以崇祯纪元。

尤庵未尝有别号，年八十，尝与友争是非，友戏之曰：子言多，不可谓言寡尤，吾当以尤名子室，遂号尤庵。（见《年谱》）及病笃，强书训诫辞付子孙，曰：朱子于阴阳义利白黑剖判之勇且严，如一剑两段，不敢少有依违因仍之意，此正《大学》诚意章事也。其壁立万仞而功被万世，反有过于思孟者。然非读书穷理之至，何以与此。此《大学》之教所以必先于格致也。又曰：朱子之学，以穷理存养践履扩充为主，而以敬为通贯始终之功。至于临箦，而授门人真诀，则曰：天地之所以生万物，圣人之所以应万事，直而已。明日又请，曰：道理只如此，但须刻苦坚固。孔子曰：人之生也直，罔之生也幸而免。孟子所以养浩然之气者，亦惟此一字而已。是孔孟朱三圣同一揆也。然不能读书明理，则以不直为直者亦有之矣。吾师门之教，如此而已。（又见《大全》卷一百三十六《赠李景和说》,又《海上送权尹二孙北归说》。盖此义尤庵屡道之也。)

其平日尝曰:朱子之后,义理大备,靡有余蕴,后学只当尊信朱子,极意讲明,为圣为贤,不外于是。必欲著书垂后者,妄也,赘也。故其用功,皆阐发程朱之旨,有《朱子大全劄疑》,有《二程书分类》,有《语类小分》,有《或问精义通考》,又有文集百余卷。(以上皆据《年谱》)

或问:我国儒者孰为正宗。曰:泽堂之论,以为栗谷兼静(庵)退(溪)资质学问,而又有经济之才,此言似当矣。(《附录》卷十四《李喜朝语录》)又曰:吾东先儒,所见透彻,莫如栗谷之直陈分明。(《附录》卷十七《崔慎录》)又曰:沙溪以栗谷为敏快豁达,亚于生知。若在孔门,必与颜曾同科。(同上)又曰:吾东理学,至栗谷而大明。(《附录》卷十五《金干录》)又曰:栗谷于精微肯綮处必明白说破。又曰:余所见栗谷于博文之功最多。(《大全》卷二百十二《语录》)又为文《告沙溪墓》有曰:

> 集群圣而大成者孔子,集群贤而大成者朱子,栗谷先生之学专出于此,尝曰:幸生朱子之后,学问庶几不差。(引见《年谱》八十三岁)

尤庵又编校《栗谷年谱》,(见《大全》卷一百三十七《栗谷牛溪二先生年谱序》)代撰栗谷墓志,(见《宋书拾遗》卷八《栗谷李先生墓志铭》)又为《紫云书院庙庭碑铭》,(《大全》卷一百七十一)于栗谷推崇备至。及年八十,犹与友人殷殷讨论栗谷外别两集之正讹得失。(见《年谱》)

此后韩元震云:(见《大全附录》卷十九《记述杂录》)

> 栗谷尤庵，天分之高，文章之盛，世未有能追者。

又曰：

> 栗谷先生不由师承，洞见道体，资近生知，学到至处。
> 尤庵先生学宗考亭，义秉《春秋》，闲先圣，拒诐淫，为天地
> 立心，为生民立道，事业之盛，又莫与并。

是尤庵极推栗谷，而后贤又极推尤庵，以与栗谷相媲也。

又尹凤九云（亦见《记述杂录》）：

> 问：或者谓尤翁文集，论事多，论理少。曰：盖无退溪之
> 高峰，栗谷之牛溪，故无问答之端矣。曾侍坐下，外人之书
> 来，如有论学者，辄喜形于色，曰：幸有此书，即时答送矣。

又李喜朝云（见《大全附录》卷十四《语录》）：

> 先生曰：昔牛溪与龟峰相会，而曰：论理少而论事多。
> 今日吾辈之会，亦觉如此，良可悔也。

盖当尤庵时，韩国理学已就衰，至有如尹镌之徒者起，尤庵所谓
此亦可见世道之变也。（亦见《语录》"金干录"）尤庵于三十六岁时，
即已严辞斥尹镌。其生平直至于临箦之前，每以直字训人，意即
在此。韩元震称其义秉《春秋》，闲先圣，拒诐淫，主要即指此。

此亦是论事偏重于论理也。

兹就《宋子全书》撮述其有关讨论义理思想之大要,尤以其讨论为学途径者为先,以见尤庵论学之大概。

《大全》卷一百三十一《杂著》有云:

> 人之所见,切不可差。所见差,虽所行善,终与恶同归矣。是故穷理是《大学》第一大事,而栗谷论人,每以识见为先。

此条在戊辰,乃尤庵卒前一年,可谓是尤庵之晚年定见。为学主以穷理为先,即承栗谷学脉也。

又《大全》卷九十二《答郑仲淳》,《宋书拾遗》卷四《答李汝九》有云:

> 朱先生之意,以为论学问次第,则致知先而涵养后,然敬是贯始终该本末底道理。大抵先生教人,随其病而药之,故所言有不同。而篁墩分先后,以专于涵养之说为定论,则误矣。盖涵养致知,自是齐头并进者。

此书两见,不知孰是。其年应在己未,尤庵年七十三。程篁墩《心经注》,自李退溪郑重提倡,韩国李朝定为经筵讲本,尤庵亦曾屡主讲席。(详见《年谱》)退溪有《心经释疑》,其后尤庵亦预于校正之役。(见《全书》卷一百三十八《心经释疑序》)又《年谱》:戊戌,尤庵五十二岁,进讲《心经》,即谓真西山出处不正,不得与于先儒道统之传。又同年进讲《心经》：

> 上顾先生曰：其书莫或有违于程朱说否，卿须一一订
> 正。先生曰：堂上方辨堂下人曲直，未到其人地位，何能辨
> 其是非。但自朱子后义理大明，后此而著述者，似不免为剩
> 说。如或少违于朱子之说，则不免为杂说。

其答辞可谓婉而直矣。篁墩《道一编》，挽朱入陆，退溪力辨《心
经注》与《道一编》不同。然如尤庵此条所辨，实正是篁墩思想
歧趋所在也。

《紫云书院庙庭碑铭序》记述栗谷之学有曰：

> 格致、存养、践履三者，为终身路径。其用功最深于
> 《小学》及四书《近思录》，日夜覃思，不明不措。必至于各
> 极其趣。故其探赜辨论之精，可质前圣而无疑。然不以庄
> 敬涵养为本，则意绪匆匆，无以察其纠纷微奥之致。故常虚
> 明静一，不为事物所夺。又谓省察之功，常在知行之间，而
> 不可少缓。故虽事物丛沓之时，闲居幽独之地，其所以辨别
> 天理人欲者，愈严愈密。及其养之深，积之厚，则行之于身，
> 措之于事，皆沛然有裕，无所凝滞，而品节不差，以至于道全
> 而德备。

此虽尤庵记述栗谷为学，然特提出格致存养践履三者会通用力
齐头并进之要旨，此即尤庵之自所奉行，为其从事于学之矩矱，

而实可与孔门之言博约、《中庸》之言尊德性道问学互相阐发。而尤庵又特拈后代宋儒理学所标格致存养践履三语,更使人易于参入。而并无浮论力辨,只平白道出,不失为治理学者开示门径一极有价值之意见。(《大全》卷九十《答李汝九别纸》,有《栗谷为学图》,分持敬、讲学、省察三者,尤庵往复讨论,自乙卯至丁巳丙辰,可参读。)

《大全》卷五十一《与金延之书》有曰:

> 《大学》云:自天子以至于庶人,一是皆以修身为本。则前有格致诚正工夫,后有齐治平事业,此二字所包括如此其大。而朱先生既编《小学》,而曰修身大法备矣。然则其于学者至切而甚大者,宁有加于此书哉。宜乎老先生一生践履,都在此书,而又以训于后人也。今执事又以朱先生书牍中所训媲之,诚可谓知言矣。先生门人称先生曰:洙泗以还,博文约礼两极其至者,惟先生一人云。书牍所训,无非博文约礼之事,而大规模严心法皆在其中。学者诚能先从事于《小学》以立其本,而兼读此书,条畅而涵濡之,则其于圣学门庭次序,殆庶几矣。

此书在丁巳,尤庵年七十一,已入晚年。其文亦若平淡白直,非有深思大论。然以格致诚正工夫与齐治平事业绾合为一,又以朱子《小学》为《大学》立本,主修身践履,而谓大规模严心法皆在其中,其意亦可与紫云书院栗谷碑序所举相通也。

又《大全》卷九十《答李汝九》有曰:

谓持敬之功，通乎致知力行则可，今直以致知力行为持敬之事则不可。

又同卷《答李汝九》辨存养与涵养有云：

涵养如读书时沉潜义理，心无他适者是也。无事时此心澄然莹然，无有纷扰者亦是也。至存养，则专指戒慎恐惧。

以上所引，略可见尤庵论为学之大概。

或问：退溪之说，与栗谷迥然不同，取舍最难，公意则谁从。余曰，不问退溪与栗谷，同于朱子者从之，不同朱子者不从。（见《大全》卷二百十二《遗事》）

栗谷尝言，幸生朱子后，学问庶几不差。尤庵常引其说。（亦见上引《遗事》。又见《大全》一百五十一《告沙溪先生墓文》。其他不俱引。）其师沙溪亦曰：既有朱子，虽周程张之说，不同于朱子者，必不从彼而舍朱。（见《附录》卷十八《语录》）是尤庵此条，即承栗谷沙溪，厥后韩元震南塘亦承此意，可见韩国先儒对朱子之一意尊崇，自退溪栗谷以下无二致也。

退溪栗谷异说，主要在论理与气。《大全》卷二百十二《沙溪先生语录》有云：

《语类》曰：七情气之发，四端理之发，退溪一生所主在此，故有理发气随之说。栗谷以为四端固亦随气而发，然不为气所掩而直遂者，故谓之理之发。七情固亦理乘之，然或不免为气所掩，故谓之气之发，似当活看也。然七情中亦有主理而言者，舜之喜，文王之怒，非理而何。四端中亦有主气而言者，朱子所谓四端之不中节者是也。

理发气发之语，虽亦出于朱子，然当活看，此辨乃沙溪承栗谷，而尤庵又承自沙溪也。《大全》卷一百一《答郑景由》有曰：

人物未生时，理与气本自混融而无间。故气聚成形之时，理自具于此形之中矣。《中庸注》曰，气以成形，理亦赋焉。岂非十分分明耶。《语类》所谓气聚成形，理与气合，即《中庸注》之意。退溪先生理发气随之说，栗谷先生每以此为正见之一累。

关于此辨，尤庵决从栗谷，可谓已臻定论。若必分别理发气发，则《语类》中不可通者累累矣。

其次为人心道心之辨。《大全》卷九十《答李汝九》有曰：

人心道心说，栗翁一遵朱子意，更无可疑。朱子意，以人心道心皆为已发。此心为食色而发，则是为人心，而又商量其所发，使合于道理者，则是为道心。为食色而发者此心也，商量其所发者亦此心也，何可谓两样心。大概心是活物，其发无穷，而本体则一。熟读《中庸》序文，自可无疑。

此辨极为扼要易明。又一书曰：

退溪所谓人心是人欲之本甚精。所谓人欲之大者，莫如食色。趁兄之臂而夺之食者是人欲，原其本，岂非由于饥欲食之人心乎。窬东家墙而搂其处子，是人欲，原其本，岂不由于精盛思室之人心乎。人心虽曰生于形气，实亦本于性命。欲食思室之心，实本于爱之之理。若无爱之之理，则见食见色，而亦邈然无所动矣。故从本而言，性为人心之本，人心又为人欲之本，故曰善恶皆天理。又曰，流而未远，已有所浊。由末而言，人欲生于人心，人心又生于性。故曰：蛆生于醢，而害醢者莫如蛆。又曰：有浊之少者，浊之多者，却是原初水也。此统之有宗，会之有元，一本万殊，万殊一本，一致百虑，同归殊道之理也。然学者若不知天理之流而为人欲，而指人欲以为真理，则是真认贼为子者也。

此辨尤为深入而明快。又别纸云：

曰善恶皆天理，又曰恶亦不可不谓之理，又曰理有善恶。今若以恶为理之本然，则大不可。然亦不可以非理之本然而谓之不本于理也。盖所谓恶者，其初虽本于理，末流之弊，失其本然，而遂至于恶尔。爱亲爱君者，道心也。欲食欲色者，人心也。是皆本然之理也。至于因欲食欲色之心而流至于纷兄臂窬东家墙者,是恶也。原其初,亦岂非自理而出乎? 天下无一理外之物,试思此一句而有得,则洒然矣。

又《大全》卷一百三十《杂著》有云:

谓因过不及而流于恶,可也。直以过不及为恶,则未安。孔子曰:师也过,商也不及,岂便以商师为恶哉。

此又自人心道心而及于善恶之辨,其言皆直捷明净,深入而浅出之。

其次又辨物格格物,《大全》卷九十一答《李汝九别纸》有云:

退溪常以为物格者,人格之而至于其极也。末年大悟其非,以为物格者,只是物理到其极处也。此正得本文之意。而又以为理非死物,故能自此至彼,则又失之远矣。物理如册子,人之穷理,如人看册子。看此册子自始至末,虽在人看尽,而自册言之,则曰册尽,岂曰此册是活物也。

此亦可谓浅譬而喻矣。又一别纸云:

物格说,当以栗谷为正。

又卷九十《答李汝九别纸》云：

> 来书所谓物格者，非物自格，而被人格之者，是矣。物之理虽本具吾心，然非生知之圣，而无格之之功，则物何自而诣其极乎？退溪答奇高峰最后一书论物格者甚详，此退溪自谓觉其前非之说也，然愚则犹有所疑。物理本具吾心，仍待格之而后明。栗谷先生曰：如册在床，衣在架，然夜中不得见。及其烛至，然后知册之在床，衣之在架也。此说精确易见，幸以此详玩。

凡此皆所谓精确易见，能深入，又能浅出也。又《大全》卷一百四《答李君辅》有曰：

> 退溪谓随遇发见无不到者，此理至神之用也。愚僭以为此说未安。既曰理，则无论体用，皆是无情意造作，岂有如人心之有知觉，而流转运用，自此到彼也。朱子所谓各有以诣其极而无余者，谓人穷此物之理而至于极处，如人行路，行之至而路穷云尔。此路岂是从人举足之地而随人行步，以至于止足之处乎。退溪一生论格物之说，只是知至之意，而晚年所谓无不到者又如此其未安，经义之难明，乃至于此乎。

退溪标朱子曰心学，然极不喜陆王，惟心与理之辨。尤庵此等处，阐之尤晰，洵可补退溪所未逮矣。

又《大全》卷一百二十二《答或人书》有云：

> 记少时在溪门，先师亲诵栗谷物格之说，心神脱然见于颜色。先师曰：此非栗谷之说，乃朱子之说也。

又曰：

> 如退溪之沉潜缜密，乃于此所见如此，诚有所不敢知者，惜乎不得供洒扫之役于其门而请其说也。

此皆见尤庵之直承栗谷也。

其次又辨四端七情，《大全》卷一百三十《杂著》有曰：

> 退溪所主，只是朱子所谓四端理之发，七情气之发。栗谷解之曰，四端纯善而不杂于气，故谓之理之发。七情或杂于不善，故谓之气之发。然七情中如舜之喜，文王之怒，岂非纯善乎？大抵七情皆出于性，其出于性也，皆气发而理乘之，孟子于七情中撤出纯善者谓之四端。安知朱子之说，或出于记者之误也。

退溪一尊朱子，然其说容有误。栗谷亦一尊朱子，尤庵承之，转谓朱子之说或出记者之误。是其所得于朱子者益深矣。又曰：

> 四端七情，皆气发而理乘，退溪理发而气随之一句大

误。理无情意运用造作，气能运用作为，而理亦赋焉。观于《中庸》首章章句可见矣。以太极说观之，则尤晓然。太极乘阴阳而流行，未闻阴阳乘太极而行也。

又曰：

> 愚于此，别有疑而不敢言。退溪高峰栗谷牛溪，皆以四端为纯善。朱子以为四端亦有不善，未知四先生皆未见此说否。四端亦气发而理乘，发之时，其气清明，则理亦纯善。其气纷杂，则理亦为之所掩。

又《大全》卷一百三十三《退溪四书质疑疑义》有曰：

> 四端七情皆出于性，而皆有中节不中节。其中节者，皆是道心之公。其不中者，皆人心之危也。

是尤庵亦并言栗谷有误。凡尤庵之所辨于理气人心道心善恶诸端者，皆极直白明快，亦可见其深入之趣矣。其他有关上述四项之辨说，《宋子大全》中尚多散见，兹不备引。

又《大全》卷一百十三《答朴景初》有曰：

> 先生已于严时亨杜仁仲书明言，《大传》继善，是指未生之前，孟子性善，是指已生之后。又言有指其堕在气质中者而言，有指其本原至善者而言。盖以天道言之，则自继善

而流行以至人物成性,为一说也。自人道言之,则自未发之性而发为情者,又一说也。天人虽异,而其理则一,非天道之外别有人道也。

此处辨天人性情,因又辨及《易·系》与孟子,要皆由退溪栗谷之辨引生而来。此条即栗谷辨本然之性气质之性同是一性之意,厥后韩南塘又承之。

又《大全》附录卷十七《语录》有云:

先生曰:无致亦保,退溪误解以为虽傍无厌致之人,亦保其所守。栗谷以为凡人身心厌怠之时,必起惰慢之念而不能保守者,众人也。觉其然而警其心,能保守不失者,学者为然。圣人无厌怠之心,警觉之时,盖异于常人之著工,而自然保持之也。此说极分明。慎问,退溪之说非自创,来自先儒,恐不可不从。先生曰:虽先儒说,非朱子之注,则岂无误者乎?

又一条云:

问:许鲁斋衡,可谓笃学之士,退溪不斥其仕于胡而反有深许之辞,抑何意也。先生曰:退溪之论,似此处多矣。栗谷则以鲁斋为失身而斥之,此恐为堂堂正论。

凡遇退溪栗谷两人异同,尤庵率祖栗谷,俱如此。

又附录卷十六《语录》有云：

> 《大全·与刘子澄书》，言戏谑为心术之害，而曰昔横渠先生尝言之矣。退溪《记疑》曰，横渠尝言之指东铭。先生曰：东铭不是但言戏谑，此分明指《近思录》第四篇所载横渠说，所谓戏谑不惟害事，志亦为气所流，不戏谑亦是持志之一端也。《记疑》说似是偶失照勘。《记疑》中如此处多。以我退翁之精详谨密，未知何乃如此。

尤庵屡称退溪沉潜缜密，又称之曰精详谨密，于此而犹于退溪多所辨正，是亦见尤庵之沉潜缜密精详谨密为何如矣。

又《大全》卷一百三十四《杂著论语子张篇子夏门人小子章饶氏说辨》有曰：

> 退溪之失，只在于以本为天理，以末为洒扫应对。子夏程朱之意，则以本为诚意正心，以末为洒扫应对。而所以然之理，则无间于彼此也。退溪之失，肇自饶双峰，惜哉。

退溪乃韩国朱学开山，栗谷尤庵承其风而起。退溪有失，栗谷尤庵多加纠正，此非于前贤好为诋诃，实亦饮水思源，备见栗谷尤庵尊崇退溪之意，而韩国诸贤研朱之风，益进益密，亦于此可征。

尤庵于朱子书备极用功。有《朱子大全劄疑》，《年谱》载七十二岁戊午八月成书。云：

先生尝曰:退溪《节要》、《记疑》,颇有未甚安者,故不免因其所疑,作为问目,质诸故旧。自乙卯以后,专心《大全》,随手劄录,晨夕孜孜,未尝少辍。至是始克成编。

乙卯,尤庵年六十九。正月有远窜之命,盖四年而成书也。"《劄疑》成书"条下又云:

又以《二程全书》编次错乱,各以类名,而名之以《程书分类》。

《大全》卷一百三十九,有《朱子大全劄疑序文》,其略曰:

退溪李先生,手钞《朱子大全》简牍为二十篇,名曰《朱子书节要》,又有《记疑》一册,以释其肯綮难解处,以训蒙士,其功大矣。其后文肃郑公,又为《酌海》八卷行于世。惟《记疑》之书止于《节要》,而《酌海》则阙焉。余与孙畴锡尝欲续《记疑》通释《酌海》,而因以及其余。编帙粗成,而余益衰老,不能复致力矣。

此文成于己巳,即尤庵八十三岁卒年。《年谱》云:

劄疑之成已久,先生犹恐有所未尽,不住其订正,至是始草序文。

又有《论孟或问精义通考》，其序亦见《大全》卷一百三十九。略曰：

> 我朝得《或问》书刊行久矣，然苟无精义，则未知《或问》所以论辨去取者为何，余为是求精义殆四十余年而终不能得。岁在丁卯，左侍郎李公选使，得于燕市书肆而归，亟取而附诸《或问》逐条之下，使读者便于通考，斯盖《中庸》之书《或问辑略》之凡例也。

丁卯，尤庵年八十一。事亦见《年谱》。

又有《记谱通编》，序文见于《宋书拾遗》卷八。略曰：

> 朱夫子所著文字，备于《大全集》。日用谈言，详于《语类》。其出处始末，事行细大，以至易箦后丘墓祠院，褒崇赞述诸作，有果斋李氏年谱，珊峰戴氏实记，详且密矣，然而互有详略。愚谨取二书，参互考订，删其重复，正其讹舛，间有阙漏者，辄为追补，而用谨按二字，以别于戴氏按例。

此文云在崇祯庚子，则应为尤庵五十四岁之年。惟《年谱》五十一年戊午，尤庵年七十三，十二月下有云：

> 先生尝病《年谱》《实纪》互有烦复，合成一册，而名以《文公先生纪谱通编》，又录其所疑于行外，今刊行者是也。此见于先生抵知旧书，而未详其编修在何时，姑附十此。

此似未见上引《拾遗》之序文。或是当时刊行之《纪谱通编》，亦并不有序文在前，姑志所疑俟考。

按：是条前，有"《朱子语类小分》成"一项，云：

> 先生每嫌《语类》记事错杂，且多烦复。自入岛中，与孙畴锡日夕对勘，整其错杂，删其烦复，随类移分，虽危祸迫头，而亦不以为意，惟专心用功于此事。

是尤庵七十三岁移配巨济，又有《朱子语类小分》之书，乃《宋子大全》中似亦未见其序文，并此志疑。

上述诸书，今皆不收于《宋子大全》中，并亦有未见其序文者，不知今韩国复有遗存否。姑志于此，以待再访。

其他复有《朱子言论同异考》，今收入《宋子大全》卷一百三十《杂著》。篇首有云：

> 《大全》与《语类》异同者固多，而二书中各自有异同。《大全》有初晚之分，《语类》则记者非一手。余读二书，随见拈出，以为互相参考之地。而老病侵寻，有始无终，可叹也已。尚有同志之士，续而卒业，于学者穷格之事，或不无所补云。

是文成于崇祯屠维大荒落，乃己巳岁，即尤庵八十三岁之卒年，此乃其时随札记未成之稿，故仅得数十条，未有条理。厥后韩元震《南塘集》亦有《朱子言论同异考》，盖承尤庵意，而褒然成册，为治朱学者一部当读之参考书,此即尤庵所望,同志之士续而卒业也。惟南塘此书未提及尤庵,不知何故。

又《宋子大全》卷一百三十一《杂著》有《看书杂录》,篇首云:

> 朱先生尝言,读史有不晓处,劄出待去问人。又曰:编次文字,须作草簿抄记项头,如此则免得用心去记。亦养心之法。自见先生两款说话,即置此册子,随读劄抄,看来看去,疑者自晓,生者自熟,不费心力而常存在胸中。觉见养心云者,真不余欺也。

此文在戊辰,尤庵年八十二,翌年即卒。尤庵晚年之好学不倦,洵可仰敬。观其所看书,则仍以朱子为主。有曰:

> 朱子说颇有初晚之异,亦有《语类》《大全》之不同,不可执一,是此非彼,徐观义理之所安可也。

此为翌年作《同异考》先声。又曰:

> 程子《易传》,胡氏《春秋传》,自当别为大议论文字。若谓之必得经旨,则未也。窃谓《周易》当以本义为主。《春秋》朱子以为圣人义精仁熟之权衡,有不敢知,遂有孔子家奴冢中起之说。然则后世数百家纷纷注说,皆郢书燕说之归矣。

又曰：

> 《中庸》无一心字，故于序文言心特详。《大学》言性，只于用人理财处略说过，而非言性之本体，故于序文言性特详。朱子为人之意，可谓切矣。

以上诸条，尤庵于诸书并不发大议论，然要之皆是大意见。可以有无穷议论由此而阐申者。又曰：

> 过去有无限天地，将来有无限天地，皆是道中之一物。所谓道者，无边际，无终始。圣人既囿此道于方寸之中，故六合之外，思之即至。先天地，后天地，坐而致之。特圣人不言耳。

又曰：

> 道体无穷，而心涵此道，故心体亦无穷。故曰：道为太极，心为太极。

又曰：

> 今此天地，佛家所谓见在，兼过去未来而谓之三世。以现在天地观之，则过去亦必如是，将来亦当如是。然则天地间万物，统体一太极也。三个世天地，亦统体一太极也。

以上诸条，论道论心论世，直抒胸臆，虽着墨无多，而精微广大，有卓然特出之概，此亦可觇尤庵晚年学养所到矣。

《大全》附录《语录》各卷亦有论读书极精卓语，兹连带录之如次。

附录卷十七《语录》有云：

> 问：诸经之难晓，宜莫如《易》，古今天地万物之理具焉，区区精神，必不能遍知之。《中庸》则不如《易》之广大悉备，而人皆以为难晓，何也。先生曰：《易》有象数，据而推之，庶几知其义。《中庸》既无象数可以摸捉，只言其无穷之义理，朱子所谓《中庸》多言上达处是也。自家若不能仁熟义精，足目俱到《中庸》地位，则决不能悬空揣度而知其义也。故《中庸》之难晓甚于《易》。问：《庸》与《学》如何？曰：《大学》有三纲八目，据乎此而推之，非如《中庸》之无依据难晓也。

又附录卷十四《语录》有曰：

> 先生曰：人谓《周易》难读，然不如《中庸》之难，吾意《中庸》犹不如《孟子》浩然章之为尤难也。余于此章，自少读之最多，而茫然无所得，及到老来，方得其梗概。

又附录卷十六《语录》有云：

有书生方读《孟子》第二卷,先生谓光一曰:浩然章熟读耶?对曰:只是泛然看过。先生曰:吾一生读之,益未晓,何若是其难也。

《大全》卷一百三十《杂著》有"浩然章质疑"数十条,并详言自十四岁、十七岁始读,至甲寅六十八岁写此质疑之经过。

又附录卷十七《语录》有云:

问:人言先生读《孟子》千遍,未知是否?先生微笑曰:余读《孟子》千遍,而初二数篇,一生所诵,不知其几千遍也。

又附录卷十六《语录》有云:

先生曰:学者不可一日无《语类》。虽卖衣买之可也。

又附录卷十四《语录》又云:

问:为学之方,可得闻乎?先生曰:朱子之言以为,学问之道,莫先于格致。格致之要,又在于读书。读书之要,又在于存心矣。

凡此皆可觇尤庵平日读书之精与勤,与其所宗主,及其用心之所在。

又附录卷十八《语录》有云：

> 先生尝示人以《资治通鉴》，曰：中原之人，无娶同姓
> 者。惟王莽之妻姓王，刘聪之妻姓刘。今人必欲效篡贼及
> 胡羯之所为，何哉。

此虽一小节，然其读书之博，与其随事之引发，诚有如溥博渊泉
之时出也。

（四）韩南塘学述

余获读韩国诸贤研治朱子学之最先一书，厥为韩南塘之《朱
子言论同异考》。此书及《李栗谷集》，台湾皆有藏本。今年游汉
城，获韩国友人赠以李退溪宋尤庵两人全书，皆韩国新印本。又
于奎章阁图书馆得读韩南塘文集，此书韩国无新印本，余仅影印
其《朱子言论同异考》六卷，文集卷二十六又二十八至三十共四
卷。惜未影印其年谱，遂不能详其生卒及其师承渊源，惟择其论
学要旨著于篇，以为余著《朱学流衍韩国考》之殿。

《南塘集》卷三十《偶书》有云：

> 程朱以后，得圣人之道者，莫如栗谷尤庵二先生。

此文在癸丑，应为清康熙十二年。南塘学脉，即承栗谷尤庵两
人。其平生持论，主要亦在辨理气心性两大纲，一奉朱子为主

臬,即遵栗谷尤庵二人遗规也。

卷二十九《对农岩集中理气问》有曰：

> 程朱三先生之说,本无异同。整庵之论,以理气为一
> 物,退溪以理气为二物,栗谷以为一,又以为二,得失当有能
> 辨之者。

此文应在癸巳,为清顺治之十年。又曰：

> 理者,生物之本。气者,生物之具。在气上看,则气如
> 此,理亦如此,而理气同。在理上看,则气虽不齐,理则一
> 体,而理气异。从流行言,则气无端始,理在气中,而理气无
> 先后。从源头言,则气未有生,理已先具,而理气又有先后
> 矣。然须于同中见异,无先后处见有先后,若各求其地头则
> 误矣。

又曰：

> 以理之乘气流行而谓之道,以气之盛贮此理而谓之器。

此自理气而辨及道器,则为栗谷尤庵所未及。

卷二十七有《罗整庵困知记辨》,亦在癸巳。其文有曰：

> 理本一矣,而所以有分殊者,由其所乘之气不齐而然

也。今欲去气质而言分殊，则犹离形而索影，息声而求响
也。不识分殊之由于气质，则是将以理为自殊，而不识理之
一矣。单指理曰天命之性，兼指气曰气质之性。两名虽立，
何害乎一。

整庵言理一分殊，推之天下无所不尽，论性不须立天命气质两
名，故南塘驳之如此。单指兼指，其说即承栗谷尤庵。又曰：

> 明道言器亦道，道亦器，只是明理气无间之妙，非真以
> 为一物也。理气果是一物，则何以有理也气也名目之对立
> 乎？但理气浑融无先后，无离合，故亦谓之一物，实则二物
> 而不相离者。此老有见于不离之妙，而遂认以为一物，良可
> 惜哉。

此辨即承栗谷，谓整庵之失只在名目上。然必谓理气为二物，则
下语犹可商。又曰：

> 记中性同道异二句，说得道理不周匝。而判性道为二，
> 又谬之甚矣。盖性只就天命赋予处言，道只就事物纷罗处
> 言，则性固同而道固异矣。天命赋予，非气质亦无以承载此
> 理而成造化，故人物之生，随其气质而禀性不同。道之在事
> 物，君仁臣敬，父慈子孝，鸢飞鱼跃，牛耕马驰，随其所在，虽
> 有其分之殊，而其为事物当然之则者，无不同矣。超形器而
> 言，性同而道亦同。即气质而言，性异而道亦异。故谓性同

而道异亦得,谓性异而道同亦得。谓性道同则皆同异则皆异亦得。今以性为必同,道为必异,以性道为二体,则是不察乎率性之为道也。本末异致,内外判涣,其失又不但止于认理气为一物矣。

凡辨理气性道,必先知其所从言之异,乃能识其所欲指之同。南塘此等处,皆从栗谷来,细读两家书,自知其学脉。

逮甲辰,清康熙三年,南塘始为《朱子言论同异考》,共六卷。谓:

朱子言论,多有前后异同,有语虽不同而意实相通者。有本无异同而学者看作异同者。

又曰:

《大全》尽载平生所著文字,故前后说俱载。《语类》皆是晚年所记,大抵皆是定论。除记录分明有误者外,皆当尊信。

《朱子言论同异考》,尤庵先有此书,南塘承之,所辨益详益精,为治朱学者一必读之参考书,中国无有也。惟谓《语类》所记皆是定论,此亦有误。此书距上引两篇已十三年,其辨理气语更简要。有曰:

先生或言理气本无先后，此以流行而言也。或言理先气后，此以本原而言也。或言气先理后，此以禀赋而言也。其所指者不同，而所谓本原，所谓禀赋，又都只在流行中，则其说又未尝不会通为一也。

又曰：

理气以流行言，则本无先后。以本原言，则理先而气后。以禀赋言，则气先而理后。万物之性专言理，则皆同。各指形气所禀而言，则不同。以理与气杂而言之，则人人物物皆不同。有以一言断之者，曰离合看。盖理气离看则为二物。为二物则理先而气后，气异而理同矣。合看则为一物，为一物则理气无先后，无异同矣。看字又当着眼看，谓人离合看，非谓理气有离合时也。

此条较之以理气为二物者精矣。

又《异同考》性字条有曰：

朱子答林德久曰：凡言性，皆因气质而言。但其中自有所赋之理尔。此一言，发明性字名义精蕴，更无余遗，实千古论性之至诀也。理赋气中，然后方为性，故曰因气质而言。不因乎气质，不名为性矣。性虽因气质而名，然其所指为性之物，则实指其中所赋之理，非杂乎气质而言也。因气质而言，故有五常名目之殊，人物所禀之异。指其中所赋之

理,故其为五常之德,人物之性,又皆不失其为善。本然气
质之非二性,于此可见。因在气中,兼指其气,则为气质之
性。直指其中所赋之理,而不杂乎其气,则为本然之性,性
虽有二名,实无二体也。

又《答严时亨书》曰:

人生而静是未发时,以上即是人物未生之时,不可谓
性。才谓之性,便是人生以后,此理堕在形气之中,不全是
性之本体矣。然其本体又未尝外此,要人即此而见得其不
杂于此者耳。此处三此字,皆指气质之性。即此气质之性
而见得其不杂于气质者为本然之性。则可见本然之性不外
乎气质之性,而虽有气质之不齐,不害性之本然矣。则本然
气质非有二性,而不可以时之先后地之彼此分言者,又可见
矣。此书之说,见于欧阳希逊问目中,而希逊问答乃在党事
后,则此书之为最后定论,亦无疑矣。

此辨承栗谷来,可谓深得朱子本意。与南塘同时,中国有陆桴
亭,亦辨本然之性与气质之性。可相参。

又《同异考》卷四孟子条有曰:

《语类》广录曰:孟子不曾说到气上,觉得此段话无结
杀,故有后来荀扬许多议论出。谟录曰:孟子辨告子生之谓
性,亦是说气质之性。按:谓之不说气者,只就人分上言之。

孟子只论人性之善，而未尝言其有气禀善恶之不同。谓之亦说气者，并人物言之。孟子亦言犬牛人性之不同矣。盖人性皆善，理之同也。人物不同，气之异也。故孟子之言性，就人言则专是说理，并物言，则又不能遗其气也。此先生之论各有所指，而非孟子之言性真有不同矣。

又曰：

《语类》谟录说又与生之谓性《集注》说不同。自其人性之贵于物而言，则谓之性无不善。自其人物之性之异而言，则谓之气质之性。善本于理，故言善则以理言之。异生于气，故言异则以气质言之。只一性也，而所就言之有不同耳。余尝论，五常之性，对太极浑然之体而言，则为气质之性。对气禀善恶之性而言，则为本然之性。今见先生论此一性，亦有或理或气之不同。愚说之意，得是为据，庶或免于无稽之罪耶？

此处举出朱子语各有所指，所就而言之有不同，即就《语类》与《孟子集注》为例。大抵南塘《朱子言论同异考》，多举朱子前后语有不同而意实相通者。有本无异同而学者看作异同者。全书六卷，分目四十，诚为阐说朱子思想一有系统之著述也。

南塘由辨理气而辨及性，大旨如上述。其由辨理气而辨及心，主要见文集卷二十七《王阳明集辨》，其文在丙辰，应为清康熙十五年，又在《朱子言论同异考》后十二年。盖南塘初未见

《阳明集》,仅于退溪集中见退溪之辨阳明者。后又得见整庵集中之辨阳明者,尚在此前二十三年。至是乃始见阳明书而辨之也。

其辨有曰:

> 心即理三字,即阳明论理宗旨。吾圣门言心本不如是。孔子曰:回也,其心三月不违仁。又曰:七十而从心所欲不逾矩。心果是理,则心即仁即矩也,又安有违仁之时,逾矩之患也。圣人从心,又何待于七十时也。孟子曰:君子之所以异于人者,以其存心也。以仁存心,以礼存心,此与孔子不违仁不逾矩之说同。独释氏陆氏以心为至善,吾圣人未尝如此说。

又曰:

> 以吾之心穷物之理,物理既格,吾知自致,此之谓心外无理,心外无物也。今于物理禁不使求之,则是真认理为外,认物为外,而所谓义外者也。

又曰:

> 心主于身,性具于心。而心即气也,性即理也。释氏以灵觉为性,陆氏以人心为至善,此皆认心为性,而同归于异端也。阳明之学,专以致良知为主,所谓良知,即是释氏灵

觉之知，亦不过为循气质之用，得陆氏之心印，而传释氏之
衣钵者。

此处所辨，《同异考》卷六异端条下已详辨之。惟《同异考》多辨
象山，及是又辨阳明也。

文集卷三十有《明德说》，文成于庚申，应在清康熙十九年，
又在《阳明集辨》后四年。其言曰：

心与明德，固非二物。分别言之，则心即气也。言心则
气禀在其中，故有善恶。言明德，则只指心之明处，本不拖
带气禀而言，故不可言善恶。心可以包性言，亦可以对性
言。明德只可以包性言，而不可以对性言。此心与明德之
有辨也。《大学》明德注曰：虚灵不昧，以具众理而应万事。
《孟子》尽心注曰：人之神明，所以具众理而应万事。其训
心训明德无不同，此言心与明德无二物也。《中庸或问》
曰：圣人之心清明纯粹，此独言圣人之心，则众人之心不能
如此可知。《大学或问》曰：方寸之间，虚灵洞彻，万理咸
备，是则所谓明德也。此不言圣人，则通众人而言也。言心
则圣凡不同，言明德则圣凡皆同，此则言心与明德之有辨
也。学者当随其所言而各求其指，求其有以会通。今之论
者，主明德之皆同者，并以心为纯善，而陷入于释氏之木心
矣。其主心之气禀不同者，并以明德为有分数，而亦将同归
于荀扬之言性矣。

其辨析异同,皆承栗谷之思理以为辨,学者读栗谷书自知。

文集卷三十又有《虚灵知觉说》,文成于庚寅,应为清顺治七年,远在《明德说》前三十年。其文曰:

> 心之虚灵知觉,虚灵是体,知觉是用。虚灵故知觉,非知觉故虚灵。方其未发,虚灵存于中,而其知觉之不昧者,乃为体中之用,静中之动也。及其已发,知觉应于外,而其虚灵之自若者,又为用中之体,动中之静也。以已发未发言体用,则未发是虚灵知觉之体,而已发是虚灵知觉之用也。事物未至,此心虽无所知觉,其能知觉者未尝不自在也。如镜虽无所照于无物之地,其能照者未尝不自在也。朱子曰:知觉是那气之虚灵底。又曰:横渠说未莹,有心则自有知觉,又何合性与知觉之有。然则心虽不离于性,虚灵知觉虽不离于理,论其本色,则心是虚灵知觉之在人者,而虚灵知觉是气而已矣。

文集卷二十九有《心纯善辨证》,其文在癸亥,应为清康熙二十二年,犹在《明德说》后三年。其文曰:

> 心纯善之说,盖不知心性有理气之辨也。吾儒宗旨,以心为气,以性为理,理无不善,气则有清浊粹驳之不齐。非此心之外,复有清浊粹驳之禀也。故人之智愚贤不肖,皆在于心,而不在于血肉躯壳之身。然心之虚灵,非如血肉躯壳之局于形质者。故浊者可变而之清,驳者可变而之粹,此变

化气质复其性初之工，亦只在于心，而不在于他也。以心为纯善者，乃禅家之宗旨也。达摩以此立宗旨，其徒推而为说，则曰即心即佛，曰作用是性，曰运水搬柴，神通妙用。此皆指心之灵觉而言也。朱子论陆氏曰：子静之学，只管说一个心本来是好物事，把许多粗恶底气把做心之妙理。阳明则曰，个个人心有仲尼，曰心则理也。良知即天理。其论良知，则曰心之虚灵明觉，即所谓本然之良知也。释氏初不知有理字，只见此心昭昭灵灵之体，便以为至善。陆氏王氏虽说理字，亦不过此灵觉之体耳。罗整庵曰：释氏之所谓性，觉也。吾儒之所谓性，理也。释氏有见于心，无见于性。整庵有理气一物之病，至其论儒释之分，乃专以心性之辨为言，此可见义理之所同然矣。

南塘以心之虚灵知觉属之气，远在三十年前。而三十年后，乃始有《明德说》《心纯善辨证》诸文，一若语义平常，实乃历经研钻而得之。读其三十年前所言，可知其路脉之正。读其三十年后所言，可以知其境界之所到。义理深微，固非可一蹴而几也。

惟虚灵明德之辨，已先见于《同异考》卷一言心诸条。有曰：

鸟兽之心，偏气聚而虚灵，故其灵只通一路。人之心，正气聚而虚灵，故其灵无所不通。圣人之心，清气聚而虚灵，故灵之所觉皆是理。凡愚之心，浊气聚而虚灵，故灵之所觉皆是欲。其在人者，就心而言，则可言其有不同。就明德言，则不可言其有不同。盖以明德之称，只言其虚灵，不及其气禀故耳。

其辨圣凡之心又曰：

> 朱子答石子重曰：人之所以为学者，以吾之心未若圣人之心故也。吾之心即与天地圣人之心无异矣，则尚何学之为哉？先生论性，则以为圣凡无异，而论心，则以为圣凡不同，其以心为气者可见矣。

此下谓心不违仁心不逾矩，皆见于其十二年后之《辨阳明集》。或《同异考》随时有增损，不必在甲辰即为定稿也。

因辨心，又连带辨及人心道心。《同异考》谓：

> 先生论人心道心，前以天理人欲言之，后以形气性命言之。其答蔡季通郑子上书，皆以形气性命为言，而蔡书犹有未莹，未若郑书之为直捷明白。先生于此，盖屡易其说而后定。学者必深考乎此，然后方知先生入道次第，而又有以见良工独苦之心矣。

> 答蔡季通论人心道心书，骤看似以人心为气发，道心为理发。细考之，实不然。其论人心，曰主于形而有质曰私，而或不善，盖皆指耳目口体而言。心上发出之气，不可谓之形与私。盖必仁义礼智之理与耳目口体之形对言，而曰此公而无不善，故其发皆天理。彼私而或不善，故其发皆人欲云云也。下文所谓清明纯粹不隔乎理，亦指耳目口体之形

气言。耳目口体之气有时而清明纯粹，则视自然明，听自然聪，四体自然收束不惰，此所谓不隔乎理也。饮食男女，本乎天理，则人心之发，亦莫非性命之所行，而但为发于吾身之私者，故易隔乎理而不得其正耳。

此辨本承栗谷尤庵，而语甚明析。盖朱子之意，囿于形气曰人心之私，通于性命为道心之公。心则一也。而性命之流行，则藉于形气，亦未有舍形气而可觅性命也。又曰：

余旧看此书，亦不解其旨，遂妄疑其为初年未定之论。偶与季明论此，季明之言如此，方觉其前见之粗谬，而涣然无疑于先生之指矣。

观此条，惜乎手边无《南塘集》全书，不能考其与季明论此者在何年，疑此条或系甲辰后增入。又曰：

答蔡季通论人心道心之说，旧尝疑其有二歧之嫌，然其书乃在《中庸序》之后，则又似是晚年所论。又疑《庸序》亦有前后之异。则此书终不得为定论。后见先生答郑子上书曰：此心之灵，其觉于理者，道心也。其觉于欲者，人心也。昨答季通书，语却未莹。不足据以为说。据此则先生果自以答蔡书为未是矣。子上又问曰：窃寻《中庸序》云：人心出于形气，道心本于性命，而答季通书乃所以发明此意。今如所说，却是一本性命说而不及形气。先生又答曰：《中庸序》后亦改定,别纸录去,据此则《中庸序》果亦有前后本不同矣。若非子上之屡有问辨,答蔡一书,几为千古疑案矣。盖先生论人心道心,屡易其说,末乃以为一心之灵,有觉于理觉于欲之分,而其论始定。以先生高明特达之见,犹未能一觑觑到真源,有此见解之屡易,则义理之难精也。

此条,南塘自注在己酉十月,尚在甲辰后五年,为清康熙八年,则《同异考》一书,虽始着笔于甲辰,而此下多历年数,递有增易,确可证矣。又曰:

> 陈安卿问生于形气之私。答曰:如饥饱寒燠之类,皆生于吾之血气形体,而他人无与焉,所谓私也。按:后人以人心道心分属理气之发,而推以及于四端七情者无他,只因此形气二字,滚合心之气看故也。先生于此,自解形气之说,只以为血气形体,而不复兼心志为言,则其所谓生于形气者,非谓发于心之气而与性命之理分对出来者,多少分明矣。安卿问答,皆在庚戌以后,最为先生晚年时也。

人心道心理气互发之说,李退溪主之,李栗谷宋尤庵非之,朱子意只谓形气易有私,故人心由此生。若其心无私,则饥饱寒燠之类,虽发于形气,亦可谓之道心。栗谷尤庵辨此皆甚明白。南塘推阐过密,又辨形气与心气有别,此则节外生枝,似不必也。

《同异考》又辨蔡沈《书集传》释人心道心之非,有曰:

今蔡传颇有所删改于先生之说，而其所改下语处，又不若旧说之浑全的确，无有罅隙。朱子本注曰：生于形气之私，生字与发字义不同。谓之私，则其指耳目口体亦明矣。曰：人心易动而难反，义理难明而易昧。对义理言，当曰形气，而若曰形气易动，则嫌于形气之自动而不发于心矣。对人心言，当曰道心，而必曰义理者，道心之微，本由于义理之难明故耳。

《南塘文集》卷三十有人心道心说，其文在乙酉，尚在清顺治二年，先甲辰为《同异考》十九年，其为说与《同异考》似无大异。其文略曰：

心，一而已矣，所以有人心道心之不同，何欤？盖人之有生，必得天地之气以为形，耳目口体之类是也。必得天地之理以为性，仁义礼智之德是也。既有是耳目口体之形，则自然有饮食男女等之心，故指此而谓之人心。既有是仁义礼智之性，则自然有恻隐羞恶等之心，故指此而谓之道心。此其立名之所以不同也。人之一心，理与气合。理无形迹，而气涉形迹。理无作用，而气有作用。故发之者必气，而所以发者是理也。大凡人心之发，无非气发理乘，而理气不能互相发用，互有主张。朱子所谓心之知觉一而已矣。但其所感者不同，故所发者亦异。食色感则人心发，道义感则道心发。此朱子所谓其所以为知觉者不同者也。后之学者，未究乎朱子之本旨，而只牵于名目之不一，皆以人心道心分属理气,窃究其分属之由,亦不过以形气二字误作心上气看故也。窃观朱子之言,果有前后之不同。始则以人心为人欲,既而改为饮食男女之欲可善可恶者。始则曰道心为人心之理,又曰:道心性理之发,人心形气之发。既而改为或生于形气之私,或原于性命之正。生字原字,自与发字之意不同。其于《禹谟解》则曰,指其生于形气之私者而谓之人心,指其发于义理之公者而谓之道心。于形气则终不肯下发字,此乃晚年定论也。九峰于《禹谟注》,改生字以发字,又去私字,直云发于形气,则其认作心上气,后人亦难为回互矣。勉斋又喜谈发于形气,又推而为气动理随理动气挟之论,则以人心道心分属理气之发,实自九峰勉斋始,真所谓七十子未丧而大义先乖者也。其后东阳许氏云峰胡氏尊信祖述之,及至我退牛两先生,又益主张推衍之,使理气二物,判然有离合,而不复其浑融无间之妙。幸赖我栗谷先生不由师传,默契道真,其于理气不相离之妙,人心无二本之处,灼然自见,故勇往直前,明辨其说。其言曰,发之者气也,所以发者理也。气发理乘,一道之外更无他歧。其言的确浑圆,颠扑不破。但于此形气二字亦未深察,则遂以人心为掩于形气,道心为气不用事,亦终不能折服牛溪之口,是可恨也。一字不明,害至于此,学者读圣贤书,其可一字有忽乎?

栗谷之辨退溪,主要在发挥理气不相离,人心无二本,南塘之说是矣。然理即寓形气中,饮食男女发于形气,亦寓有理。惟囿于形气则易有私。不为形气之私所囿，而通之于道义之公，此即栗谷所谓气不用事也。蔡注直云发于形气，去了私字，此是其误。天地间道义之公，亦无不发于形气也。而南塘又强分心上气与形气为二，转增纠葛，是亦失之。至云食色感则人心发，道义感则道心发，不知食色中亦有道义，道义中亦有食色。所辨只在其心之公与私而已。南塘十九年前辨此未臻明析，十九年后仍未豁然，亦可惜也。

又《南塘集》卷二十九有《示同志说》，亦在乙酉。其文甚长，亦辨人心道心，而言更多歧。其文略曰：

> 万物既生，得其气之正且通者为人，得其气之偏且塞者为物。故草木则全无知觉，禽兽虽有知觉，而或通一路，终为形气之所拘，而不能充其全体之大。人则得其正且通者，故其心最为虚灵，而健顺五常之德无不备焉。得其正且通者之中，又有清浊粹驳之不齐。得其极清至粹者为圣人，得其清粹多而浊驳少者为贤人，得其浊驳多而清粹少者为众人，得其极浊极驳者为下愚。圣人生知安行，自然有以全其理之本体。贤人以下，则必待修为之工。而修为之工，则不过治其心养其气而已。然心为一身之主，而气为此心之卒，故心得其正则气自然养。心之未发，虚灵不昧而万理具。万理统而为五性，五性又合而为一性。全体浑然，无所亏欠。不杂乎气，单指其理，则为本然之性。兼理与气而名之，则为气质之性。其已发也，知觉运用而七情行焉。七情约之为四端，四端统之为七情。随其外感，异其内发。已发

之际,气始用事,故不杂乎气,单指其理,则理之全体未尝不浑然至善也。四七一情,则皆是气发理乘而皆兼善恶也。栗谷所谓四端纯善无恶者,亦恐为不备。朱子所谓道心原于性命之正者,谓有此性命之正,故道心发云尔。非谓道心只发于理,而气无所干也。所谓人心生于形气之私者,谓有此形气之私,故人心发云尔,非谓人心只发于气而理无所干也。且此形气字,即指口体而言。从古学者多将此形气字作方寸中发出之气看,故以人心道心分属理气,而不觉其为理气二物之病也。人心道心,其所为而发者,有道义口体之异,栗谷于人心无二歧处非不洞见,而偶于此文字上有所未察,故终不能服牛溪之心,亦可恨也。其以为道心非气用事,而人心独气用事,恐亦为失。心之为物,其所以治之者,不过曰穷理存养力行三者而已。又须三者俱进,不可偏废。然三者之工,不主于敬,则心无主宰,颠倒错乱,其静也昏昧,其动也驰骛,其于穷理存养力行,无以致其工矣。

此文包括辨理气,辨本然之性与气质之性,辨四端七情,辨已发未发,辨人心道心诸端,此皆退溪栗谷以来讨论之大题目。然南塘此文,一气并包,颇似思理未臻细密,不免有彼此冲突矛盾处,亦有陈义谬误处。如谓随其外感,异其内发,是不啻谓人心道心之发,一切皆由外感为主矣。此即上引一文所谓食色感则人心发,道义感则道心发也。不知人心之主,在内不在外,有外感,有内应,乃始有穷理存养之功耳。发于心而后有人心道心之别,亦不当谓有道心人心之分发也。南塘又谓气发皆兼善恶,以栗谷谓四端纯善无恶为不备。此说承尤庵。然道心亦皆气发,岂道心亦兼善恶乎?又谓心为一身之主,气为此心之卒,此若承《孟子》养气章言。然亦不当以理气心性分别对言。从孟子言之,与从朱子言之者亦有别,不当牵浑为说也。又以气之清浊粹驳分人为四等,而谓心之未发,虚灵不昧而万理具,是不啻谓人有四等而心则纯善,此实无说可通矣。朱子以心属气,万理亦具在气之中,非可离气言心,而认心为纯善也。越后五年,南塘有《虚灵知觉说》,已引在前,大致与此文意见无大相违。惟确认心之虚灵知觉亦属气,经此一点明,似较此文认识为进。至《明德说》与《心纯善辨》,则远在三十年后。此皆南塘一人之言,苟不细辨其成文之先后,则亦无从见南塘进学之阶序矣。又如分治心为穷理存养力行三者,此说亦承尤庵,惟于三者外又别出主敬一项,亦不如尤庵言此之明密。

南塘为虚灵知觉说后三年,乃有《罗整庵困知记辨》,有曰:

> 原于性命故谓之道,生于形气故谓之人,而发之者皆气,故谓之心。今以道心为性,则是认心为理,而混气言心矣。以人心为情,则其认得是情,亦不过形气之粗而已矣。

其说仍欠明了。心自属气,而理寓其中。今乃曰认心为理,混气言心,心固不可遽认作理,然亦宁可离气言心乎?情固发于形气,而情中亦寓有理,又岂得谓人心之情,决不为形气之粗乎。整庵以道心为性人心为情固非是,南塘辨之,下语多未切。由于南塘于朱子道心人心之辨,终自未达于透辟之领略也。

《南塘集》卷二十九复有《浩气辨》,与辨罗整庵《困知记》同年,其言曰:

> 浩然之气,天地之气也。其谓浩然者,盛大流行之意。人之得是气而生,又安有不得其盛大流行之体。但得气之清粹者,为圣为贤。得气之浊驳者,为愚为不肖。而盛大流行之体于是乎馁矣。幸而觉悟,从事于集义,则其体将复浩然。故孟子曰:我善养吾浩然之气。又曰:其为气也,至大至刚,以直养而无害,则塞乎天地之间,此皆言有是气而后善养,何尝言养之而后有此气。《集注》曰:气者,体之充也,本自浩然,失养故馁。惟孟子善养之以复其初也。此言得于初,失于中,复于后,三转折语,语脉分明,不难知也。《集注》又曰:至大初无限量,至刚不可屈挠,盖天地之正气,又人得以生。若圣贤之所独得,则何得泛以人得以生为言。愚尝譬之,气之有清浊犹水。水不以浊而不流行,犹气不以浊而不盛大。水之浊者,有渣滓之混,故流而未远,已有壅滞之患。若澄其渣滓,决其壅滞,则其流行者,未尝不复其初矣。

此文言气之清粹浊驳,贵能养以复初,较八年前《示同志说》为明析矣。然孟子所言浩然之气,只以盛大流行释之即得,不必更为清粹浊驳之分。语多歧而义转晦,此则贵读者之自为善辨也。又曰:

义理之辨，至朱子而无憾。虽有圣人复起，不得以易其言。吾之所思，常在于朱子范围之中而不复叛去，积思之久，终必有妙契之时。此子思所以不曰深思精思，而必曰慎思也。

此意亦承栗谷尤庵来。惟能守此不变，乃终有妙契之时。如前引《示同志说》言穷理存养力行三工夫一主于敬之说，及为《同异考》，语意乃大不同。《同异考》卷二学字条有曰：

《答何叔京》曰：因良心发见之微，猛自提撕，使心不昧，则是做工夫底本领。本领既立，自然下学而上达。若不察于良心发现处，即渺渺茫茫无下手处。此书当是先生初年所作，以心为皆已发，与未发之言涵养本源为本领工夫者不同。

又曰：

《答何叔京》，某近日因事方有少省发处。如鸢飞鱼跃，明道以为与必有事焉勿正之意同者，今乃晓然无疑。日用之间，观此流行之体初无间断处，有下工夫处，与守书册泥言语全无交涉。按此书作于戊子，盖在《中和说》未及改定之前。然所谓流行之体，即指勿忘勿助之间，天理流行之体，则亦无关于心为已发之说矣。其答程钦国，涵养为先，讲论以辅之书，又是初见延平时初年所作。程

氏《心经附注》，以此二书并为先生晚岁之说。《语类》
"痛理会一番"一条，即德明录癸巳以后所闻。"万事皆在
穷理"一条，即道夫录己酉以后所闻。"问致知涵养先后"
一条，即文蔚录戊申以后所闻。(俱见"知行"门)某不敢自昧
一条，即方子录，亦戊申以后所闻。(见先生"自论为学"门)上
一条虽是中岁之说，而犹在答叔京书后。下三条皆是晚
岁所言，而程氏又一切归之于中岁。变乱先后，强分初
晚，暗然欲售其援朱附陆之邪意，其矫诬先贤，惑乱后人
之罪，可胜其诛绝哉。

此条亦承尤庵辨《心经附注》，惟于程氏《附注》所引《语类》各
条，一一查考其年岁先后，则辨之益明。然其言涵养，则似终不
如尤庵之深允也。

盖南塘为学，亦长于明辨，而修养实功则似逊，言辞间终不
可掩也。兹再杂引其辨析字义之可采者数条如次。

《同异考》卷五周子书条目下有曰：

> 寓录，性字为禀于天者言，太极只当说理。言性始见
> 《汤诰》，乃言于降衷下民之后。孔孟则曰各正性命，曰成
> 之者性，曰犬之性牛之性人之性，皆以禀赋言。子贡所称性
> 与天道，性言其禀赋，天道言其本源。若性只是理，便与天
> 道无别。

此辨性与理，其说本栗谷。理在气中然后为性。不在形质中，不

当谓之性。见《栗谷集》卷五。又卷二《大学》下有曰：

> 性根于中，端见于外，而心为觉之。觉之为功，只为打
> 发出善端出来。若其善之实，则原于性，不原于觉。

又曰：

> 性为道，心为器。道体无为，而人心有觉。故作圣之机
> 虽在于觉，而作圣之本乃在于性。故千圣相传，语其修为之
> 术，则以心为主。论其义理之原，则以性为本。

此辨心与性。又卷三《论语》条下有曰：

> 有见于分殊，而未及乎一本者，颜曾之在未见卓尔未闻
> 一贯之前是也。无见于分殊，而能见乎一本者决无之，庄释
> 之言道与性是也。故随事辨理者，纵未及乎贯通，犹不失儒
> 家之旧。不能随事察理，察其同异，而遽欲以一理包之者，
> 未有不陷于异端之学矣。

此辨理一与分殊。又卷三《论语》条下有曰：

> 甘吉甫问《集注》中说曾点处，有乐此终身一句，如
> 何。答曰：舜居深山之中，伊尹耕于有莘之野，岂不是乐
> 此以终身。后来事业，亦偶然耳。若先有一毫安排等待

之心，便成病痛矣。按今《集注》无此一句，盖终以为未安而改之也。圣贤之于事业，谓先有安排等待之心固不可。谓全无其志，而偶然成就，恐亦未必。达而兼善天下，是圣贤之事。穷而独善，特其所遇之不幸。夫既不得于时，则于其所独善者，亦自乐而终其身，此则圣贤之心无入而不自得者。若其平生之心，则其始本不在于此。曾点言志，亦有兼善之意，而不在独善。朱先生此论，恐是一时遣辞之快，非其定论也。

此辨兼善独善。是南塘于朱子，亦有于心不安，纠绳违失处。故《同异录》又谓先生以四端七情分属理气之发只一见或是记录之误，或一时之见也。又《南塘集》卷二十七《王阳明集辨》有曰：

> 乌喙之不可食，人皆知之。未食而知，亦不过闻人之言见人之死而得之也。则知之资于闻见，又可废耶。如曰才知其不可便不食，则与前所谓食而后知味者不同，亦无奈于知之先于行矣。

又曰：

> 阳明尝以食味行路喻之。食其味，然后方知其味之美恶。行其路，然后方知其路之险夷。未有舍味与路，直求之吾心也。穷天下之理皆如是。

此为辨知行。其他类是辨别明畅者尚多,不俱举。故南塘之学,终是疵不掩醇,可以上跻于退溪栗谷尤庵之列,为朱子学流衍韩国一殿军也。

此稿刊载于一九七七年八月《新亚学报》第十二卷

出 版 说 明

《中国学术思想史论丛》三编八册，共 119 篇，汇集了作者从学六十余年来讨论中国历代学术思想而未收入各专著的单篇散论，为作者 1976—1979 年时自编。上编（一—二册）自上古至先秦，中编（三—四册）自两汉至隋唐五代，下编（五—八册）自两宋迄晚清民国。全书探源溯流，阐幽发微，颇多学术创辟，系统而真切地勾勒了中国几千年学术思想之脉络全景。

本书由台湾东大图书公司于 1976—1980 年陆续印行。三联简体字版以东大初版本为底本，基本保留作者行文原貌，只对书中所引文献名加书名号，并改正了少量误植之错讹。

三联书店编辑部
二零零九年三月

钱穆作品系列
（二十四种）

《孔子传》

本书综合司马迁以下各家考订所得，重为孔子作传。其最大宗旨，乃在孔子之为人，即其自述所谓"学不厌、教不倦"者，而以寻求孔子毕生为学之日进无疆、与其教育事业之博大深微为主要中心，而政治事业次之。故本书所采材料亦以《论语》为主。

《论语新解》

钱穆先生为文史大家，尤对孔子与儒家思想精研甚深甚切。本书乃汇集前人对《论语》的注疏、集解，力求融会贯通、"一以贯之"，再加上自己的理解予以重新阐释，实为阅读和研究《论语》之入门书和必读书。

《庄老通辨》

《老子》书之作者及成书年代，为历来中国思想学术界一大"悬案"。本书作者本着孟子所谓"求知其人，而追论其世"之意旨，梳理了道家思想乃至先秦思想史中各家各派之相互影响、传承与辩驳关系，言之成理、证据凿凿地推论出《老子》书应尚在《庄子》后。

《庄子纂笺》

本书为作者对古今上百家《庄子》

注释的编辑汇要，"斟酌选择调和决夺，得一妥适之正解"，因此，非传统意义上的"集注"或"集释"，而是通过对历代注释的取舍体现了作者对《庄子》在"义理、考据、辞章"方面的理解。

《朱子学提纲》

钱穆先生于 1969 年撰成百万言巨著《朱子新学案》，"因念牵涉太广，篇幅过巨，于 70 年初夏特撰《提纲》一篇，撮述书中要旨，并推广及于全部中国学术史。上自孔子，下迄清末，二千五百年中之儒学流变，旁及百家众说之杂出，以见朱子学术承先启后之意义价值所在。"本书条理清晰、深入浅出，实为研究和阅读朱子学之入门。

《宋代理学三书随劄》

本书为作者对宋代理学三书——元代刘因所编《朱子四书集义精要》、周濂溪《通书》及朱熹、吕东莱编《近思录》——所做的读书劄记，以发挥理学家之共同要义为主，简明扼要地辨析了宋代理学对传统孔孟儒家思想的阐释、继承和发展。

《中国思想通俗讲话》

本书意在指出目前中国社会人人习用普遍流行的几许概念与名词——如道理、性命、德行、气运等的内在涵义、流变沿革，及其相互会通之点，并由此上溯全部中国思想史，描述出中国传统思想一大轮廓。

《现代中国学术论衡》

本书对近现代中国学术的新门类如宗教、哲学、科学、心理学、史学、考古学、教育学、政治学、社会学、文学、艺术、音乐等作了简要的概评，既从中西比照的角度，指出了"中国重和合会通，西方重分别独立"这一中西学术乃至思想文化之根本区别；又将各现代学术还诸旧传统，指出其本属相通及互有得失处，使见出"中西新旧有其异，亦有其同，仍可会通求之"。

《中国学术思想史论丛》

共三编八册，汇集了作者六十年来讨论中国历代学术思想而未收入各专著的单篇散论，为作者1976—79年时自编。上编（1—2册）自上古至先秦，中编（3—4册）自两汉至隋唐五代，下编（5—8册）自两宋迄晚清民国。全书探源溯流，阐幽发微，颇多学术创辟，系统而真切地勾勒了中国几千年学术思想之脉络全景。

《黄帝》

华夏文明的创始人：黄帝、尧舜禹汤、文武周公，他们的事迹虽茫昧不明，有关他们的传说却并非神话，其中充满着古人的基本精神。本书即是讲述他们的故事，虽非信史，然中国上古史真相，庶可于此诸故事中一窥究竟。

《秦汉史》

本书为作者于1931年所撰写之讲义，上自秦人一统之局，下至王莽之新政，为一尚未完编之断代史。作者秉其一贯高屋建瓴、融会贯通的史学要旨，深入浅出地梳理了秦汉两代的政治、经济、学术和文化，指呈了中国历史上这一辉煌时期的精要所在。

《国史新论》

本书作者"旨求通俗，义取综合"，从中国的社会文化演变、传统的政治教育制度等多个侧面，融古今、贯诸端，对中国几千年历史之特质、症结、演变及对当今社会现实的巨大影响，作了高屋建瓴、深入浅出的精彩剖析。

《古史地理论丛》

本书汇集考论古代历史地理的二十余篇文章。作者以通儒精神将地名学、史学、政治经济、人文及民族学融为一体，辨析异地同名的历史现象，探究古代部族迁徙之迹，进而说明中国历史上各地经济、政治、人文演进的古今变迁。

《中国历代政治得失》

本书分别就中国汉、唐、宋、明、清五代的政府组织、百官职权、考试监察、财政赋税、兵役义务等种种政治制度作了提要钩玄的概观与比照，叙述因革演变，指陈利害得失，实不失为一部简明的"中国政治制度史"。

《中国历史研究法》

本书从通史和文化史的总题及政治史、社会史、经济史、学术史、历史人物、历史地理等 6 个分题言简意赅地论述了中国历史研究的大意与方法。实为作者此后 30 年史学见解之本源所在，亦可视为作者对中国史学大纲要义的简要叙述。

《中国史学名著》

本书为一本简明的史学史著作，扼要介绍了从《尚书》到《文史通义》的数部中国史学名著。作者从学科史的角度，提纲挈领地勾勒了中国史学的发生、发展、特征和存在的问题，并从中西史学的比照中见出中国史学乃至中国思想和学术的精神与大义。

《中国史学发微》

本书汇集作者有关中国历史、史学和中国文化精神等方面的演讲与杂论，既对中国史学之本体、中国历史之精神，乃至中国文化要义、中国教育思想史等均做了高屋建瓴、体大思精的概论；又融会贯通地对中国史学中的"文与质"、中国历史人物、历史与人生等具体而微的方面做了细致而体贴的发疏。

《湖上闲思录》

充满闲思与玄想的哲学小品，分别就人类精神和文化领域诸多或具体或抽象的相对命题，如情与欲、理与气、善与恶等作了灵动、细腻而深刻的分析与阐发，从二元对立的视角思索了人类存在的基本问题。

《文化与教育》

本书乃汇集作者关于中国文化与教育诸问题的专论和演讲词而成，作者以其对中国文化精深闳大之体悟，揭示中西传统与路线之差异，指明中国文化现代转向之途径，并以教育实施之弊端及其改革为特别关心所在，寻求民族健康发育之正途。

《人生十论》

本书汇集了作者讨论人生问题的三次讲演，一为"人生十论"，一为"人生三步骤"，一为"中国人生哲学"。作者从中国传统文化入手，征诸当今潮流风气，探讨"心"、"我"、"自由"、"命"、"道"等终极问题，而不离人生日常态度，启发读者追溯本民族文化传统的根源，思考中国人在现代社会安身立命的根本。

《中国文学论丛》

作者为文史大家，其谈文学，多从文化思想入手，注重高屋建瓴、融会贯通。本书上起诗三百，下及近代新文学，有考订，有批评。会通读之，则见出中国一部文学演进史；而中国文学之特性,及各时代各体各家之高下得失之描述,亦见出作者之会心及评判标准。

《新亚遗铎》

1949年钱穆南下香港创立新亚书院。本书汇集其主政新亚书院之十五年中对学生之讲演及文稿,鼓励青年立志,提倡为学、做人并重,讲述传统文化之精要,阐述大学教育之宗旨,体现其矢志不渝且终身实践的教育思想。

《晚学盲言》

本书是作者晚年"目盲不能视人"的情况下,由口诵耳听一字一句修改订定。终迄时已92岁高龄。全书分上、中、下三部,一为宇宙天地自然之部,次为政治社会人文之部,三为德性行为修养之部。虽篇各一义,而相贯相承,主旨为讨论中西方文化传统之异同。

《八十忆双亲 师友杂忆》

作者八十高龄后对双亲及师友等的回忆文字,情致款款,令人慨叹。读者不仅由此得见钱穆一生的求学、著述与为人,亦能略窥现代学术概貌之一斑。有心的读者更能从此书感受到20世纪"国家社会家庭风气人物思想学术一切之变"。